RESEARCH CENTRE FOR CHINESE
PHILOSOPHY AND CULTURE, CUHK

中国哲学与文化

THE JOURNAL OF CHINESE PHILOSOPHY AND CULTURE

第十八辑

NO.18

灵根自植之后——唐君毅哲学

"Self-Planting of Spiritual Roots" and After: The Philosophy of Tang Junyi

郑宗义 主编

Editor　Cheng Chung-yi

上海古籍出版社

Shanghai Chinese Classics Publishing House

中国哲学与文化
THE JOURNAL OF CHINESE PHILOSOPHY AND CULTURE

学术顾问 Academic Advisory Board（按中文姓氏笔画排列）
余英时（Yu Ying-shih）　杜维明（Tu Wei-ming）　Donald J. Munro（孟旦）

主编 Editor
郑宗义（Cheng Chung-yi）

副主编 Associate Editor
姚治华（Yao Zhihua）

编辑委员会 Members of Editorial Committee（按中文姓氏笔画排列）
王德有（Wang Deyou）　　　Chris Fraser（方克涛）　　　Rudolf G. Wagner（瓦格纳）
冯耀明（Fung Yiu-ming）　　Philip J. Ivanhoe（艾文贺）　Stephen C. Angle（安靖如）
朱鸿林（Chu Hung-lam）　　庄锦章（Chong Kim-chong）　刘笑敢（Liu Xiaogan）
李明辉（Lee Ming-huei）　　李晨阳（Li Chenyang）　　　杨儒宾（Yang Rur-bin）
陈　来（Chen Lai）　　　　陈少明（Chen Shaoming）　　林镇国（Lin Chen-kuo）
信广来（Shun Kwong-loi）　黄慧英（Wong Wai-ying）　　颜世安（Yan Shi'an）

执行编辑 Executive Editor
曾诵诗（Esther Tsang）

编务 Editorial Assistant
李宁君（Jessica Li）

通讯编辑 Corresponding Editors（按中文姓氏笔画排列）
陶乃韩（Tao Naihan）　梁　涛（Liang Tao）

主办
香港中文大学哲学系中国哲学与文化研究中心
Research Centre for Chinese Philosophy and Culture
Department of Philosophy, The Chinese University of Hong Kong

地址
香港新界沙田香港中文大学冯景禧楼G26B室
Room G26B, Fung King Hey Building
The Chinese University of Hong Kong, Shatin, N.T., Hong Kong
电话 Tel: 852-3943-8524
传真 Fax: 852-2603-7854
电邮 E-mail: rccpc@cuhk.edu.hk
网址 Website: http://phil.arts.cuhk.edu.hk/rccpc

—目录—

灵根自植及以后：从立人极到相互丰富

沈清松 *

内容提要：唐君毅先生不但是当代世界学界有关离散研究的领先者，而且也是从哲学观点讨论华人离散经验的先驱。无论中、西，哲学都与离乡背井的经验息息相关，而唐君毅先生的大作《说中华民族之花果飘零》一文，正是以哲人身份发声。他对于华人在海外的离散处境，既有所描述，有所诠释，亦有所批判。然所描述，多出自其中国人（个人与群体）的主体性观点，来解读并赋予意义，并非社会科学意义的描述，却富于诠释意义。然其意义之诠释，又多从中国人失其主体性转成唐先生所谓"奴役性"之观点，来进行批判，也因此其诠释多富于批判之意，并在批判的关照下，提出其解决方案，亦即"灵根自植"。本文拟对此先加以厘清。随后，本文将讨论所谓"之后"的双重意义。其一为"上跻之后"，乃由灵根自植上跻为立人极之理想；其二为"时序之后"，在唐先生之后，世局与社会发生巨大变化，尤其在全球化过程中需要文明交谈的要求下，不可能停留于唐先生主体性的典范，而须转为相互外推，以达相互丰富之境。然若平心而论，对于两者，唐先生皆有以教导我们。

关键词：唐君毅，花果飘零，灵根自植，立人极，相互丰富

一、唐君毅先生是世界离散研究领先者之一

在我看来，唐君毅先生不但是世界离散研究的领先者，而且也是从哲学观点讨论华人离散研究的先驱。首先，由于近六七十年来逐渐加速的全球化过程，全世界的人口移动，形成了不同国家、民族与文化圈各种各样的离散经验，以致在上世纪六七十年代开始了柯亨

---

* 前多伦多大学利氏中华思想与文化讲座教授。

(Robin Cohen)所谓"第一阶段的离散研究"①。唐君毅先生于 1961
年在《祖国》发表《说中华民族之花果飘零》一文,以哲学家身份发声,
无意中成为离散研究的领先者之一。可惜当时当代中国研究尚未受
到普世学界重视,而且中译外文事业尚未发达,外人多所不知,所以
唐先生未列名其中,实属不公。如今离散问题愈益受到国际学界重
视,有各种人类学、比较文学、社会学、历史、哲学等相关研究等,尤其
最近因着叙利亚难民问题,更引起国际重视,对于难民、移民等问题
的研究,克正方兴未艾。然而早在世界性的离散研究开始热门起来
之前,唐君毅先生已经对华人的离散(唐先生用语"花果飘零")进行
了深入的观察与讨论②。

至于与哲学相关的离散研究,当前无论印度哲学界、非洲哲学界
都有颇多贡献,相形之下,华人离散经验和中国哲学相关的研究甚
少。唐先生的大作宛如凤毛麟角。张载有谓"为生民立命",哲学家
理应致力探讨离散华人的生命意义。华人的离散经验及其与中国哲
学的关系的确值得探讨。更何况,离乡背井一直是华人生存的重要
经验,哲学也应该能为散居海外的华人生活,提供安身立命之道。总
之,对于离散华人的生命意义,必须进行哲学性的描述、诠释与批判,
方不负中国哲学家的使命。唐君毅最早严肃地将华人海外离散经验
纳入一般观察与哲学省思。他的《说中华民族之花果飘零》一文,自
发表迄今已近六十载。可以说,唐君毅的大作是早期华人离散论述
之先驱,更是从哲学家身份讨论华人离散经验之翘楚。而且,唐君毅
所谓"花果飘零"一词,仍是描述华人离散经验的鲜活隐喻,尤其他所

① 柯亨在其 *Global Diaspora* 的第一章 "Four Phases of Diaspora Studies" 说:"First,
the classical use of the term, usually capitalized as Diaspora and used only in the singular, was
mainly confined to the study of the Jewish experience. ... Excluding some earlier casual
references, from the 1960s and 1970s the classical meaning was systematically extended,
becoming more common as a description of the dispersion of Africans, Armenians and the
Irish. ... In the second phase, in the 1980s and on. ..." Robin Cohen, *Global Diaspora: An
Introduction* (New York: Routledge, 2008), p.1.

② 本文仅以中国哲学与海外华人之离散研究为聚焦。其余有关离散华人的历史与
文化研究,如较晚的王赓武的历史研究,以及更晚近的文化研究如 J. Kuehn、K. Luie、D.
M. Pamfret 合编的 *Diasporic Chineseness after the Rise of China: Communities and Cultural
Production* (Vancouver: UBC Press, 2003),不在此论。

主张华人飘零异域应能"灵根自植"一说，仍为学者所津津乐道。

首先必须指出，"diaspora"一词源于希腊语，在《梅瑟五书》译为希腊文《七十贤士译本》时，用以指称更早犹太人在公元前 6 世纪，被新巴比伦征服，耶路撒冷圣殿被毁，犹太人被迫离开家园，流亡于巴比伦的惨痛经验。该词也被用来指称 20 世纪在第二次世界大战之后，犹太人尚未建立以色列，没有祖国，没有圣殿，流落四方，彼此分离的经验。这一经验在中文里较好译为"离"或者"分离"。其后，亦意旨"散""分散""散播"等，用来表达古希腊人或其后的罗马人在殖民化过程中扩散或分散的经验。这种经验在中文里可译为"散"或者"散播"。晚近学者将 diaspora 一词译为"离散"，可以说综合了两者。

然而，当我们把 diaspora 一词用于离去祖国之外的华人移民和散居者时，首先应注意到其与犹太人、古希腊人、罗马人的经验有别。古希腊或罗马人在建立殖民地时，难免带着征服的暴力以及高压的统治手段。对比之下，华人之所以飘散海外，在历史上并非为了殖民而运用暴力的结果，而是出自华人自己的意愿，甚至受到政府的明令禁止或消极不支持。华人的飘散经验也不同于犹太人与圣殿分离的经验，尽管飘散海外的华人也是背井离乡，并且仍然眷恋祖国，但华人拥有的是人文的关怀、各家祖庙的牵系、多元的信仰和俗世的理想，因而并不像犹太人那样系念于一座圣殿。

所以，在我看来，用"离散"一词翻译 diaspora，虽有利于综合希腊人和犹太人"分散"与"分离"的含义，但须注意这对于了解华人的海外飘散经验也会产生一些误导。为此，我有时使用"飘散华人"（Chinese diasporas）一词。我也没接受王赓武教授所用的"散居"一词，其字面意思是分散的移居，遗憾的是没能明确区分国外散居和国内散居，然而一个家庭或群体往往可能分散移居在自己国内，或者分散移居在其他不同国家。为了与"离散"一词来自 diaspora 希腊和犹太人的经验相区别，我偏喜唐君毅"花果飘零"一词，也受其启发，在某些行文脉络也使用"飘散"一词，甚至"飘散四方"。

不过，中西虽有不同，离散与激发哲学思想，产生哲学理趣，则有类似触动之机。于西方哲学开端，是希腊人在爱奥尼亚（Ionia）的殖民地区与不同民族文化相遇，换言之，是在从本土散开而接触差异文化的历程中,产生了泰利斯(Thales)、安纳希曼德(Anaximander)、安纳西米尼斯(Anaximenes)等人的哲学,称为米勒图(Miletus)学派。其后,在希腊-罗马时期,在罗马人统治下的多元文化的亚历山大城(Alexandria),出现了犹太哲学家亚历山大的菲罗(Philo of Alexandria, 20 BCE—50 CE),也是在离本土而接触多元文化之时产生了哲学综合,因而他被称为是"一位离散的思想家"(un penseur en diaspora)。其余西方哲学例子甚多,不胜枚举。

至于中国,老子自西周退休,西出边关,写下五千言。佛教的法显、玄奘等皆远赴南亚。法显至斯里兰卡,著有《佛国记》;玄奘赴印度,沿途所见,讲述成《大唐西域记》,并完成七十五部译经,且著有《成唯识论》。可见,历代以来,无论道家、佛家皆有花果飘零的经验。唯有儒家,或许因为居中的意识形态,不忍出国,唯到了明末朱舜水始往日本,传扬儒学。一直要到当代中国哲学家,由于历史原因,故从大陆走到香港,获取了花果飘零之经验。哲学家唐君毅更走访美国,见识花果飘零的海外华人,并且最早严肃地将华人的海外飘散经验纳入其哲学反思,并于 1961 年在《祖国》发表《说中华民族之花果飘零》。该文使用了"花果飘零"此一优雅的词语或隐喻来说华人之飘散四方。诚然,"花果飘零"的隐喻十分鲜活,而且诗意地表述了由于现代中国大量的人口外移而造成的中华文化飘散的事实。唐君毅最早以哲学家的身份,关心华人的海外飘散与中华文化的花果飘零。最有意义的是,唐君毅为中华文化的花果飘零提出诊断,并为海外华人提出其生命意义的构想,认为在异域定居的华人应将其原有灵根植入新的文化脉络,称之为"灵根自植"。唐君毅所谓"灵根自植"这一概括性的语词,以及其所包含的深刻意义,提供了 20 世纪下半叶的海外华人第一个人生哲学构想。

二、海外华人的精神困境：哲学家的观点

唐君毅先生对于华人飘零海外,也就是离散处境,既有所描述,有所诠释,亦有所批判。其对于华人离散生活之描述,多夹杂其诠释观点。然其诠释观点,多出自其中国人的(个人与群体)的主体性观

点,来解读并赋予意义。而其诠释之观点,则多从其中国人已失其主体性,转成奴役性之观点,来加以批判。而此一批判之所由出,则在于其提出的解决办法,亦即灵根自植,此乃其在艰难处境中,提升理想价值,用以批判当前处境,理解其意义,以关照其适时的方法。这是传统中国哲学家经常使用的方法:以理想进行批判,以批判主导诠释,以诠释关照事实。所以,其所描述之事实,并非社会科学家所描述之事实,而是赋予了意义诠释与批判的事实。

在《说中华民族之花果飘零》发表两年后,唐君毅又发表《花果飘零及灵根自植》一文,综合两年来之所感,亦即其感受性诠释下所建构之事实,说道:

> 我二年来之所感,比我二年前写该文时之所感,尚有更进一层之处,即我在写前文时只感到华夏民族之子孙飘流异地之艰难困苦,与在精神上失其所信所守的悲哀。而此二年来,则我进而更深切感到,由此精神上之失其信守,而进至一切求信守于他人的悲哀。人在不能自信时,便只求他人之信我;人在不能自守时,即求他人之代我守其所守。此本是一种极自然的心理发展。然而人不能自信自守、尚可以只停在那儿;而到了一切求信守于他人时,则是精神之整个的崩降,只在自己以外之他人寻求安身立命之地,而自甘于精神的奴役之始。③

然而,对于此种精神困境,唐君毅先生直接以黑格尔所谓"奴隶意识"名之,并不以其为西方哲学家所提的观念而认为若使用之便是有失自信。可见,在哲学的王国里,无论西方或中国的观念,只要出自其心灵之同意,都可平等往来,相互取用,相互丰富。也因此,他并不介意运用黑格尔此一西方哲学家的观念,来责备华人飘零海外的精神困境:

---

③ 唐君毅:《花果飘零及灵根自植》,收氏著:《说中华民族之花果飘零》(台北:三民书局,2006),页30。

　　黑格尔谓奴隶之为奴隶,不在其不求光荣,而是在其身以外之主人身上,寻求其自己之光荣,以主人之本身之光荣,及主人之认识之,为其自身之光荣。而一切人在只求他人之认识之以为其光荣时,人即已开始作他人之奴隶;并非必待他人之直加以驱使,才开始为奴隶。

　　我所谓只求人信守于他人,只求他人认识我,即人为奴隶之始,此义所包涵者原甚广。此中"人"与"他人"之二名,乃一变项,可代以任何常项。但在此文中所谓人即指中国人,他人即指中国人以外之西方人。现在的中国人,无疑是只居于求信守于西方人,只求西方人加以认识的地位,忘了自信、自守自己、认识自己之重要。④

在只求信守于西方人,忘了信守于自己的意义下,无论个人,或整个民族,都身陷奴隶意识之中,堪称为奴隶的人、奴隶的民族。唐先生以省思海外华人花果飘零为契机,其实所针对的是整个中华民族及其学术、教育、文化的命运:

　　一个人如不自信自守其思想与人格之有价值之处,而必待他人之认识与批准其有价值,然后能自信自守其思想与人格之有价值之处,此即为奴隶的人。一民族之学术教育文化,必待他人之认识与批准其有价值之处,然后能自信自守其有价值之处,即一奴隶的民族。⑤

唐先生甚至以此奴隶意识,离开漂流华人之主题,来责备国人的文化交流之政策。其实,整个说来,他的批判意识主要是以飘零华人失去其主体性为契机,然都是环绕或针对国人失去主体性的情况。最明显的是,他甚至责备台湾教育主管部门为了进行文化交流,而将台北故宫博物院之书画、古物送至美国展览之事,认为亦是奴隶意识之表

---

④　唐君毅:《花果飘零及灵根自植》,页30—31。
⑤　同前注,页31。

现。对于那些想看国宝的外国人，他驳责道："你要看，自己来，岂有远涉重洋，送陈品鉴之理？"⑥如此的想法，虽以中华国宝主体为尊，但忽视了与多元他者互动的实然性与必要性，更缺乏了为多元他者的善而不求还报的原初慷慨。唐先生愤愤不平地说："我记起我数年前到台湾台中去看故宫之所藏时，只能见到寥寥的几室之所悬置者，而今之美国人却能大饱眼福。我将此事平情细想，则不能不感慨万端。"⑦须知早期故宫迁台，故宫未建，文物尚无归处，暂厝台中，且不向外开放，唐先生得阅几室文物，已属不易。这与现今故宫的展览方式，实不可同日而语。

唐先生更批评当前学术界之研究一概以西方学术为其标准，且此事实际上亦影响国内学者的地位与待遇：

> 学术界人心所趋，则不只以西方之学术思维为标准，以评判中国之学术与文化，乃进而以中国学术文化本身之研究与理解，亦应以西方之汉学家之言为标准。于是纯中国学者之地位，亦赖他人为之衡定。如中国之老学者，似必经外人之大学授以名誉学位，约其参加会议讲学任教，或他人之译其著作，一般社会乃更加以注意。而年轻之中国学者，似尤须授业于外国汉学家之门，在外国大学之图书馆研究或得其学位，方能为国人所重视。⑧

唐先生甚至进一步责备中国经典之西译，亦为奴隶意识之表现。然而，翻译实为我所谓"语言外推"的重要部分，不说别人能懂的话，如何能令对方正确了解？更何况，基本上，凡人所造所写所产之物，应有其基本的可理解性，基于同情或善意原则，可翻译为对方能了解之语言，而不应再各说各话，徒增误会。或许由于其强烈的中国主体性思维，或许由于时代的限制，唐先生反对将中国经典翻译成外文，也反对将学术著作翻译成为外文，甚至反对翻译事业本身，视为奴隶意

---

⑥ 唐君毅：《花果飘零及灵根自植》，页32。

⑦ 同前注。

⑧ 同前注，页33—34。

识之表现。他说：

> 今天之中国人之翻译事业，较五四时代之大转变，即非大量翻译西书以供国人之阅读，而是将中国之资料典籍，译为西文，以供他人之参考之方便。而国人亦有不得已而以外人之请其担任此类搜集翻译中国之资料典籍工作，为资生之具，或视为光荣之所在者。然而此所代表的是什么？此只代表连对我们自身之学术，亦不能自树标准，自加评判，更不是为我们之自身，而求加以研究认识；乃以他人之标准为评审之根据，为了他人之研究认识之方便，而后加以研究、加以认识。亦即必待他人之先认识中国之学术之某一方面，值得加以研究，欲求更进一步的认识之；……试问此又与奴隶之以主人之价值标准，为自己之价值标准者，有何分别？……皆趋向于以他人之标准为标准，以他人之认识承认与否，以衡定一学者之地位，一学术之价值，……⑨

基于海内外华人种种放弃主体性，甚至否定主体性的作为与现象，唐先生认为这是整体民族精神总崩溃的开始，整体朝向奴隶的路上走的迹象："则不能不说是一民族精神之总崩降的开始。"⑩"然而我们的民族，以种种现实的情势之逼迫，已整个的向开始作奴隶的路上走。"⑪唐先生语重心长，是特别痛心于中华文化于此花果飘零之际，正失去其主体性的地位、陷入奴隶意识的困境。针对此种种"奴隶意识"之表现，唐先生思考如何对应，以重建中华民族学术、教育、文化的主体性。

三、离散困境的哲学解决方案：灵根自植

唐先生对于华人的离散所提出的诊断，是运用西洋哲学家黑格

---

⑨ 唐君毅：《花果飘零及灵根自植》，页34。
⑩ 同前注。
⑪ 同前注，页31。

尔的"奴隶意识"一词,其对应处方则是中国哲学的"灵根自植"。对应着中华文化花果飘零所显示的"奴隶意识"精神困境,唐君毅先生提出"灵根自植"的策略。该词生动地指出:华人在飘散海外之际,其生命的意义有必要重建,而重建之道,就在于自我修养过程中,各在所飘零之处,植下中华文化传承的精神生命的根苗;否则,便是自甘为奴,自我放逐。实际上,唐君毅认为中国文化的飘零是一个"民族大悲剧"。他为了坚持中国人自己的主体性,甚至建议:中国移民除非在不得已的情况下,千万不要加入外国籍;且他们若与其他中国同胞讲英语而不讲中国话,应该感到羞耻。

当此时,唐君毅先生主张回复传统儒家的精神。即使过去的儒家思想并不鼓励华人出国,也不是一个主动向全世界传播其思想的哲学,但它仍然是发挥中国人珍爱的儒家价值的主要思想传统。当中国人身处海外之时,这些价值仍然温暖了他们的心,使他们的生活成为有意义的,换言之,能使其安身立命。正如唐君毅所指出的,在中国人和中国文化花果飘零之时,迫切需要灵根自植。而儒学思想和它所强调的中道精神,应被视为这一灵根的重要组成部分。

唐君毅清楚指出,华人的所谓"灵根"就是"中"国人的"中国性"所在,也就是中国人的"中道精神"。也因此,飘零海外的华人应该持守中道,做人无偏无颇。他说:"但要做'中'国人,便不要做'偏'偏倒倒的'歪'人。"[12]唐君毅在多处强调了"中国性"[13],并使用出自《中庸》的"中道"一词加以诠释[14]。他指出,"中"国人注定了要"……行于'中'道。……此是中庸所谓'中立而不倚,强哉矫'的中道[15]。虽然对于"中"的论述,在该书中没有作较长篇幅的开展,然而唐君毅似乎把它理解为植根于人内心深处的生活价值与自觉的理想,表现为中华文化的价值、语言的宝藏和德行的培养,便更有了种种讲究修身之道、孝道、尊师重道及其他家庭价值与社会价值等等。

---

⑫ 唐君毅:《海外中国知识分子对当前时代之态度》,收氏著:《说中华民族之花果飘零》,页99。

⑬ 同前注,页87,90。

⑭ 唐君毅:《海外知识分子对当前时代之态度答问》,收氏著:《说中华民族之花果飘零》,页105。

⑮ 同前注。

唐君毅在《说中华民族之花果飘零》一文中，虽未对作为华人灵根的中道多所阐释；不过，他既然引述《中庸》，便使人不得不想到《中庸》所谓"喜怒哀乐之未发谓之中，发而皆中节谓之和"，以及"诚者，天之道也；诚之者，人之道也。诚者不勉而中，不思而得，从容中道，圣人也。诚之者，择善而固执之者也。博学之，审问之，慎思之，明辨之，笃行之"，"唯天下至诚，为能尽其性；能尽其性，则能尽人之性；能尽人之性，则能尽物之性；能尽物之性，则可以赞天地之化育；可以赞天地之化育，则可以与天地参矣"等等重要的文本内涵。总之，从唐君毅的其他哲学论述，我们可以了解到，他是以中国人真诚的道德主体，尤其是以儒家的理想道德人格的建立，一如周敦颐所谓"立人极焉"，来看待中国人无论在海内、海外，都应持守的中道。

由此可见，当思索飘零华人的命运之时，唐君毅先生其实在思考的，是整体华人，无论海内、外，所有中国人的命运。在 1960 年代的中国人，无论海内外，尤其是身在海外的华人，对于唐君毅先生而言，都是处于西方为主、华人为奴的局面，也因此他提出自立自强、灵根自植的处方，基本上是要中国人无论在道德上或实务上，挺立自己的主体。其所谓"灵根自植"，是指从重返中道下手，致力于修养上的致中和，修一己之诚，并在实务上发挥"致中和，天地位，万物育"的功效，因而，不卑不亢，强己强国，达致中庸所谓"中立而不倚，强哉矫"的中道。如此说来，唐君毅所提倡的海外华人的灵根自植，是一个"立人极"的主体性哲学，认为人的主体性可以不断提升、不断进步，乃至于圣人之境。这点我们稍后再说。不过，可以在此指出，这一看法是有其深刻的中国哲学基础的。但是，唐君毅侧重主体性，虽求在己内不断提升，但总仍是在主体之内，而于自我与多元他者的根本关系，则尚未着意，总难免有些微主体自我封限的倾向，因此即使像唐君毅如此心胸开阔的当代新儒家，也仍遵循《礼记》"礼闻来学，不闻往教"的精神，也因此有批评台北故宫博物院的文物交流之举、中文经典外文翻译，甚至论及仿效西方为学之道与聘任教师之方等等。

是以当我们讨论在灵根自植"之后"时，应指出：在道理上，有两层的"之后"。正如在古希腊，所谓 Meta 有"之后"（after）及"之上"（above）两层意义：metaphysics 在柏拉图为"物理之上"（above physics)之意,因为其所研究的是 *ontos on*(true being,真实存有),唯有理型才是真实存有,物理界只是虚妄的幻影,所以,理型是在物理界之上。但对于亚里斯多德而言,无论真实或虚妄,总需先呈现为存有者,而形上学便是在物理之后,以存有者来研究存有者 *to on e on*(being qua being),也因此亚里斯多德所重视的是物理之后(after physics)。同样的,我们今天讨论灵根自植及其以后,也可分两层意思:其一是上跻之后,指的是唐君毅先生所讲,在灵根自植之上的立人极之道;其二是时序之后,指的是在唐君毅先生提出灵根自植以后,世局的变化及其对应之道。

四、灵根自植以后：上跻之道

唐君毅所言"中道",并不是中间之道,而是卓越之道。他所重视的是人的主体性的究极完美实现。他在所著《生命存在与心灵境界》一书中,提出关于人的主体性及其动态发展的理论。该书在写作的架构与内容上十分类似黑格尔(G. W. F. Hegel, 1770—1831)的《精神现象学》,是以哲学人学为核心来融通人性论、形上学、知识论之作。就形上学言,唐君毅以"存在"为"有生命之存在";就知识论言,认为境为心所感通,心境相互为用。在心境互动下突显出人性不断自我实现之历程。透过心灵由前向后、由内而外、由下而上,区分"客观境界""主观境界"与"超主客观境界",以观人的心灵如何穿透九境而臻于完满实现,自谓遥契周濂溪"立人极"之学。

简略言之,唐君毅所谓"心灵九境"的前三境,确立"个体""概念""原理"之地位与内容,借以说明实体世界之构成,并在人的主体性内奠立科学的超越依据。中三境探讨人的"知觉""语言""道德"之形成与发展,借以说明意义世间之构成,并在人的主体性内奠定人文的超越依据。最后三境,由主摄客,更超越主客对待,称为绝对主体,为立人极之最后实现。其中第一境名"归向一神境",探讨一神的问题;第二境名"我法二空境",探讨佛法的问题;第三境名"天德流行境",又名"尽性立命境"。此最后三境,初即一神教境,二即佛教境,三即儒教境。唐君毅之论,不但以儒统佛、耶,而且在哲学上成立了儒家的宗教性⑯。

于此九境之中,唐先生认为贯通其间之力,在于人的感通能力,此一能力无论向前向后、向内向外、向上向下,皆能感而遂通;及其至也,则可以到达圣人之境。唐先生在《生命存在与心灵境界》中明白表示:

> 此中人之心灵活动之激入于其前后、内外、上下之度向中,有种种深度、广度、强度之不同,人之所感而能加贯通者,亦即有其远近、大小、厚薄之不同,亦见人心灵之理性之要求之程度之不同,及人之生活之理性化、与人之生命存在之理性化之程度之不同。人于其所感,能加以贯通,以致对其生活之全境,无不感而遂通,而其生活全部理性化者,则为圣人。⑰

唐先生在此所谓将生活全部理性化,俨然似为一广义的理性主义者,即使"理性"一词的界定相当宽广,然则,这将置中国哲学所重视的"情"于何处?对此,唐先生似乎认为,理性包含了知与行合于天的规律,而且情之意也有待详解:"吾人言生活之理性化,通常恒指生活中之知行,皆依理性之规律而有,或皆为合于当然之义之知与行,亦即皆如承其所接之境之所命于我者,或天之所命于我者,而有之知与行。然此中对情之地位,皆尚无善解。"⑱那么,"情"将如何善解?唐先生似乎认为,情是生发自精神之空档处,而非发自欲望之实指处,且其为自此精神之空档处生发而扩散者:

> 此种人之情,吾可称之为运于人的心灵所对之任何内外之静物之虚处,意即吾上所谓精神的空间中之空处,而环绕于诸境物之外之氛围中之余情。此余情者,非剩余之情,

---

⑯ 唐君毅:《生命存在与心灵境界》,上册(台北:学生书局,1977),页43—44。
⑰ 同前注,下册,页991。
⑱ 同前注,页992。

乃充余之情,即多余之情。⑲

若然者,按照唐先生的解释,此所谓情,颇类似康德所谓"超然的"(disinterested)品味,也就是无目的、超善恶的:"凡此类之情,皆不引致一道德实践之行为,其生发也,皆无目的,亦皆不能有目的,皆求结果,亦不能有结果;……而超于一切有善恶报偿之境界之外。"⑳可见,仿若康德所谓"超然"之意,"情"既没有目的,也没有概念,"皆出于心灵活动之能向前后、上下、内外之方向,而做无尽之伸展,亦依心灵之求有所感通,即皆依于人之理性之流行"㉑。由此可见,情是依广义的理性来运作,是情依于理:

> 此情只是充实于此自觉心灵内之性情,自然随此心灵之光耀,而向外放散者。吾人言生活之理性化,其最高义,即在此生活中之理性,皆显为有如此余情之性情,而理性即同时为表现为超理性。……而人之生活之理性化,尽性立命之道,亦至此超理性而极矣。㉒

对唐先生而言,所谓"人之生活之理性化,尽性立命之道,亦至此超理性而极矣",即为上跻之最高点,也就是立人极之极,为圣人之境也。此亦为中国哲学之最高要求。就个人修养的最高点而言,亦无可厚非,甚至理想甚高。不过,既然连孔子也说"圣,吾岂敢",更何况飘零海外的华人呢!总之,把成圣当成自我修养的最高理想则可,当成一般大众华人生活的理性化目标,则未免太过。是以,必须在论及上跻的以后之后,再论及时序的以后,世局的转变,以及飘零海外华人的对应之道,以观一般华人生命意义典范的转移。

---

⑲ 唐君毅:《生命存在与心灵境界》,下册,页992—993。
⑳ 同前注,页993。
㉑ 同前注。
㉒ 同前注,页995。

五、灵根自植以后：时序之后

灵根自植之后的第二层意思，是在唐先生提出灵根自植之后迄今这段时间中，学界、社会与世局的变化，以及华人因应之道。整体说来，变化的主调在于从个人与群体的主体性，首先是朝向平等竞争的互为主体性去变化，其后则是面对跨文化多元他者更复杂的多面向互动模式。

以学界为例，自 1970 年代始，中国哲学逐渐在美国高等教育制度中占了一席之地：北美大学开设中国哲学课程，且有高品质的教科书，例如陈荣捷 1963 年出版的 *A Source Book in Chinese Philosophy*（《中国哲学资料书》），且在 1973 年由成中英创办了英文《中国哲学季刊》（*Journal of Chinese Philosophy*），其后成中英及友人在 1975 年创立了国际中国哲学会（International Society for Chinese Philosophy），带动了其他海外中国哲学团体的成立与刊物的发行，每年在美国哲学学会（American Philosophical Association）、美国宗教学会（American Academy of Religion）、东亚研究学会（Association of Asian Studies）举办的年会中组织会议，成为正式会员，与其他相关学科或议题的研究学会平起平坐。此外，在社会上，也逐渐减少种族歧视的事件发生，社会渐趋平等，这也与世局中种族平等的趋势有关。总之，因为开始了一个公平竞争的学界与社会风气，进入了公平发展与竞争的体制，于是必须从原先中华文化中心的"灵根自植"，转向中、西互动的均衡；从理想主体性的坚持，转向对现实竞争与冲突的觉察。其中假定了某种"相互性"（reciprocity）与"互为主体性"（intersubjectivity）。

例如，柯雄文（Antonio Cua）特别注意到不同价值的冲突，并认为所谓"中"并不存在于主体性的核心，而在于价值冲突的均衡。由于跨越边界与飘零海外的经验，使他得以遭逢差异，邂逅他者，并且懂得尊重，能以互为主体待之。柯雄文讨论忠恕之德，论"恕"时，他说："必须承认，'恕'可以解为在个人标准方面对于他者的关怀。……尊重恕德是要有一种尊重他者的态度。至于'忠'，则是个人对于仁德的诚恳投入；恕与忠联系起来，表示这种尊重他者的态度也是尊重自己的一方面，也就是尊重自己的品性与道德条件。"[23]在论及"中道"之时，柯雄文将人与他者、差异可能发生的冲突纳入考虑。也因此，他将《中庸》一文的"中和"视为是一种解决情感冲突的方式：

> 一个反思的、真诚的儒家应该把价值冲突，特别是人际的价值冲突，不仅看作是一件憾事，而且是邀请人坚持利用人的能力和资源，从而达到一种和谐共存或平衡（中）的状态。[24]

成中英的想法与此类似，也强调相互性的互动关系，不过，他称之为"和谐化的辩证法"，比较是从理想上强调对于互动中的矛盾和困难的和谐化，而不仅止于追求均衡而已。这可以说是对于冲突与矛盾可以达至的正面状态的最佳化。其实，想要在所遭遇到的矛盾与困难中实现和谐并不容易，往往最多只能达到柯雄文所言"冲突的均衡"。不过，成中英特别强调，儒、道两家的和谐，是要在时间历程中达至的，也因此，对于中道精神，成中英强调的是"时中"概念。这一点取自《中庸》"君子而时中"。成中英这一说法考虑到了时空的差异与变化，以及其间牵涉到的各方之间的潜在冲突。成中英也曾把他对于和谐辩证法的主张与中国哲学在北美的发展联系起来，指出此一论述与第三代儒家在北美发展中国哲学的新一波努力息息相关[25]。

从华人的飘散经验，可以说无论柯雄文较属实在论的"冲突的均衡"，或成中英较属理想论的"和谐辩证法"，皆不拘于主体论的格局。实际上，由于巨幅与快速人口迁移，导致华人飘散四方，引起时空体

---

[23] Antonio S. Cua, *Human Nature*, *Ritual*, *and History*: *Studies in Xunzi and Chinese Philosophy* (Washington DC: Catholic University of America University Press, 2005), p.287.

[24] 同前注,页302。

[25] 例如,成中英说:"1979 年我提出了'和谐化辩证法'的论述。如果说这是一波中国哲学的振兴与创新运动的话,那么第二代台港地区的新儒家显然发挥了播种开源的作用;特别需要提及的,是在欧美文化园地里耕耘与推广中国文化与哲学的第三代新儒家。海外中国哲学观念的建立与推广必须归之于英文《中国哲学季刊》(*Journal of Chinese Philosophy*) 在 1973 年的创立与国际中国哲学会 (International Society for Chinese Philosophy, ISCP)在 1975 年的建立。"《中国哲学三十年》,中国评论社 2010 年 8 月 17 日报导。

验上的巨大改变，往往会造成各种价值、信念、行为模式的冲突。无论柯雄文式"冲突的均衡"或成中英式"和谐辩证法"，都假定了与差异的对方的"相互性"（reciprocity）。他们不再依附于主体哲学框架，而是在"相互性"的框架下，给飘散四方的华人提供了来自中道的概念性洞察，即使在充满冲突、变化多端的多元文化与不确定的年代中，仍可以帮助所涉各方势力，致力解决冲突，努力达致均衡或和谐。

然而，自从全球化历程加深与后现代思潮流行以来，世局与社会又有很大的变化。总的说来，文明冲突与交谈和社会基本价值的变迁，使得互为主体的情境，看来也只是主体典范的延伸：我承认你是主体，你承认我是主体，我们相互承认，并在平等中竞争。然自 1980 年代起，欧美兴起后现代思潮，影响不止于西方，且及于世界各地，并延及生活其中的海外华人。而且，全球化历程逐步加深，全球化论述越发热门，甚至在 1990 年代吸纳了后现代论述。全球化虽是一更普遍、更深刻、更长远的历史进程，然就文化、价值与生命意义而言，当代人受到最大的文化冲击，却是来自后现代思潮对于现代性的反动。此一反动显示，当代人正生活于现代性弊端丛生，导致解体与转换的时刻，而且无论国内外的华人皆正与其他世人一般，承受此一历程的阵痛与希望。在此历程中，后现代情境也带来对于哲学家省思人生意义的崭新挑战。

我将"后现代"界定为对于现代性的批判、质疑与否定。首先，后现代的批判，是针对现代性所强调人的"主体性"，尤其是主体的膨胀所造成权力的膨胀，甚至针对在主体幻灭的条件下仍扮演意识形态的当道言说。在批判主体性的锋刃下，后现代文化思潮由"主体性"转向"他者"，替代了近代以来已然浮滥的主体，转而主张人应向他者开放并关怀他者，如拉岗（J. Lacan）、莱维纳斯（E. Levinas）、德勒芝（G. Deleuze）、德希达（J. Derrida）等人的"他者"概念。进而，我更主张用"多元他者"（many others）来替代之，因为具体说来，人都是出生、成长并生活于多元他者之间，而且中国哲学，无论儒家所谓"五伦"，"亲亲而仁民，仁民而爱物"，或道家所谓"万物"，或佛家所谓"众生"，都是指向多元他者。在理论上说，"他者"仍隐含了自我与他者的对立，而且"他者"本身便是抽离现实的结果，完全忽视了实际存在中多元他者的多样性。其实，人并非生活于与他者对峙的情境，而是生活于具体存有论的多元他者之间。在我看来，"多元他者"不仅限于众多的"他人"，而且还包含了自然与超越界。换言之，大自然、理想和终极真实，也是人的多元他者。总之，向多元他者开放，走向多元他者，关怀多元他者，对多元他者无私的慷慨，并在这过程中陶成自我，将是今后人类的伦理生活原则与价值泉源。这一点对于任何地方，包括在乡村或城市，在高山或海洋，在祖国或异国他乡，都是一项真理。

也因此，我主张从"灵根自植"与"冲突均衡"，转向多元他者彼此的"相互丰富"。生活在全球化和多元文化的时代，有许多来自世界各地的文化社群，飘散而来，在同一乡村、城市和领土的空间相遇，一起共同居存，此时在互动中生存发展的最佳方法，是相互丰富，而不是仅求主体的精神安顿或只在冲突中求均衡。在我看来，查理斯·泰勒（Charles Taylor）所谓"承认的政治"在当前的多元文化脉络中固然仍有意义[26]，但是，在全球化与后现代脉络下，众多离散社群不能只停限于相互承认，而更应走向相互丰富，即使是飘散的华人，也需通过与众多其他文化社群，相互交流，相互了解，达至相互丰富之境。

为此，我提出"语言习取"（language appropriation）和"相互外推"（mutual strangification）作为敦促多元文化社群相互丰富的可行策略。"外推"（strangification）一词[27]在语源上包含陌生人、外人（stranger），指称走出自我封闭倾向，走向外人，走向多元他者，走出自己的熟悉圈、人民和国家，走向陌生的外地、外国、陌生的文化，走向陌生人，或者说走向任何差异的行动。我认为华人在飘散四方时最显著的经

---

[26] Charles Taylor, "The Politics of Recognition," in *Philosophical Arguments* (Cambridge, MA: Harvard University Press, 1995), pp.225–256.

[27] 我把它作为一个新词。我认为作为该语词的铸造者，我们有权决定其含义。这个新词不是意指"变成陌生人"，而是仅指"走向陌生人"。我视人内在最深处的欲望为一种走向他物和他人的能量。我把它看作人身上的原初能量，意即"原初慷慨"，可走出自身，走向他者或多元他者。

验,就是与众多陌生人、外邦人相遇㉘。外推假定了先前须能习取陌生人的语言。借助语言习取,学会运用多元他者能懂的语言来表达自己的思想或价值。当然,外推和语言习取又假定了人有走出自我封闭、走向多元他者的原初慷慨,去实现对方依其本性能有的善,而不把自己局限于相互性的主张之中。

在文明交谈过程中。我把"交谈"界定为"相互外推",可分语言、实践、本体三层面言之。在语言外推层面,应彼此用对方能懂的话,讲出其核心理念或主张的真理、价值、信念。若如此之后仍然有效,就意味着该思想、价值或信仰具有可共同分享的特性。若在翻译之后变得荒谬,那就应该承认它们的局限性,并因此对其原则、方法和有效性进行检讨。

在实践外推层面,彼此应该用对方可接受的方式,将自己的文化表达、价值、信仰,放入对方的社会或组织脉络中,看可否行得通。若行得通,便具可共同分享性。若行不通,不应该责备他人,却应该对自己的文化表达、价值或信仰,作出反省和自我批判。

在本体外推层面,彼此应经由对于实在本身的体验的迂回,譬如对人、社群、自然或终极实在(如儒家的仁和诚,道家的道和德,佛教的空,基督教的上帝,伊斯兰教的阿拉……)的体验,进入到对方的文化世界或宗教世界。

古典和近代世界往往强调以相互性为伦理与社会的基本原则;然而,我认为,原初慷慨与外推应该是后现代与全球化时代的新的伦理原理。而且,从哲学角度上说,在双方能建立某一种相互性之前,必定先有某一方先行走出自我,走向他者的慷慨行动,从而使相互性的关系能因之而建立。为此,我认为,为他者的善或好处而走出自身、走向多元他者的原初慷慨,在本体上和逻辑上优先于相互性,并

㉘ 我这里指的是辛墨尔(Georg Simmel)、克理丝蒂娃(Julia Kriesteva)和瓦登菲尔斯(Bernhard Waldenfels)阐述的"陌生人"概念。参考: Georg Simmel, *On Individuality and Social Forms: Selected Writings*, edited by Donald N. Levine (Chicago: University of Chicago Press, 1971), pp.143 – 149; Julia Kriesteva, *Strangers to Ourselves* (New York: Columbia University Press, 1991); Bernhard Waldenfels, *The Question of the Other* (Hong Kong: The Chinese University Press, 2007).

且能衍生并且发展出平衡且健康的相互性关系。

联合国教科文组织也将不同文明之间的交谈定为 2002—2007 年的中期目标，但迄今仍然成效不彰，而且西方犹太-基督宗教世界与阿拉伯世界的冲突有增无减。在我看来，在语言、实践、本体三个层面的相互外推，才是文明交谈的最佳策略。尤其是当前世界全面性的人口飘散现象，促使不同文化社群的交谈成为必要，而这应该从走出自我封闭，走向多元他者的原初慷慨行动开始。然后，透过相互外推，我走出自身，走向你；你也走出自身，走向我。从而彼此用对方能理解的语言、设身处地地实践，以及透过实在界和生活世界的迂回，彼此交谈，达致相互丰富。

六、由相互丰富回推至灵根自植与和谐辩证

找到了相互丰富之方，我们便可以回推到灵根自植与和谐辩证的源头及其更新。换言之，如今我们可以重新审视唐君毅以主体哲学为范式的"灵根自植"构想，和柯雄文与成中英以"互为主体"或"相互性"为范式的"冲突的均衡"或"和谐辩证法"构想。事实上，就主体性而言，唐君毅先生并不主张近代西方朝向封闭的主体性，而是主张感通式的主体性。一方面，他不赞同封闭性或排他性的主体。他说："然人之各种生活，在相互发生关系之时，恒由此中一种生活只欲求其自身之继续，而人之心灵即封闭限制，于此生活之中，遂排斥我与他人之他种之生活，而此人之各种生活之彼此互相排斥之事，即恒为不当有者。"[29]唐先生更批评康德以主体性为本所提出的"自律"之说，认为康德的主体自律之说所设定的道德法则，若无人彼此之同情共感，则可能旋立旋弃，且自不奉行。而且，唐先生更认为，此一共同感通，贯穿他人与我心灵之沟通，以及人与我透过为文习艺所进行的相互表现其心灵之情意，将可克服近代以来以康德为代表的、建立在主体性典范上的自律道德。他说：

㉙　唐君毅：《生命存在与心灵境界》，上册，页 610。

　　　　康德唯拘拘于言人依理性之自订一普遍规律,自遵行,
　　为道德,而不知人若不能先在其现实生活中,面对他人之存
　　在,而先有彼此之同情共感,与共同生活之事中,实感此我
　　外之他人之存在,则人未必能依其自觉理性,自订规律,以
　　平等待人,其自定者故亦可旋自舍之,自定者亦可自不奉行
　　之也。㉚

另一方面,人也会发现他人有其独立意志,而人应放弃对他人之权力
欲,而应有对他人心灵之真实存在的真实肯定,甚至更求感通。唐先
生说:

　　　　在此人与他人之心灵之意志情感等求感通的情形下,
　　人恒发现他人与我之类同之行为表现,……有一同情共
　　感,……此人与人之同情共感与互助之德行,即以己所欲施
　　人,不以不欲施人之推恕之德行,乃人我之心灵之感通之一
　　最原始之表现,……至于吾之对人有此助人、感恩、惭愧、施
　　恩不忘报、谦逊之诸心诸德,而更有尊敬之心,则与感恩之
　　心同层位,而不关私人关系之事,纯为一客观的尊敬人之德
　　之心。㉛

而且,唐先生更认为,此一共同感通,贯穿他人与我心灵之沟通,而有
上述种种道德情感,而且更可以进行艺术创作,成就相互表现其心灵
之情意。他说:"然在人以互成其道德人格为目的时,则人之言说,皆
所以成人与我心灵之交通,以互见其心;为文习艺,皆我与人之互表
现其心灵之情意。"㉜我们若将此处的"他人",扩张并应用于其他民
族、其他飘散之人种人群,即成为一种感通的跨文化作为。如此,便
含有众多离散社群,在共同建构有意义的生活的事体上,可以共同合
作,共同建设之意。唐先生说:

––––––––––––––

㉚　唐君毅:《生命存在与心灵境界》,上册,页678—679。
㉛　同前注,页623—624。
㉜　同前注,页644。

> 人能对与一切人之生活目的,皆平等的普遍加以尊重,
> 求加以达到,此本身故为人之道德心灵之表现,而通于此道
> 德实践境。③

可见,以感通之心,亦可与异文化之人种、来自不同文明的离散社群,共建有意义的社会生活。其次,进而回推柯雄文所谓"冲突中的均衡"与成中英所谓"和谐辩证法",事实上,在出自原初慷慨而进行外推,与多元他者的交谈过程中,人们不但会更适切、更深入地了解自己的传统与灵根;而且更能透过运用他人能懂的语言、设身处地并经由实在本身的迂回,去与对方交谈,如此才能在沟通过程中,维系相互性而在冲突中达致均衡,甚至经由互动、辩证而达致和谐。也正是透过外推与相互外推,去与多元的离散社群和主流社群相遇,彼此沟通,提出自己文化的特色,才能进而对世界的文化拼盘作出贡献。

如今,在世界各大小城市,甚或乡村之中,率皆展现了多元文化族群相互差异的生活形式,无论是个人的或是群体的,皆辐辏在城乡多样而复杂的网络之中。在种种网络里,人类可以通过外推去考察自己生活的意义,从内在到超越,从自我超越到跨越边界,借以实现人性的价值与意义;同时,人也可以通过日益增强的自我理解、内省和自我透明,返回到经此历程而不断被丰富了的内心深处,那是一个不断因慷慨和自觉而丰饶了的内心本源。总之,由主体性到相互性到多元他者,由灵根自植到辩证和谐到相互丰富,由迁移海外仍心存中道主体,到推诸海外与多元他者互动并在冲突中求得均衡,到多元文化在相互交谈中相互外推,相互丰富,这是时代的要求,也是思想与心灵的进展。

今后,飘散海外的华人应更能在灵根自植的同时,解决冲突、达致和谐,进而丰富多元他者的文化社群。唯有主动发自原初慷慨,把自己最好的文化资源带给其他的文化团体或离散社群,才能得到其他社群出自相互性的回报,投桃报李,以其最好的文化资源来丰富于我。换言之,原初慷慨的外推和相互外推,是成就相互性,达到相互

---

③ 唐君毅:《生命存在与心灵境界》,上册,页640。

丰富的最佳法门。同时，由于为了多元他者的善，为了公共的善而致力，更能明显化一己的善意与慷慨，且因此能丰富一己形成中的主体性与唐君毅所言的同情共感，甚至"与一切人之生活目的，皆平等的普遍加以尊重，求加以达到"，便可以如实实现矣。可见，唐君毅先生于如何与他人，甚或他族与其他离散族群共建、共享有意义的生活世界的道理，亦有以教我，其思深哉。

散种与再疆域化
——唐君毅、牟宗三与当代新儒家哲学的资源更新

黄冠闵[*]

内容提要： 当代中国哲学家唐君毅乃新儒学的代表人物之一,在经过1949 年的经验后,定居于香港,他所提的"花果飘零"颇似于离散(diaspora)的经验,但同样的隐喻策略也导出"灵根自植"的积极价值肯定。从观念论哲学与儒家价值体系的角度来看,"灵根自植"带有伦理要求。但若从思想资源的散种过程来看,夹在流亡与殖民地之间的生活处境却逼显出一种新的思想可能性。若摆脱文化抵抗的姿态,而从思想资源的重分配与再开发来说,文化保守主义的立场吊诡地产生文化疆界的重新划定。"灵根自植"具有再疆域化的概念潜力。同样地,有类似经验的牟宗三也有其哲学实验的空间,透过重新解读康德,寻求与儒家思想的会通,借由"智的直觉""良知坎陷"这类哲学术语重新塑造中国哲学论述的可能性。两位哲学家的做法提供了一种跨越疆界的可能,除了历史距离之外,我们或许可以思考概念疆界的跨越,探索思想资源如何更新。

关键词： 断裂,花果飘零,灵根自植,散种,疆域化,再疆域化

一、前 言

哲学活动虽然涉及抽象概念,但往往根植于有实感的存在处境。在面对生命情境的重大转折与社会、历史条件的剧烈变换之际,哲学创造既似受到威胁,又往往能激发出独特的创造力。庄子所谓的"无用之用"颇适合于描述哲学的功能,但是"置之死地而后生"也有时符合某些哲学创造的情境。哲学作为一种学院建制与一种知识型态,有其源自西方的异质性;但以汉语写作思考,从传统经典中萃取出哲

---

* 台湾中研院中国文哲研究所研究员。(电邮：huangkm@sinica.edu.tw)

学元素，并重新加以安排，产生具有活力、创造性的新可能，则是近代中国思想家所致力的方向。一旦以汉语的"哲学"一词来试图对应西方的 philosophia 一词之时，就已经带入了转化、创新的可能。从传统资源中汲取富有哲学性的洞见，则是在转化、创新的同时，注入了传承的动力。在这一对哲学的外部观察中，似乎有必要放入历史、地理、个人生命等等条件来考虑哲学家与哲学创造之间的关系。

哲学活动在 20 世纪的中国开始经历引介、吸收、批判、转化、创造的剧烈变化，而此一世纪的时空变化则对哲学家们也有生命、情感、价值判断的重大影响。对于 20 世纪的中国而言，1949 年是一个断裂的年代。在中国，由国民党执政的国民政府退出大陆，共产党成立中华人民共和国。在亚洲，东南亚的印尼成为独立国家，南亚的印度成立为共和国，西亚的以色列加入联合国。在欧洲，苏联建造柏林围墙，东西德分裂，北大西洋公约组织（North Atlantic Treaty Organization，NATO）成立，爱尔兰离开大英国协独立为爱尔兰共和国。在非洲，南非开始种族隔离政策。随着中国共产党取得政权，东德成立为德意志民主共和国，冷战的时代正式开始。1949 年也是世界史的年代。

这一历史的断裂同时也是地理的断裂。地缘政治学的战略布局使得台湾这一区区小岛成为不同政治秩序想象的一块拼图。地理的断裂反映了政治力量对冲的态势。回归之前的香港则是借着英国殖民地的关系，形成一种夹于传统、现代或周旋于西方、亚洲的 一个特殊场所，一个异托邦（heterotopia）。不少因为战乱分离而流亡两地的知识分子，在地理断裂中，重新塑造其政治认同与文化认同。这一状况带有离散（diaspora）的特征，以地理的分散与断裂，呈现出在断裂中重新连结的想望。

透过 1949 年这一断裂点，在意识到历史断裂与地理断裂的双重性时，也必须注意到一种世界性的观点，这种世界性是一种结合着历史与地理的共通思考。以此出发点来考虑，在哲学的继承、传播与创造上，确实有值得注意的一些特点。

本文便以当代新儒家的两位代表人物唐君毅（1909—1978）与牟宗三（1909—1995）为例，说明"跨越 1949"命题中，有一种处理断裂经验的创造性环节，我称此一创造性环节为"散种与再疆域化"。

"散种"（或"播散"；dissemination）一词，源自法国哲学家德希达（Jacques Derrida，1930—2004）的一本书，本文不拟深入探究此书的内容，只因受其提法的启发，借以阐述哲学上创造性的层面，事实上，即使诠释学家吕格尔（Paul Ricoeur，1913—2005）所提的"接枝"，也有可能作为核心比喻，与传统的再生可以连结。"再疆域化"（reterritorialization）一词则借自另一法国哲学家德勒兹（Gilles Deleuze，1925—1995）与瓜塔里（Félix Guattari，1930—1992）（或可简略说为德勒兹）的用语，意在说明哲学创造的条件，但德勒兹对哲学作为概念的内在性平面之说，并非本文希望处理的议题，他基于朱利安（François Jullien，1951—）的研究对中国"思想"的偏颇则不是本文的焦点。同时，本文主要关注于断裂经验在推动哲学创造上的影响，而并不寻求在政治上或意识形态上揭示弥补断裂的解决方案。尽管唐、牟两位确实都在1949年后密集地对历史与政治状况有一文化性的诊断，并赋予深刻的哲学反思，但两位的主要成就都是在哲学工作上，这也是本文希望说明的。

二、从花果飘零到灵根自植

唐君毅作为当代中国哲学家有其专业的哲学著作与诠释立场，而作为新儒家的代表人物，他从人文精神与价值体系的角度来诠释儒家。然而，身处时代的变化转折中，他的主要著作多成于1949年以后，尤其《中国文化之精神价值》（1953）、《人文精神之重建》（1955）、《中国人文精神之发展》（1958）、《文化意识与道德理性》（1958）四本书都是在流亡状态中反省国族历史断裂的危机而写成。同样地，牟宗三以儒家的人文教为规模，将中国哲学奠基在智的直觉（智性直观）上，倡议儒家有"道德的形上学"。但牟宗三一系列的政治哲学著作也集中在1949年以后的数年间，如《历史哲学》（1955）、《道德的理想主义》（1959）、《政道与治道》（1961）。这一系列著作重新厘定中国历史的曲折，在批判世局的前提下，指出其历史反省的政治意义。

然而，身处历史变革中的断裂感并不是发生在一个年份而已，国民政府的对日抗战已经将唐君毅、牟宗三这些青年哲学家卷入一个大的战争历史情境而开启哲学思考工作，但是，抗日成功紧接而来的却不是建立起一个永久和平的国度，而是更剧烈的内战。国共分据海峡两岸，政权分立，唐君毅、牟宗三、钱穆（1895—1990）等多位知识分子则是逃至台湾或避居于割让给英国的殖民地香港。从原居地拔根而起的流亡经验，落在两岸三地的政治分裂格局中，在个人情感上造成了极大的激荡。

牟宗三在《道德的理想主义》的序言中开宗明义即表示：

> 吾自民国三十八年来台。适值友人徐复观先生创办《民主评论》半月刊于香港。时大陆……天翻地覆。人心惶恐，不可终日。吾以流浪天涯之心境，逃难于海隅。自念身处此境，现实一切，皆无从说起。惟有静下心来，从事文化生命之反省，庶可得其原委而不惑。面对时代，深维中华民族何以到此地步，实不可不予以彻底之疏导。①

这一段话是一个流亡者的见证，断裂感呈现在"天翻地覆"的描写上，而困顿感除了以"流浪天涯""逃难"来自况之外，更以"现实一切，皆无从说起"来陈述其中的无力。不过，紧接着这种对现实的无力，却立即转成一种跳跃："惟有静下心来，从事文化生命之反省"，目的就在于面对时代病症的疏导。这种疏导既是以民族生命为主要脉络，也是以个人的困境为疏导的自我疗愈。综合来说，这一段序言表明了一种双重的思考：一是面对断裂变局的情感创伤，二是寻求疗愈的诊断转化。

等到1978年《道德的理想主义》的修订版序时，牟宗三清楚表述出心路历程：

> 此书与《历史哲学》及《政道与治道》合为一组，大抵皆是自民国三十八年至四十八年十年间所写成者。此十年间乃吾之文化意识及时代悲感最为昂扬之时。此之蕴蓄由来

---

① 牟宗三：《道德的理想主义》（台北：学生书局，1982），页3。

久矣。溯自抗战军兴即渐有此蕴蓄。……此种蕴蓄不能求
之于西方纯逻辑思考之哲学,乃必求之于能开辟价值之源
之孔孟之教。……此种蕴蓄至三十八年抵台乃全部发出,
直发至十年之久。②

在此一追忆的自述中,牟宗三肯定自己的文化意识与时代悲感紧密
重叠;此际,他也已经完成了《才性与玄理》《佛性与般若》《心体与性
体》,希望疏通的中华民族智慧方向也大致完成。但是在这两系列作
品的对比中,牟宗三仍旧肯定自己的思想著作有一致性,对哲学历史
的疏通"仍不出自三十八年至四十八年十年间所发扬之文化意识之
规模。盖吾人所遭逢之时代问题仍是文化问题"③。

关于牟宗三的创造性部分,我们将于后述。以牟宗三所指的悲
感为观察重点,《五十自述》(各篇文章成于 1956—1957 年间)则以
"客观的悲情"来称呼,进而以证道文体借着佛教"三昧"来说明他深
入悲情之中所体证的"悲情三昧"。在悲情之中,"客观的悲情是悲天
悯人,是智、仁、勇之外用。主观的悲情是自己痛苦之感受"④。对于
共产党取得政权所造成的离散,他自谓:

> 从此以后,浪迹天涯,皆无不可。只要有自由生存空
> 间,吾即有立足地。吾之生命依据不在现实。现实一无所
> 有矣。试看国在那里,家在那里? 吾所依据者华族之文化
> 生命,孔孟之文化理想耳。⑤

但这种离散剥除了肉体生命依赖的温暖与安身处。牟宗三更以"一
切崩解"来理解自己的痛苦:

> 吾一身飘流海外。家破、国亡,一切崩解。社会的、礼

---

② 牟宗三:《道德的理想主义》,页 2。
③ 同前注。
④ 牟宗三:《五十自述》(台北:鹅湖出版社,1989),页 129。
⑤ 同前注,页 128。

俗的、精神的、物质的,一切崩解。吾之生命亦因"离其自己"而破裂。此世界是一大病,我之一身即是此大病之反映。⑥

沉浸在这样的崩解痛苦中,牟宗三深入而体证:

> 我在这将近十年的长时期里,因为时代是瓦解的,是虚无,我个人亦是瓦解,是虚无,我不断感受,不断的默识,亦不断地在这悲情三昧的痛苦哀怜中。⑦

> 然而体证悲情三昧,并不是自怜自艾,反而是堪出"本心的慧根觉情",要能够体现出"天心仁体或良知天理"的悲愿。⑧

唐君毅的笔下倒没有天翻地覆的描述,但在 1951 年出版《中国文化之精神价值》的自序里却也提到在寄居香港的撰书情境:

> 吾之此书,成于颠沛流离之际,平日所读书皆不在手边,临时又无参考之资,……身居闹市,长闻车马之声,亦不得从容构思,唯瞻望故邦,吾祖先之不肖子孙,正视吾数千年之文化留至今者,唯封建之残余,不惜加以蹚弃。怀昔贤之遗泽,将毁弃于一旦,时或苍茫望天,临风陨涕。乃勉自发愤,时作时辍,八月乃成。⑨

虽似寥寥几语,但以"苍茫望天,临风陨涕"来自陈心境,也已经是相当沉重。但是,若看唐君毅在 1949 年后的著作,多半是"勉自发愤"的作品,甚至若是带有情感,多半是正面的、激励人心的情感,而不是剖析自己痛苦情感的文字。即使如此,唐君毅写作的目的仍然环绕

---

⑥ 牟宗三:《五十自述》,页 146。
⑦ 同前注,页 164。
⑧ 同前注,页 166。
⑨ 唐君毅:《中国文化之精神价值》(台北:正中书局,1978),页陆—柒。

着重大的历史变革,只是他放大到大历史场景中,以面对问题原因的铺陈来取代对于时局的反应。

1955年出版的《人文精神之重建》是由25篇文章结集而成,但唐君毅指出:

> 这些文章之中心问题,即百年来西方文化,对中国文化之冲击之问题。西方文化思想之最后一次对中国文化之冲击,即来自俄国之马列主义之征服中国大陆。由追问马列主义如何会征服中国大陆,即可引到对中西社会文化历史之各种考察,与及世界未来之社会文化理想之方向的问题。在中国人之立场上说,即主要是中国未来社会文化之方向的问题。……而我之一切文章之讨论此问题,都是依于三中心信念,即人当是人,中国人当是中国人,现代世界中的中国人,亦当是现代世界中的中国人。⑩

政治冲击的苦难不是源自政治本身,而是文化冲击的后果。唐君毅对于问题的诊断与回应是回到文化认同的承认上。当他分析共产党能够在内战中取得胜利的原因时,他也是采取文化冲突的解释,这种冲突是以肯定中国文化与西方文化(世界文化)都有存在的价值为前提。但不能因为有冲突以及造成挫败,甚至无法融合而失去统治权与政权,造成国家分裂,就认为中国文化必须彻底改造与否定。唐君毅也认为,这种否定是在势上不能、理上不能、义上不能。他是以宗教精神带入辩证法思考来看待此一问题。

面对文化认同的困局,他指出必须如宗教精神那样,一方面承认自己的罪恶、一方面承担他人的罪恶,由此而转化出对自己兼对他人的悲悯心怀。辩证法的表现就在于:为己、为他、为己且为他的三个环节从罪恶承担转成为悲悯。他的视野宽广:

> 然而真要使全世界人类永拔于唯物主义极权主义之罪

---

⑩ 唐君毅:《人文精神之重建》(台北:学生书局,1974),页2。

恶外，我们终仍须以真正的宗教性的道德文化教育之感化力量为主。人们之相信共产主义者，常是本于佩服其求平均财富之精神，而非信其唯物主义与统制政教之野心。人因缺乏智慧，不幸而其思想，受其桎梏，尤是深可悲悯的。我们生为中国人，不能保存我们之文化精神——使马克斯之地位取代孔子地位，这罪过亦即在我们之自身。⑪

同样地，唐君毅在《人文精神之重建》中写于 1950 年 9 月的《中国今日之乱的中国文化背景》更希望梳理出来自文化精神的理由，这是要说明如何在义上不能否定中国文化，他对于文化冲击的看法也带有辩证性：

因中国数十年之混乱，只由于世界文化与中国文化之相冲击，如瀑布之落于大江之中，而水花四溅，江水之流行，因以错乱。这责任是双方的。中国数十年之混乱……均由中国文化精神自有其好的方面。此好的方面，原则上是应当保存的。其悲剧所以产生，乃由于一种好，与另一种好之相矛盾冲突，而未配合得好。其矛盾冲突，乃其要求更高的配合和谐之证明。⑫

基于悲悯的人文精神，唐君毅看待中国现代性的文化冲突说，并不是采善恶斗争的论点，而是不同的善的矛盾冲突。辩证法要克服中国现代史上的乱象与政治的苦果，不是采取去恶的手法，而是融通诸善。

顺此道路，唐君毅后续数年的写作推向政治的思考，在积极的成立基础上思考以民主自由建国的条件。他对于政治意识的剖析就在于结合个人、社会组织、国家三者关系的矛盾融通上⑬。顺着文化认

⑪　唐君毅：《人文精神之重建》，页 37—38。
⑫　同前注，页 274。
⑬　如《中国人文精神之发展》中的《百年来中国民族之政治意识发展之理则》《论与今后建国精神不相应之观念习气》《理性心灵与个人、社会组织及国家》，以及《文化意识与道德理性》第四章《政治及国家与道德理性》。

同的道路,唐君毅面对他自身所处的历史变局则是结合着辩证法来疏解他所见到的文化冲突。文化认同的核心就在于以人文精神考虑人作为人的价值根据,在此立场上,唐君毅才以儒家精神为此一文化认同的依归。这是唐君毅处理巨大断裂感的回应方式。

事实上,除了说理的解答,唐君毅也曾以鲜活的意象来陈述断裂感,这就是广为人知的"花果飘零、灵根自植"。唐君毅在 1961 年写了《说中华民族之花果飘零》,1964 年写《花果飘零及灵根自植》,形成一组头尾一贯的作品。但以身处海外的侨居身份发言,他也承续此花果飘零、灵根自植的意象,另于 1971 年写了《海外中华儿女之发心》、1973 年的《海外中华子孙之安身之道》(未完稿)两篇短文。简略地说,花果飘零与灵根自植这一组核心意象能够概括一种离散经验的反省。

花果飘零,取的是以中国大陆为生命情感与思想的原乡,离开原乡,流亡至异地,就如同花果离开大树,飘零落地。灵根自植,取的是落地生根的意象,是在异地能够安身立命,采取自尊自重、自信自守的方式体现自己的希望与理想。原本在花果飘零的意象中,偏重的是离散的断裂悲剧,以母国、故土遭受劫难,被迫离乡背井的剥离。但是,在价值意识的要求下,即使生活的土地环境已经不再是母国故乡的模样,仍要守住价值上的根⑭。从花果飘零推论到基于价值意识的保守,唐君毅指出一种绝望感:"华夏民族之子孙飘流异地之艰难困苦,与在精神上失其所信所守的悲哀。"⑮由于寄居他人篱下,逐渐产生出一种精神上的奴隶意识——"以他人的标准为标准""以他人的价值为价值"⑯。失其所能自守而安身立命,寻求他人的承认,从现实来看,要能够自作主宰的可能性极低,而不免使人失望。唐君毅在 1964 年所描述的情况是:

> 然以整个中华民族今日之情况而论,大陆中国之五六亿人,无一能逃马克思思想……台湾之孔孟颜曾有多少?

---

⑭　唐君毅:《中华人文与当今世界》(上)(台北:学生书局,1975),页 25。
⑮　同前注,页 30。
⑯　同前注,页 34。

以台湾之学术文化，而欲为今日之雅典，又谈何容易？而侨居各地之中国人，真能有所自信自守，沈沦在下而不自沮，见知于当地而不以之自荣者，较彼因此而自沮或自荣者，何者为多？何者为少？则皆不能使人无疑。⑰

怀疑的背后是巨大的绝望，在绝望与希望的对举情况下，唐君毅翻转出绝境中的希望与信心。这是将辩证法推到边界的宗教式思考：

> 人能面对绝对的反面之绝望，亦即呈现出绝对的正面之希望与信心。人在病至欲死中，显出真正求生之愿望；人在罪恶深重之感中，显出企慕至善之愿望；人在深崖万丈之旁，显出自处之高。⑱

灵根自植的内在动力建立在绝望与希望的辩证中，是以绝望为界限经验所涌生的希望。所希望的是中国历史文化不断绝，但这一希望却不在于外在环境，而在于离开故土的每个个人，在个人身上就有普遍大公的人类存在理想。

唐君毅和牟宗三两人都以人文精神来诠释儒家，也以坚守儒家价值作为守护在政治断裂中残破的中国文化。牟宗三借用黑格尔（G. W. F. Hegel, 1770—1831）的历史哲学来贯串整个中国历史，其《历史哲学》《政道与治道》体现了诊断的分析架构，进而肯定以民主自由重新建立新政治体制的必要。唐君毅则一方面从中国文化的整体面貌来陈述未能有民主政治的文化理由与现实条件，一方面透过现代性中文化冲击的调停来疏解矛盾，将道德价值放在世界的尺度上来衡量，策略性地申论保存中华文化的必要性。流亡经验在唐、牟两人身上的刻痕都是将个人的痛苦情感化作一种文化诊断与再造的契机。哲学著作并不是唐、牟两人的职业身份所作，而是在流亡的断裂经验下所激出的深刻反省；在两位哲学家的思想事业上，因为铭刻

---

⑰　唐君毅：《中华人文与当今世界》（上），页40。
⑱　同前注，页47。

了这断裂经验的痕迹,却也带出了后断裂的跨越努力。

进入了 21 世纪,世界的局势有极大的改变,我们也生存在后唐君毅、后牟宗三的时代。如何借着两个哲学家的思想创造来评估他们跨越断裂的做法呢?

从花果飘零到灵根自植的意象使用,已经指出了一条线索。不过,我们希望从此线索导出在 21 世纪思考的另一个可能性。

三、散种(播散)与再疆域化

回到断裂的经验来看,历史的断裂与地理的断裂交织在一起。

唐君毅、牟宗三两位对政治与战争后果所造成的断裂集中在历史的反思上。地理的断裂也确实体现在流亡、寄居异乡(甚至是异国),唐君毅停留在香港,他与钱穆、张丕介等人创办新亚书院,牟宗三先是到台湾,自 1949 年到 1959 年任教于台湾十年,自 1960 年后到香港定居。对于牟宗三来说,他的个人生命轨迹几乎是在流浪之中,居留何地,似乎不是他最关切的问题。但是,从中国大陆被迫离开则是深切的创伤。唐君毅离开大陆就几乎都定居在香港,后来有机会出国二十余次,看到世界各地的文化与生活方式,但是,香港对他而言始终是一个英国殖民地。唐君毅所提的"花果飘零"就是结合他的香港经验与世界游历所见华人的居止而成。在母国、故土/他乡、异国的对比中,地理的断裂嵌入历史的断裂中,与其说他们关心生活居住的地理位置,不如说他们更关心在历史文化中的位置。

在唐、牟两先生的哲学事业中,他们回应断裂的创伤,则以历史诊断为主轴;以历史回顾的方式往前回溯,并导入批判反省;在他们当代所经历的巨大断裂中,找到各个历史阶段中的裂痕。简言之,巨大的断裂是由各个过去时代的裂痕所组成。在这种历史重构的做法中,两者都在批判的态度下企图指出中国作为有待建立的国家以及中华文化作为有本有源的文化体应该如何走向未来。以断裂为一个被搁置的现在、一个与自己生命重叠的现在,而建构一个作为创伤起源的过去历史,进而构作一个可被疗愈而恢复整全性的未来。这是一个以历史性来贯串的思考方式,辩证法提供了理论想象的资源。

辩证法导入的否定性可以说明："到现在为止"，一切创伤的否定性样态如何得以解释，而时间性、历史性又如何在否定性的操作下，解释历史环节所蕴含的裂痕（否定作用带出的裂痕）。

不论这样的断裂感如何，目标都是借由历史来铸造统一感。"到目前为止""现在"的冲突矛盾与分裂都只是暂时的，从历史而来的伤痕，也都可以回到历史寻求和解融通的可能。任何巨大的断裂都可以销融在一个单一的历史中。唐君毅用河流的水意象也充分显示这一思路：

> 如果我所真爱真信之理想，同时为一具有公共性普遍性之理想，则一切中国人以致全世界之人，又岂不可有一大体上共同之实践，而将历史导向一定然而必然的方向，以实现此公共普遍的理想？……由此他将相信世间千江万水，无论在什么地方，必然曲曲折折地由地心吸引力之导向，同归大海。[19]

唐君毅界定"公共普遍之理想"是以"世间千江万水，无论在什么地方，同归大海"为引导隐喻。他对于普遍的同一性，有可能有其他的模式（例如华严宗"月映万川"[20]的模式）。但我们以"无论在什么地方"作为"灵根自植"的对应规定，这种模式是用价值真理来去除地方性与特殊性。依照这种历史销融的模式，地理、地域的特殊性倾向于被历史的同一性所取代。

不过，"花果飘零、灵根自植"的意象却可能蕴含着另一种保存地域特殊性的可能。如果，以历史同一性为优先的模式对应着地理上的"北望神州、身居异地"的话，那么，是否"灵根自植"本身就使得地域的特殊性不能被轻易取消？

或许唐君毅的"灵根自植"就容许两种表述，当他在陈述一个个人必须自重自守时，他意味的是一个人"需于其面对事实而感受苦痛

---

⑲　唐君毅：《中华人文与当今世界》（上），页51—52。
⑳　同前注，页372。

时,再回头自觉反省其真正理想所在,内在之光明所在,而先有所自信自守;……此亦即吾人于任何环境下,皆可寄托希望与信心之处"[21]。这一个表述的场所论命题是"任何环境皆……之处",是不受到地方、环境的制约。这一个表述中的人的形象是秉持自由意志而自作主宰,唐君毅甚至称为"绝对的自由主义"[22]。一个能自作主宰的自由人不会受到地方、场所、职位、身份的约束。唐君毅继续指出:

> 此种能自作主宰之人,即真正之人。此种人在任何环境上,亦皆可成为一自作主宰者。故无论其飘零何处,亦皆能自植灵根,亦必皆能随境所适,以有其创造性的理想与意志,创造性的实践,以自作问心无愧之事,而多少有益于自己,于他人,于自己国家,于整个人类之世界。[23]

此段话是《花果飘零与灵根自植》的结论。一个绝对自由的人是"真正的人"。当他能自作主宰时,不会受到任何环境(地方、场所、职位)所改变,"无论其飘零何处,亦皆能自植灵根,亦必皆能随境所适"。

这样的自由人是在对比于时代断裂的诊断中所构思出来的,所针对的并非在极权政治底下的人,相反地,是写给海外华人看的。唐君毅在七年后的 1971 年《海外中华儿女之发心》澄清:"只在各地生根长叶,而忘其本原,不更回念其本原,而对其本原有所尽责,则是一精神上的大危机。"[24]在此脉络下,唐君毅更推断 21 世纪会有一个新时代:

> 此时代,东方将不再对西方求报复,东方的文化与政治,亦将以一新的姿态出现于世界。[25]

> 此时代之人的社会,将不以血统、肤色、有产无产、有政

---

[21] 唐君毅:《中华人文与当今世界》(上),页 56。
[22] 同前注。
[23] 同前注,页 57—58。
[24] 同前注,页 59。
[25] 同前注,页 61。

权与否,加以划分,而将为一依于人的平等,以成就人之德
性、人伦、人格、人道与人文的新时代。此一时代之到来,亦
当是一历史的必然。㉖

所谓"历史的必然"不是历史定命论的"必然",也不是乌托邦主义下
的"必然",比较像是"理想"(Ideal),或康德意义下,作为"理念"
(Idea)的"必然"。在此情况下,唐君毅总是称 Idealism 为"理想主
义",而不是"观念论"。他所意味的"历史的必然",不是单以中国的
政治文化为中心,而是连中国的政治与文化都"必然向人的文化之建
立之方向走去"㉗。因此,这种必然是"人的文化",是以人为本。

　　既然不能将前述对 21 世纪的信念当作是预言,那也没有必要问
这一信念、理想是否如预言般被实现。我们关心的重点是,唐君毅将
自由(自作主宰)跟历史必然性(作为理想、理念)画上等号。在场所
论意义下的自由,被吸收入历史的必然性之中。必然性与自由的二
律背反,转成为历史与地域(地理、地方、场所、环境)的拉张。唐君毅
并非完全未意识到这种拉张,他以"世运之转移"㉘来含括地理条件的
影响,然而,不论西方或东方的世运转移,乃至中国内部的世运转移
(由东而西、由北而南、转移至海外),都隐含着以"世运"作为历史的
重心。地理条件只是此一历史重心的转移,地理条件的差异乃是历
史必然过程的发生地。唐君毅的信念("人的文化之建立")将地理销
融在历史中,历史取得了相较于地域的实践优先性。

　　但回到前述提出的问题:是否"灵根自植"本身就使得地域的特
殊性不能被轻易取消?

　　用另一方式表述:倘若没有离散、逃亡、散居于异邦的地域差异,
如果没有外于神州大陆的孤岛台湾,如果没有悬于珠江口外的英国
殖民地香港,那么,花果飘零尽于大陆神州之内,不复散至神州之外,
还有什么灵根自植的模态吗?

　　历史的断裂岂不是要预设着地域的隔离吗? 如果不是地域的隔

_____

㉖　唐君毅:《中华人文与当今世界》(上),页62。
㉗　同前注,页63。
㉘　同前注,页60。

离,那么还能够凸显出历史的断裂经验吗?所谓的自由,除了精神上的自由之外,岂不也包含着移动、居住的自由吗?地方、地域的存在不就是使得历史经验、自由经验得以具体化的条件吗?

历史的同一化想要跨越断裂经验而回到原初的起源,修补此起源成为一个完整的历史。这种设想也就设定了现代性冲击回归于单一历史的起源。在单一起源的神话之外,是否至少要注意到"非起源的地方"?历史的收拢正是在断裂处发现到无法收拢处。无法收拢的地方却是对于历史起源的补充。

德希达在延异(différance)的概念下,提出了对于起源的补充(supplément d'origine)。他透过分析胡塞尔的现前论,指出了胡塞尔所设想的"生动的现前(lebendige Gegenwart)"乃是以"现在"作为对起源的重复。但实际上,每一个"现前"(现在)都不是完整的"现前",每一个现前在出现时既朝未来开放,也同时进入过去。在这种不完整的"现前"里,并没有"起源"的完全再现,也没有完全重复。每一个"现前"就注定有其残缺处,也有一个异于起源的东西存在于每一个尝试再现起源的现前中㉙。

在《散种》(La dissémination)一书第三篇中德希达分析索列斯(Philippe Sollers,1936—)的小说《数字》,一方面延续其延异的补充逻辑,一方面导入尼采(Friedrich Nietzsche,1844—1900)式掷骰的偶然论。关于"现前"(现在,le présent),德希达指出:

> 现前只有在关联到自己时才如是地呈现,它也只有在自我分裂、在岔开的角度上、在裂缝里自我折叠时,才如是地对自己说,也才如是地看待自己(裂缝:在锁链中的环环相扣里有"差错"与"组构")。在启动时。呈现绝不是现前的。……对现前成立的事情也对"历史"、对"形式"、对历史的形式等等成立,就像在形上学的语言中,一切的意指也跟"现前"这一意指不可分离。㉚

㉙ Jacques Derrida, *La voix et le phénomène* (Paris: PUF, 1967), pp.71-73, 98-111.

㉚ Jacques Derrida, *La dissémination* (Paris: Seuil, 1972), p.336.

在此段引文的前半段重述了"延异"的基本概念,也指出"现前"不能当作同一性(不论是此刻的或永恒的,亦即,不论是内在于时间的或是外于时间的同一性)的具体呈现。这正是"呈现绝不是现前的"(La présence n'est jamais présente)这一命题所想表达的内涵。但说此一"现前"在"自我分裂"(se diviser),或是说此现前能够反身地指涉到自己的条件是它"在岔开的角度上、在裂缝里自我折叠"(en se pliant à soi dans l'angle, dans la brisure),这就使得同一性的认同涵盖了一种无法全然收拢的差异。放在身份认同或文化认同上来说,这种认同也同时留下余地给差异者,给他者。对于历史也一样,提供同一性或认同起源的历史也必须有余地给非历史的,给非起源,或至少承认有某种别的东西与起源并在,但无法被起源所吸纳。

断裂,是一种面对差异无法取消的经验。断裂、切割、截断产生出断裂点、切面。德希达借着分析小说的"片段"(一种割裂),来指出小说本身具有的后设层次。但这一后设层次所呈现的是"断裂""切割""截面"的经验本身。德希达的评注点出"生命"与"种籽"(种苗、精子)的内在关系:

> 离开"原始的"且神秘的统一(这种统一总是在事后迟迟地被重构出来)、断裂、决断——既产生决断也被决断——撞击〔这种种动作〕,在投射之际分享了种籽。……没有任何东西本身就是完整的,除非它被它所欠缺的东西所补足,否则它就不是完整的。㉛

我们不必被此段话的性隐喻所误导偏离,谁能否定生命与性活动的紧密关连?即使是儒家的夫妇之道或《易经》的乾健坤承也容许此一生生天德的正面意义。但此处也不必拘泥于此一方向的解释。重点在于"种籽"所带来的"散种"效果。生命的历程是在多样化的作用下进行的,没有多样性,生命趋于单调,最终将归于死寂。德希达的说法已经点出差异、多样性的必要,尤其,起源本身就可能是复多的,而

㉛　Jacques Derrida, *La dissémination*, p.337.

不是单一的。种籽使得生命延续。德希达进一步认为：

> 育种、散种。并没有最初的授精。种籽首先就被播散
> 了。"最初的"授精就是散种（播种）。痕迹，人们失去其痕
> 迹的接枝（接种）。㉜

"对于起源的补充"意味着起源对后续的发展没有完全的决定，也意味着差异是时间化的特征。将生命与历史等而观之，也意味着两者都必然要承受分裂、断裂、分化。生命的开枝散叶、开花结果就是分化的结果。播散种籽如同抛掷出骰子，每一个偶然性都是散开、多样化、繁复化的连带状况。

花果飘零，同时也是种籽的播散。有生命的种籽，才有可能长出根苗而灵根自植。这些种籽的播散一旦往外抛掷，并没有固定的必然轨迹。种籽落地处并非一种恣意的选择，而是带有偶然性的；种籽是否能够植下灵根，也要看落地的地方是否能够承受此一种籽的未来可能性。植根的种籽必须选择落下的土地，也受到土地的选择。花果种籽必须分化而多样，接受植根的土地场所也是各有差异。种籽与地域两者都展现出多样性的条件。

继续用这一个从种籽到生命的隐喻。种籽虽似重复了从母干来的生命，一旦落地生根，所孕育的生命就各异其趣；生命得到延续，但并不是同一个生命的复制。种籽与土地共同孕育出另一个新的生命体。从这一角度来看"花果飘零与灵根自植"的意象，生命开展的隐喻动力有可能含括着断裂、多样性、地域特征，唐君毅所谓的"保守"就可能未必是单纯重复着"起源"（母国）的身份认同，而有可能在"自守自重"的要求中树立起新生命。

如果借由"散种"的概念来试着转化"花果飘零与灵根自植"的积极面，那么，唐君毅所谓的"随境所适"既可以是有"创造性的理想与意志，创造性的实践"的价值生命，也可能转化为一种思想条件。带有价值理想的创造也是一种思想的创造。地域的条件是"随境所适"

㉜　Jacques Derrida, *La dissémination*, pp.337－338.

所隐括的。从一个土地拔出,进入另一个土地,这原本就是运动的常貌,但生命适应的难题却在于这种播迁之中。一旦这种生命的适应是顺着地域的条件而有不同的创造动力,那么,思想与价值也就在这样的动态性中重新产生出来。它不是单纯的复制,也不是凭空的捏造。地域的条件对于思想与价值的再创造(差异的重复)有其不可或缺的功能。

德勒兹与瓜塔里在晚年的《什么是哲学?》里面指出,哲学活动是以创造"概念"为主,而"概念"则是以内在性平面(le plan d'immanence)作为运作的场所,这一内在性平面本身不是被思想的概念,而是"思想的影像"(l'image de la pensée)[33]。这种影像是根据思想所意指的、使用思想、在思想中有方向引导而给出的[34]。一个概念的产生与另一个概念的出现彼此决定了不同的哲学主张,简言之,新概念的创造产生了新的哲学。据此,德勒兹与瓜塔里认为哲学活动必须包含概念的创造与(内在性)平面的设立(la création de concept et instauration du plan):

> 概念是哲学的开端,但哲学的平面则是设立。平面显然不在于一种计画、一种草图、一种目标或方法。它是一个内在性平面,这内在性平面构成了哲学的绝对地面、哲学的大地或它的解疆域化、它的奠基,在这些(地面、大地、解疆域化)上面,哲学创造出它的诸种概念。[35]

环绕着内在性平面,德勒兹与瓜塔里用的是一连串的场所论用词:设立(instauration)、地面(sol)、大地(地球,Terre)、解疆域化(déterritorialisation)、奠基(fondation)。这些用语呈现出哲学的概念创造并不是纯然精神性的凌空之举,也不是仰赖一些哲学天才的灵感,而且也不是受到历史制约的必然产物。哲学创造的偶然性取决

---

[33] Gilles Deleuze et Félix Guattari, *Qu'est-ce que la philosophie?* (Paris: Minuit, 1991), p.39.

[34] 同前注,页40。

[35] 同前注,页44。

于它被创造出来的土地。地域的条件构成了让新概念得以出现的场所。

德勒兹与瓜塔里也严格区分了概念、函数运算符（fonctif）、前瞻符（prospect）、感受符（affect），用以区别哲学与科学、意见、艺术。但在哲学本身的思想运作上，有一种特殊的地域条件，使得这一种思想不能如观念论传统或符应真理观的二元论架构，将思想当作是主体与对象之间的关系，例如典型的命题是"智性与事物的吻合"（adaequatio intellecti et rei）或是康德（Immanuel Kant，1724—1804）所谓的哥白尼革命（Copernican revolution）。相对地，德勒兹与瓜塔里认为"哲学的形成毋宁是在地域与土地的关系中形成"㊱。这使得哲学有一种"地域哲学"（géophilosophie）的特征。对于这种哲学的地域条件的想法，首先必须注意到"解疆域化"的效果：

> 土地不断地在现场操作一种解疆域化的运动，透过这种运动，土地超越一切的地域：土地既是进行解疆域化的，也是被解疆域化的。……解疆域化的诸运动与诸地域不可分，这些地域朝向一个外部开放，而且再疆域化的过程也与土地不可分，土地又重新给出了诸种地域。地域与土地是两种组成份子，伴随着两个不可分的地带，一个地带是解疆域化（从地域到土地），另一个地带是再疆域化（从土地到地域）。无法区辨哪一个是优先在前的。要问的是，希腊在哪个意义下是哲学家的地域或哲学的土地。㊲

哲学的产生是基于实际的地域与概念活动的内在性平面。以西方哲学起源于希腊而言，就是希腊的风土（le milieu grec）与内在性平面两者相遇的结果，而且是带有高度的偶然性，并不是根据历史的必然性㊳。在此种眼光下的哲学就是地域哲学，是根据风土、情境、地理

㊱　Gilles Deleuze et Félix Guattari, *Qu'est-ce que la philosophie?*, p.82.
㊲　同前注。
㊳　同前注，页89—90。

的偶然性㊴产生的。同时,概念也使得运作平面脱离一切限制,而产生解疆域化的运动,概念因此取得其普遍性。但是当哲学再次出现在现代欧洲时,地域与内在性平面重新相遇,这时,哲学重新又一次地再疆域化(reterritorialisation):

> 绝对的解疆域化不会没有再疆域化。哲学在概念上又再疆域化。概念不是对象,而是疆域(territoire)。概念没有客体(Objet),但有一疆域。㊵

前两次的哲学创造发生在希腊与现代欧洲,不过,德勒兹与瓜塔里并没有满足于欧洲中心主义㊶,进一步将哲学的发生朝向未来开放:

> 概念的创造本身召唤着一种未来的形式,这一创造召唤着一个新的土地与一个尚未存在的民族。欧洲化并不构成一个生成变化,它仅仅构成资本主义的历史,阻碍着已经顺从的民族的生成变化。㊷

地域哲学的偶然性带入了尼采式的观点,这种生成变化(devenir)有一双重性:"哲学应该变成非哲学,以便于使得非哲学变成哲学的土地与民族。"㊸至少,在生成变化中,有一种未来的可能性。哲学不再是现成的东西,不再服膺于现成的历史,而是在生成变化中朝向未来。

根据地域哲学的规定,哲学是由地域与内在性平面的相遇偶然地产生,哲学在过去的历史出现在希腊(以希腊为偶然的起源),也再

㊴ Gilles Deleuze et Félix Guattari, *Qu'est-ce que la philosophie?*, p.92.
㊵ 同前注,页 97。
㊶ 当德勒兹与瓜塔里批评中国是靠形象(figures)来思考,他们取的是《易经》的卦象,但忽略了其他的文本,这种观点也多少带有一种欧洲中心主义。同时,当他们认为伊斯兰、印度、犹太思想也不能称为哲学时,这种偏颇的分辨阻隔了再疆域化的可能,也反映着一种欧洲中心主义。同前注,页 89。
㊷ 同前注,页 104。
㊸ 同前注,页 105。

度出现在欧洲(偶然地再疆域化于欧洲大陆,但产生民族国家的差别,例如,西班牙和义大利就缺乏哲学的风土,哲学家只像是彗星般地出现)⑭,却也将再度地产生变化,而在未知的未来重新有新的概念创造出现。生成变化配合着地域哲学的规定:

> 解疆域化与再疆域化彼此在双重的生成变化中交错。人们几乎不再能够区辨本地的与异邦的,……对自己、对自己的语言和国族变成陌生的,这不就是哲学家以及哲学的本分吗,不就是他们的"风格"吗,就是人们所谓哲学的不知所云吗?简言之,哲学再疆域化三次,第一次发生在过去,再疆域化于希腊人身上,再一次发生在现在,再疆域化于民主国家,另一次发生在未来,再疆域化于新的民族与新的土地上。⑮

借用德勒兹与瓜塔里的"再疆域化"的说法,我们并不是要将自己投射为未来的新民族与新土地,而是希望借以转化"花果飘零与灵根自植"的场所论条件。唐君毅的意象所要动员的是文化认同,他说理的方式是哲学的,他的论述也成为一个哲学论述。从后设的角度看,断裂经验的地理条件已经嵌入唐君毅的哲学论述里。他所认为的正本清源是重新梳理儒家人文精神,借以注入所谓灵根自植里的保守主义(自守自重的实践哲学,以理想与意志为核心)。从方法论的角度来看,唐君毅的哲学方法带入了一种混合了康德与黑格尔的哲学体系,尤其是历史进程的融合观点极具黑格尔辩证法的色彩。

牟宗三的《历史哲学》也显然采用黑格尔的架构,但在分辨"分解的尽理精神""综和的尽理精神""综和的尽气精神"⑯时,则是套入了分析/综合、理性/经验(尽理/尽气)的康德式区分。至于理性的外延表现/内容表现⑰,虽似沿用自亚里斯多德(Aristotle,公元前384—公

---

⑭　Gilles Deleuze et Félix Guattari, *Qu'est-ce que la philosophie?*, p.99.

⑮　同前注,页105—106。

⑯　牟宗三:《历史哲学》(台北:学生书局,1974),页167,188。

⑰　牟宗三:《政道与治道》(台北:学生书局,1979),页113,115。

元前322）以后的逻辑表述，但也像是康德用法的变形。牟宗三晚年吸纳与转化康德尤为明显，在诠释宋明理学的《心体与性体》里，他也批判康德，从康德所谓"道德底形上学"（metaphysics of morals）另转化出一个特属于中国儒家哲学的"道德的形上学"（moral metaphysics）[48]。这一称谓则用以陈述"天道性命相贯通"的命题，结合了宇宙论与心性论。牟宗三的立场是独特的，也引起一些争议。反对者如劳思光（1927—2012）则仅仅保留心性论，而不同意有宇宙论的混入。晚年的牟宗三更着力于中西哲学的会通，在哲学会通的理路上重新贯串中国哲学史（《中国哲学十九讲》），也以康德哲学为高峰分辨出西方哲学的不同传统，呈现出康德哲学可与中国哲学会通之处（《中西哲学之会通十四讲》）。然而，若要论说牟宗三的会通理论基础，则可以举《智的直觉与中国哲学》为典型，借由佛教的判教构想，指出中国哲学能突破康德之处就在于"智的直觉"（智性直观，intellectual intuition，intellektuelle Anschauung）。

　　牟宗三的"判教"深具"解疆域化"与"再疆域化"的特征。"判教"一词，源自汉传佛教的华严宗和天台宗，华严宗有小、始、终、顿、圆[49]的分别，天台宗则有五时八教[50]的分判。虽然牟宗三以天台宗的判教为基准，但他的动机涵盖了华严宗和天台宗，都是借用"大乘圆教"的概念，将哲学学说设定在圆教的系统上。解疆域化的做法就在于他将"判教"方法与"圆教"境界从佛教教相的"疆域"抽出来，重新放到新的"土地"上。在中国历史里，汉传佛教的判教已经将印度佛教经典"再疆域化"于汉语的土地上，建构出一种思想体系，批判地阅读与理解原本以梵文书写的佛教文本。借用佛教判教的再疆域化经验，牟宗三的做法又为复杂，他借由康德哲学将西方哲学概念也拉

---

　　[48]　牟宗三：《心体与性体》（台北：正中书局，1981），页8，136，139。

　　[49]　牟宗三：《佛性与般若》（台北：学生书局，1997），页557。另参照《华严金师子章》，收于《大正藏》第45册，No.1880《金师子章云间类解》（汉文大藏经，http://tripitaka.cbeta.org/zh-cn/T45n1880_001），No.1881《华严经金师子章注》（汉文大藏经，http://tripitaka.cbeta.org/T45n1881_001）（于2016/11/28参考）。

　　[50]　牟宗三：《佛性与般若》，页619—624。五时：华严时、鹿苑时、方等时、般若时、法华涅槃时。八教：顿、渐、秘密、不定、藏、通、别、圆。前四教为一组，称为化仪四教，是说法的方式；后四教为一组，称为化法四教，是说法的内容。

进这一新的土地来。牟宗三的"再疆域化"不是单纯的中、西、印哲学比较,而是以圆教为哲学体系高峰的判准来判定康德、柏拉图(Plato,公元前428—公元前348)、黑格尔、佛教、儒家、道家的体系性,他用"判教"来引入一个新的论述场域。在此场域里,哲学概念重新产生撞击的可能,亦即,重新产生思想运动。因此,牟宗三的哲学判教有一个"再疆域化"效果,是以"智的直觉如何可能?"的问题展开对康德的回应,并肯定有"真我"[51]而建立起中国哲学中的"基本存有论"[52]。

当牟宗三以"道德的形上学"来肯定智的直觉时,他仍然意识到一种共通于康德与佛教天台宗的问题,亦即,现象界存在的问题。故而,他必须承认在"真我"与意识中的"我"并不完全吻合的差异或裂缝,他进而承认有"本心仁体之一曲",意味着有本心仁体的自我坎陷,两者有"一辩证的贯通关系"[53]。这种辩证关系带着内部的否定作用,因此,以智的直觉(智性直观)来统摄时,必须销融内在的矛盾、对立、与否定。基于此,天台宗的圆教模式便吸收了源自《维摩诘经》的"从无住本立一切法"表述,展示出一种依于"曲线诡谲的智慧"[54]的销融方式。牟宗三是以辩证法来销融否定作用而阐述"智的直觉",他的判教因此是一个复杂的解疆域化和再疆域化的过程。

类似牟宗三,唐君毅也有判教的哲学活动。除了前述的中年著作外,晚年唐君毅的判教展现在《生命存在与心灵九境》上,就安立现象世界的需求来说,他以前四境(万物散殊境、依类成化境、功能运序境、感觉互摄境)来统摄。第五境观照凌虚境所涉及的是数理之事,第六境道德实践境则是一般意义的伦理道德行为与德行。末三境才真正从宗教的价值判断来安立不同的高低:第七境是归向一神境(只包含犹太教、伊斯兰教、基督宗教的一神教体系),第八境我法二空境

---

[51] 牟宗三:《智的直觉与中国哲学》(台北:商务印书馆,1980),页181—183。

[52] 同前注,页345。"基本存有论"(fundamental ontology)原系海德格用语,但牟宗三认为"基本的存有论就只能从本心、道心、或真常心处建立"(同前注,页347),他进而批评海德格犯了"形上学误置之错误"(同前注,页355)。不过,这一论断并不符合海德格所界定与所思考的基本存有论。简单地说,牟宗三忽略了存有与存有者的差异,亦即,存有论的差异。

[53] 同前注,页201—202。

[54] 同前注,页322。参见《佛性与般若》,页895("诡谲地建立圆教"),1008—1013("智的直觉")。

涵摄佛教,第九境天德流行境以儒家为九境的最高境。

同样地,唐君毅也体现了"解疆域化"和"再疆域化"的异趣,我们可以用宗教对话的方式来看,也可以用重新安排价值次序的方式来看。从内部的思想运动来说,心灵九境的设立是沿着感通的三重方向(纵观、横观、顺观)㉟开展的。但是,境、境界虽然安上了心灵,显示了唐君毅一贯的观念论(理想主义)立场,但心、境的相互涵摄,已经带入一种场所论的条件。从佛学来的术语("境""心")却离开佛学脉络,成为一种论述世界的方式,描述了整个世界的多重层次。宗教境界的安排,将一神教(主要是面对基督宗教)、佛教(延续了传统的儒佛之辨)、儒家当作各有其位的境,则是将不同的宗教价值按照哲学的分判来同样置于境界中并立合观,这一种做法销融宗教价值在最后归依处的冲突,已经同时使得哲学往宗教靠拢(此即"哲学的目标在成教"㊱之说),使得哲学被解疆域化。然而按照哲学所厘清的价值理念来安排宗教境地,也使得宗教被解疆域化。但是,宗教与哲学融合在成教的理念,形成一种新的论述土地,这又使得再疆域化成为一个新的可能。

唐君毅所谓的"心灵"就如同牟宗三的"本心仁体",带着浓厚的观念论色彩。九境的开阖与心灵在境界中的进退,显示出一种感通的动态过程㊲。在境之中,心灵无论如何地升降进退,却总是以"各当其位"为准则。这种"各当其位"虽含括道德布置与动机(moral dispositif),却也使得心灵有一种在面对境界时的"再疆域化"。最终,哲学(包含宗教)提取出一种有次序、有动态的世界观。与其说唐君毅重复了"一切唯心"的做法,不如说他同时也勾勒出世界得以被形构的一种可能性。再疆域化产生了新的世界,这一世界同时必须从境、位、场所、空间的角度来理解。晚年的境界论虽然不再提花果飘零、灵根自植的意象,但是,场所性、地域性的条件已经被蕴含于其中。

唐君毅将一种世界的结构化置入他所构建的心灵九境,这是一种奇特的概念装置,巧妙地印证了他所谓的灵根自植。心灵九境或

㉟ 唐君毅:《生命存在与心灵境界》(上)(台北:学生书局,1986),页17。
㊱ 同前注,页33。
㊲ 唐君毅:《生命存在与心灵境界》(下)(台北:学生书局,1986),页268。

许不是他中、晚年后身处的香港缩影,大概也不是他所想象的未来世界。心灵(精神)跨越了国界、文化疆界,另行塑造一个独特的世界景观。当他以通观九境的周流运动来贯串时,"一念之转,即可有此九境之现"⑱,这是一种既开展又收缩的变化运动。心灵的"一念"与"九境"(世界)也同时表现出"进退无恒、上下无常"⑲的变化流转,在境、世界的场所性(空间、位)之中,由于感通(心与境的感通)所带入的生成变化产生了思想的内在运动,"境"似乎化为德勒兹所谓的"内在性平面"。一组源自佛学的老字词(心、境)加上儒家《易经》的术语("感通")经过层层转化,却成为一种思想运动的描述词,进而具有吸纳其他价值体系、哲学体系的能力。这是灵根自植在哲学上的具体表现。

牟宗三与唐君毅的哲学判教创造了新的思想条件。这种新的条件已经跨越了两位哲学家在面对历史断裂与地理断裂的创伤经验,重新设定了面对未来的新可能性。不论在香港或在台湾,唐、牟两者实际上都始终心怀神州大陆。但是,他们透过思想的设定既展现出各当其位的概念创造,也就使得他们肉身所在的香港或台湾有了新的思想可能性。由于香港、台湾相较于他们的文化母国都是一种"海外"的疆域,这种隔离却也表现出一种不可任意吸纳、化约、遗忘的存在意义。这使得海外孤悬的异地有一种对文化母国、神州大陆的补充,相对地,重新塑造了一种新的"世界"形象。

四、结 论

一个时代的集体创伤经验牵动了数亿人的生命,甚至也经由人群、族类的迁徙改变了地貌,这些活动对实际世界的改变确实无法化约到思想运动上。我们所讨论到的两位哲学家只是这一集体创伤的两道伤口,但是,这两道伤口的愈合或是寻求愈合的方式是独特的。哲学的思想活动是否使得各自的伤口得到疗愈? 到了生命晚年的哲

---

⑱　唐君毅:《生命存在与心灵境界》(下),页271。
⑲　同前注,页274。

学家是否让伤口收束了呢？如果这两道伤口有疗愈的可能，那么，集体的、许许多多的伤口是否也各自寻得其疗愈的途径了呢？创伤与疗愈的比喻是否完全恰当呢？在历史上的各种伤口是否都得到了疗愈了呢？我们并无意采取全体救赎的角度来对前述几个问题给出答案。

的确，唐君毅、牟宗三从他们各自的、共享的生命创伤出发，转喻地寻求一种面对历史又超越历史的疗愈方式，恢复一种以儒家价值为本位的"原初健康文化机体"。在这一转喻式的行动中，哲学具体展现为恢复生机的自我转化行动。不论是批判的或建构的，他们所采取的哲学的创造活动触及了一种思想的运动。恢复有机体的整全功能却不单单是描绘了一个理想的起源而已，相反地，此一起源是被建构的。牟宗三借着一个康德式的术语（智的直觉）建构了"全新的"中国形上学起源，而此一起源蕴含着一种克服康德思想界限的条件。唐君毅所构作的"世界"（境界）也不断地透过吸纳既有的现代性冲突、信仰冲突、东西方冲突（很可以用地理学方式来说这种东、西方）、国族的冲突（以中国为核心的原始形象）来建构一个儒家人文主义的"起源"。换言之，"起源"的认定都在于从"现在"来回溯地重构。这种"起源"与其说早已存在，不如说是被指认的。

关键就在于这一回溯式的指认。一个整全有机体的隐喻原本用来形构文化母国、价值根源，但经过转喻使用，融入新的概念，这一整全有机体从原来的隐喻场中被拔出，透过哲学的思想运动来促发另一种对于生命动态的想象。透过哲学活动重新赋予生命，这其实是文化母国的移地再生，使得价值根源更为活络。只不过，这一生命已经不再是那一个被设想的"原来的"整全有机体。经过创伤的痛苦，弥合伤口的疗愈已经带入了"原本不属于"那整全有机体的东西。"指认"的动作也变得有必要，要在已经产生差异的样态中"指认"出原本的那一个。事实上，这种指认就已经带入了思想运动，第一次的骰子已经掷过，再来的是第二次、第三次……。差异也已经存在，只有靠思想运动才能重新将已经"解疆域化"的东西"再疆域化"。不论唐君毅、牟宗三的私人意愿如何，他们的思想运动已经在香港、台湾重新疆域化为一种对于起源的补充。这种补充的指认或许比原来设定的母国形象更具有动态效果。

面对断裂、重新塑造连结、创造新的可能性,这样的做法隐含着对创伤记忆的跨越。然而,创伤记忆本身已经不再是一个单纯的起源,而是一个被指认、被建构的起源。但是,要从哪里来指认? 要从哪里来建构? 什么是重要的补充? 历史是否已经将某一类型的起源遮盖了? 我们必须意识到有一种条件与过程使得起源被建构、被重新指认,同时也借此考虑新的开始、新的方向。文化身份的再造、概念的创造,在哲学家的生命里,必须跨越历史的断裂与地理的鸿沟;但这意味着,在重构历史、补充起源之余,也同时重新挪移看待地理方位的角度。创伤与断裂所凝聚的记忆缀补,已经是一种思想资源,但如何汲取资源而重新创造出另一番不同的思想条件? 这才是跨越的命题(或暗示、命令)在此一个“现在”、在此时此地能够使得思想资源再疆域化时所设下的门槛。如同历史与地理的断裂必须被放在世界史、世界地理的脉络来看,跨越断裂的机制也有一世界史、地理哲学的意义。唐君毅和牟宗三的再疆域化具有世界哲学的视野,离散经验与思想经验的结合中也可以在世界地理中重新标记。新的思想动能来自这一个世界性的重新形构。在这一新的世界图像中,地方性不再只是坐标上的一点,而是世界构成的一个要素。地方性也承受了解疆域化与再疆域化的效果,这也就可能酝酿出新的创造条件。散种的事实丰富了各种有创造性的多样性,承接种籽与提供资源则是新生命的希望所在。

一种为现代处境而设的市民神学：
唐君毅对儒学的重构

范登明（Thomas Fröhlich）著　邝隽文译*

内容提要：唐君毅（1909—1978）对儒学的再诠释，极具创新意义，更挑战吾人对儒学的根本理解。本文认为，唐君毅的著作，以"市民神学"的方式，为儒学带来了更新。在这基础上，唐氏以批判的眼光，审视儒家教条主义和政治权威主义的诱惑。他更反思现代的处境，尤其是在急速现代化社会里，个体是何其脆弱。明显地，唐氏并非只留意西方的现代性和殖民主义。他也关心流亡的经验，视之为现代性不可或缺的部分，并由此而展开他对现代性的深刻批判。

关键词：新儒家，唐君毅，现代性，市民神学，良知，政治的概念化

一、探索现代性

为纪念唐君毅教授（1909—1978）逝世四十周年，是次会议的主办方选择以一种学术形式去纪念他。这并不是一个理所当然的选择。2018年里，大学以外很有可能也出现了其他纪念活动，当中，唐先生的学生、朋友与追随者聚首一堂，在庄严的场合里进行各种仪式，以颂赞唐君毅作为儒者及老师留给他们的记忆。

"纪念活动有各种不同形式"这个事实本身是值得注意的，值得我们去思考这代表了什么。明显地，个别的纪念者可以同时参加两种纪念活动：一般纪念性的学术活动，以及具宗教式面向的特定仪式。这两种纪念活动的共存，反映了现代社会的结构。现代社会里，学术领域分离于公共与私人的宗教活动。这种明确的区隔，不单单只是约定俗成而来，更由法律确定。这种做法的源头，可追溯至学术

* 范登明（Thomas Fröhlich），德国汉堡大学亚非学院教授（电邮：thomas.froehlich@uni-hamburg.de）；邝隽文，英国牛津大学博士生（电邮：gmankwong@gmail.com）。

自由与宗教自由在近代的历史发展。从应然的观点看,学术自由与宗教自由,作为一种解放过程,是现代性的核心元素。解放,本质上意味着自由选择。

当然,作为一个现代个体,某人可以持学者身份、学术的形式去纪念唐君毅,同时又以唐君毅追随者的身份参与那些仪式。某人之所以能够在这两种身份之间转换而不用调和,正正是因为现代社会是由各种相对地自主的领域所组成的,如科学、宗教、政治及经济等等。

于此,我们触及一个唐君毅自己十分关心的议题。他极其广泛的著作结合了学院哲学与宗教关怀的表述。他的目标是要在学院哲学与宗教之间保持一种精微的平衡,避免将哲学归入宗教式的独断之下,又或者忽略哲学与宗教之间的张力。这种观点引导了他对中国哲学以至儒家的重新诠释。这亦塑造了他对现代存在的深刻反思。

无可否认,唐君毅认为我们对现代社会的理解会有利于儒家的重释或重建。现代新儒学不能被还原为一种纯粹的学院哲学,亦不应转变成一种可模拟于佛教或基督教、有宣道机构的宗教。反而,唐氏心中的是一种以儒家为基础的"市民神学(civil theology)"——"市民神学"这称谓是笔者的建议。当然,这种市民神学也与中华帝国里的宗庙传统,大相径庭①。而且,唐氏对儒家的重构,乃建基于一种严肃且清晰的现代世界观。不过他的哲学和市民神学无法保证现代性的缺失能得到实时补救。他自己亦坚信没有一套单一的完整论证能够消弭现代性的内在矛盾。换句话说,在现代世界里,个人精神上的内在性,与他"外在的"且"客观的"社会、经济、法律、政治和知性

---

① 唐君毅市民神学说的核心,是相信人类可以达到绝对——亦即"天"——的实时实现。如唐氏所言,与天的契合,能实时使个体的心灵从其限制中超拔起来。这种刹那的心灵状态中,包括了良知。在良知里,人的心灵得到一种对最高真理——或天理——的直觉联系。值得留意的是,唐氏的市民神学并不是说这种与天理的契合能在宗教或政治上制度化。唐氏的立场是,正因为良知,所以宗教及政治均无能达到绝对真理的要求。换言之,唐氏的市民神学并不认为神圣内在于具体的政治和宗教制度与行为。有关市民神学及其与唐君毅的儒家思想之关系,详见 Thomas Fröhlich, *Tang Junyi: Confucian Philosophy and the Challenge of Modernity* (Leiden, Boston：Brill, 2017), pp.9–15。

关系,无可能得到一种终极调和②。因此,唐氏的儒家市民神学能够免于当代意识形态的诱惑,不会保证其学说能拯救现代世界。这一点,我认为便是他的著作为什么能一直维持吸引力的理由之一。

现代个体是唐君毅对现代性的诊断中的重点③。1949年以后,唐氏十分关心个人主体性在革命动荡、意识形态论争、急剧的现代化以及流亡孤立之中,是何等脆弱。现代社会透过霸权式的工具理性,以及随之而来对社会和文化关系的物化去不断扩张殖民。这情况成为了他沉思的主题④。这个脉络下,很明显地,唐氏认为以重构传统的伦理关系去制止这种物化,没有任何成功的可能。在现代的境况里,此尝试是徒劳无功的,因为功能及制度的分化乃现代社会的主要特色而根本无法消除。顺此诊断,唐氏与张君劢、牟宗三、徐复观于1958年发表的《中国文化与世界》宣言,当中表明当代中国的个人主体性应该按着这些现代分化去理解:

> 我们说中国文化依其本身之要求,应当伸展出之文化理想,是要使中国人不仅由其心性之学,以自觉其自我之为一"道德实践的主体",同时当求在政治上,能自觉为一"政治的主体",在自然界,知识界成为"认识的主体"及"实用技术的主体"。⑤

换言之,任何以儒家或其他学说之名去消除现代社会里的基本分化

---

② 有关于这种对现代性的诊治,唐氏的思想与黑格尔的想法相似。见 Joachim Ritter, *Metaphysik und Politik. Studien zu Aristoteles und Hegel* (Frankfurt am Main: Suhrkamp Verlag, 2003), p.215。

③ 以下摘自拙作: Fröhlich, *Tang Junyi: Confucian Philosophy and the Challenge of Modernity*。

④ 就唐氏对工具理性的批判,郑宗义曾作过甚有启发的讨论。见郑宗义:《论唐君毅对现代文化的省思》,《"中央大学"人文学报》第66期(2018年12月),页28—34,41—42。郑指出唐氏在《生命存在与心灵境界·后序》亦持此批判。

⑤ 张君劢、唐君毅、徐复观、牟宗三:《中国文化与世界》(香港,1958),页32。(本文最初以《为中国文化敬告世界人士宣言——我们对中国学术研究及中国文化与世界文化前途之共同认识》为题,发表于《民主评论》第9卷第1期[1958年元月号],页2—21;亦发表于《再生》及《祖国周刊》。)

的尝试，是注定失败的。这甚至有可能会带来负面影响。这一思路，
是唐君毅对全球现代性开展的一个基本看法。同时，唐氏指出这种
开展与工具式的现代化过程，正为知性传统及各种过往的生活方式，
带来致命的威胁。由于 1949 年所带给他的感触，令他有时会以较激
烈的字眼描述这种威胁，认为这是中国人文文化开始凋零的信号。
但是，他没有选择一种"中国式"的解决方案。这是因为他毫不犹豫
地肯定了现代性所带来的各种在政治解放上的重要成就，例如宪政、
人权、法治和民主。这些都源自西方，而非中国。同样的讲法，差不
多也可以套用到工业化及科技发展的动态过程上。不过，唐氏也意
识到现代性里有另一种倾向，正往相反方向发展。此便是现代性对
个体自主性及伦理生活的压抑⑥。唐氏认为，现代个体在反抗着传统
社会及观念对他的压抑的同时，陷入了危险，使自己身受其害。他对
现代性这把双面刃的诊断，标志着他对儒家重构计划的出发点。

　　唐氏曾于 1957 年到过美国，期间有些见闻与他对现代性的诊断
不谋而合。他观察到个体在社会上、经济上及文化上的结社自由不
断增加，但同时也面对着不断增加的、十分严重的疏离感⑦。他不时
毫无遮拦批评美国以及西方社会里昌盛的自利主义，认为这思潮带
来了祸害⑧。但即便如此，他也没有视之为一种西方社会的独特现
象。反而，他视之为一种全球且没法避免的结果，由生产、科学、科技
及教育的分工与专技化所带来。危在旦夕的，更是人的物化⑨。

　　然而，唐氏仍然相信，现代社会里的成员需要某种程度上肯定和

---

　　⑥ "伦理生活"此黑格尔学派的术语，可以妥当地应用于唐氏对个体的道德自主性与
他们集体的伦理境况如何互相连结的理解中。不过，要注意的是，唐氏并未直接使用这个
术语。更多讨论，可见于 Fröhlich, *Tang Junyi: Confucian Philosophy and the Challenge of
Modernity*, pp.38, 99, 190。

　　⑦ 同前注，页 61—62。

　　⑧ 唐氏对美国的自私个人主义的攻击，可见于他 1974 年在《明报》刊出的一篇文章。
收于唐君毅：《中华人文与当今世界》，《唐君毅全集》卷八（台北：学生书局，1978/1988），
页 425—426。

　　⑨ 唐君毅：《中华人文与当今世界》，页 111—112。郑宗义具说服力地指出，当唐氏
描述现代社会不断把政治、经济、科学等领域分割开时，应用了物化此概念。唐氏不满于盛
行的科学主义。科学主义加剧了现代文化与思想里的唯物主义的倾向。对唐而言，现代社
会的物化，正是这种风行的唯物主义的结果。见郑宗义：《论唐君毅对现代文化的省
思》，页 33—34。

认可文化生活,以赋予意义于其生活方式。纵使当前的境况十分动荡,其文化环境也处于分崩析离的边缘,现代社会里的成员也需如此做,否则不论个体抑或集体都无法把持一种真实的自我肯认。而自我的真实性正是唐氏的核心关怀之一。这种想法建基于唐氏深信,尽管现代性具有压抑的本质,现代社会仍有空间作规范性反思,并实际地介入现代世界。这空间是可能的,只要个体能够对现代性有一种透彻的认识。现代世界,换言之,本质上仍然是政治的:这是一个可形塑的真实,有让人集体介入的余裕。

当唐氏批评工具理性不断增强的影响力时,他与西方主流的现代性批判理论,如出一辙。他对现代性的诊断当中,最创新的部分并不在此,而在他把对现代性的批判与对流亡、殖民主义的反思,交织在一起[10]。在他那些关于流亡境况的著作中,他描述了流亡者旅居外地的艰苦。这些描述,跟他对现代个体错置、无根和孤立之命运的描述,十分相似。现代性与流亡都带来了个体的文化异化、社会孤立和知识分子边缘化。香港对他来说,是一个流亡的象征,代表着除魅及物化的现代世界。事实上,他把流亡理解成一面棱镜,让人可以把握到现代性的特质和理解到如何面对现代世界的方法。由此看来,现代人与流亡者有着一样的困境。他们的生活世界都在工具理性与流亡压力下分崩析离。在此情况中,他们都要重构一个具共同价值与规范链接的社会环境。当移居地是像香港这种急剧现代化的社会,现代化及流亡所带来的迷失后果,更是重叠与显著。而且,唐氏也从一种反殖的角度理解香港。他表明:"香港英人殖民之地,既非吾土,亦非吾民。"[11]同时,他形容香港为一个经济贸易中心,人文领域,如伦理、哲学、艺术、音乐、文学与宗教,都甚少发展。对他来说,香港某个程度上是一个历史文化真空的地方。在这里,历史时代感以及精神文化层面都无法感受得到。唐氏因此描绘出一个幅景象,去展示流

⑩ Fröhlich, *Tang Junyi: Confucian Philosophy and the Challenge of Modernity*, pp.61-76.

⑪ 唐君毅:《说中华民族之花果飘零》(台北:三民书局,1974/1994),页29,43。唐氏明言他希望居于台湾而非香港,因为台湾才是"自己的国土"。见唐端正编:《年谱》,《唐君毅全集》卷二十九之一(台北:学生书局,1990),页217。

亡生活里,不易察觉的、思想的、情感的以及日常生活中的殖民化。这个殖民过程,在他看来,是十分符合香港的日常生活。在殖民生活的处境里,流亡者对自身作为流亡社群一员的历史文化意识会逐渐消散。他们最终甚至会忘记他们从哪里来,以及为何在这种殖民历史下受难。

唐氏认为,中国作为一个文化国度也无容置疑地危在旦夕。他在1961年描述这个危机时,以一棵大树来比喻中华民族:这棵树正濒临死亡,只有某些种子可能在异地的土壤存活下去:

> 整个表示中国社会政治、中国文化与中国人之人心,已失去一凝摄自固的力量,如一园中大树之崩倒,而花果飘零,遂随风吹散;只有在他人园林下,托荫避日,一求苟全;或墙角之旁,沾泥分润,冀得滋生。[12]

其中一个唐氏的流亡哲学所带来的重要启发是,孤立的种子,亦即个体,无法在流亡之中存活。流亡当中的个体,按唐氏的讲法,需要一种共同的对中国的归属感。即使这个中国当前只存在于他们对中国人文的共同关怀。于此,唐氏套用了有关真实性的讲法,并因此称流亡者的自我形象为“真实的中国人”[13]。“真实的中国人”这个称谓见证了流亡必然是一种断裂的经验。在流亡当中,中国人的身份不再不证自明。所以,流亡者必须靠着自己的努力去成为“真实的”中国人。换句话说,流亡的自我,可能比起现代的自我,更难在精神传统的继承与共同生活方式中,找到表述。身处异乡的移民者必须面对由各种不同意义、价值、理想及生活方式拼凑出的多元性。而按唐君毅就流亡的反思,明显地这种多元性对流亡来说,并非一件好事,而是一种损失。值得注意的是,唐君毅、徐复观、牟宗三和张君劢都把他们流亡之始,形容成一种知识及情感上的孤立空虚经验。在这种

---

[12] 唐君毅:《说中华民族之花果飘零》,页2。

[13] 同前注,页11。

经验当中,他们"四顾苍茫"⑭。

唐氏对流亡的描述,并非总是诗意的。在某些地方,他的表述是充满诉求的。他的用字——包括"自己的国土"⑮——皆隐含着民族主义的意味。他对中华民族以及其人文文化的描述,充满了文化本质主义的想法,其中包括了那些对中国以外文化的沙文主义式的形容⑯。他的这种思路,呼应了流行于 20 世纪前期德国的所谓"形上学式的德意志中心论"("Deutschtumsmetaphysik")⑰。自认代表"德意志精神"的哲学家,如闻名于儒学圈的 Rudolf Eucken,曾宣称他们的民族值得全球肯定。张君劢这些人就像儒家版本的"德意志"哲学家,他们对自身的历史任务有强烈感受。

不过,总的来说,唐君毅的观点也不是如此民族主义的。就像很多启蒙运动时期的欧洲哲学家,他表达其爱国热情时,背后总有着一种世界公民的思维。所以,对他更准确的描述,应该是一位保守的思想家,同时是世界公民,也是文化爱国主义的拥护者⑱。

即使我们不应忽视唐氏对中华民族及其人文的反思中具有沙文主义倾向,但这不代表他无法带着冷静的头脑批判和分析现代性。这一点在他对工具现代性的压迫特性之中,得到明证。他强调了在现代工业化的社群当中人文所经验到的"新的束缚",以及"在现代社会及政治体系里的新奴隶制"。就此,他视现代人为一种被连根拔起的、被孤立的城市游荡者。他担心现代社会里的自由与平等会变得

---

⑭ 张君劢、唐君毅、徐复观、牟宗三:《中华文化与世界》,页 4。"四顾苍茫"一词,来自郑成功(1624—1662)的一首诗。

⑮ 见唐端正编:《年谱》,页 217。

⑯ Fröhlich, *Tang Junyi: Confucian Philosophy and the Challenge of Modernity*, pp.85‐93.

⑰ 关于 Eucken 的德国性形上学,可见 Hermann Lübbe, *Politische Philosophie in Deutschland. Studien zu ihrer Geschichte* (Basel, Stuttgart: Verlag Schwabe & Co., 1963), pp.187‐188。同样值得注意的是,50 年代早期美国的现代化理论(在人类学、社会科学和历史研究)有个明显的倾向,常使用一些充满本质主义概念的词汇描述美国文化与民族特性。结果,一像美国卓异主义及类似 The American Mind 的书名并不罕见。见 Wolfgang Knöbl, *Spielräume der Modernisierung. Das Ende der Eindeutigkeit* (Weilerswist: Velbrück Wissenschaft, 2001), pp.135‐138。

⑱ Fröhlich, *Tang Junyi: Confucian Philosophy and the Challenge of Modernity*, pp.93‐100.

形式化而无法反映出实际的社会关系。在某个结论中，他冷静客观地指出：由于家庭结构的不断解体，脱离了传统伦理的现代个体要发展出一种儒家理想中的道德人格，将变得很困难⑲。

二、革新儒家的预备工作：政治的概念化

就唐君毅对现代性的沉思，其根本的想法可总结如下：当个体认识到现代性的过程，他们便能理解到自身异化的经验。他们亦因而能明白到现代性的历史发展，并意识到解放的代价是现代社会里的除魅及物化生活。不过，唐氏并没有自满于这种黑格尔学派的反思，或者要求个体服膺于这种异化的现代生活形式。反之，他认为现代社会里工具理性的宰制，是有可能被缓和的。纵然这不会带来一个完美的社会，但这至少能让现代个体可以自由地、自主地修养自身。现代主体的自我修养这个概念，不单只蕴含着一个伦理及宗教面向，亦包括了一种对现代社会里自我修养所身处的社会政治处境的反省。在此背景下，唐氏对儒家的革新，旨在重构政治、社会及伦理观念，以至规范、宗教信仰与历史意识。

这个尝试里，其中一个主要部分是对"人文文化"的重释，当中包括了儒家的政治传统。在重释儒家的政治传统时，唐氏反对儒家与政治权威主义的连结。反之，他以中国未来的民主及多元社会为其规范性的参照点⑳。总的来说，唐氏对儒家传统的政治思想，维持批

---

⑲　Tang Junyi, "The Reconstruction of Confucianism and the Modernization of Asia,"《唐君毅全集》卷十九（台北：学生书局，1988），页 370—371（最初收入 Report of International Conference on the Problems of Modernization in Asia, July 1965, Seoul）。

⑳　对唐君毅的政治思想这方面的研究，仍是有限的。刘国强 1991 年发表的《唐君毅的政治哲学》（收入刘述先等编：《当代新儒学论文集——外王篇》[台北：文津，1991]，页45—75），可谓开风气之先。不过自始直至 2011 年，只有十来篇论文是关于唐氏的政治哲学的。而这十来篇论文中，有一半都是关于唐氏的民主与自由概念。刘国强的论文另外一个值得特别注意的理由是，他十分精要地介绍了唐氏的政治思想（包括国家与权力的概念），而且他也简单地讨论了唐氏对洛克、休谟、边沁、密尔、鲁索、马克思及黑格尔的诠释。另外，刘氏的论文亦讨论了唐氏的政治思想及其道德形上学推测之关系。刘氏更强调了唐君毅的《文化意识与道德理性》这本书。这本书是唐氏主要的政治哲学著作。最近黄冠闵讨论了唐氏的永久和平概念，与他政治思想里的伦理面向，当中包括了公民的概念。见黄冠闵：《感通与回荡：唐君毅哲学论探》（台北：联经，2018），第六、七、八章。

判。这样的批判表现在他认为儒家传统中，没有明确区别出政治与
伦理，且特别对儒家政治思想对权力概念化不足表示忧虑㉑。在他看
来，前现代的儒家思想存在着一个盲点，便是忽略了个体对权力有一
种邪恶的、非理性的贪欲。这个盲点影响甚巨，所以唐氏希望清除他：

> 人不认识此罪恶之存在，人亦不能真知道什么是真有
> 罪恶之社会政治制度与文化型态，亦不能真知最好之社会
> 政治制度文化型态是什么。㉒

如唐君毅所言，对权力的渴求是政治史的核心，因为这种渴求是推动
政治史的动力㉓。他因此批评在他以前的儒者，认为他们误以为政治
活动（亦即政治生活）可以化约成一种"道德意识的实时扩张"（亦即
道德本质）㉔。他认为，从古至今的"圣贤"都没有注意到他们的教化
会被人类对权力的贪欲，彻底地排拒：

> 人从权力意志所发生之罪恶，非圣贤教化所必然能转
> 移。因其可根本看不起圣贤教化。而古今之圣贤，亦罕能
> 真切认识看重此人心中之撒旦之存在。㉕

这些儒者、圣贤亦没有对这种人类"心深处的自私欲望"和"纯粹的权
力意志"有所衡量：

㉑ Fröhlich, *Tang Junyi: Confucian Philosophy and the Challenge of Modernity*，第七章。
㉒ 唐君毅：《中华人文与当今世界续篇》，《唐君毅全集》卷十（台北：学生书局，1988），页110。
㉓ 唐君毅：《文化意识与道德理性》，《唐君毅全集》卷二十（台北：学生书局，1975/1986），页182。
㉔ 唐君毅：《人文精神之重建》，《唐君毅全集》卷五（台北：学生书局，1989/2000），页419。
㉕ 同前注，页396。同时参看页395："因圣人只能肯定人生文化价值，而他能不肯定。撒旦看不起上帝，而人之权利意志，亦使人看不起圣人。"唐氏的批判呼应了张灏的著名论文 "Dark Consciousness and Democratic Tradition"。张氏讨论了西方及中国对人性的不同悲观看法（因此是"幽暗意识"）。总体而言，他认为中国哲学家对人的"黑暗面"没有足够的理解。张灏的论文在很多方面都是充满启发的，可是他并没有讨论到唐氏的邪恶的概念。见张灏：《幽暗意识与民主传统》（台北：联经，2000），页3—32，另见页33—78。

　　然而主观的说,则人不仅可利用客观的社会文化力量,以
满足其一般私欲,而且可有一纯粹的权利意志。所谓纯粹的
权利意志,即自觉地要对他人操生杀予夺赏罚的意志。㉖

　　可以毫不夸张地说,唐君毅对传统儒家政治思想所提出的批评,
在 20 世纪所有对儒家思想批评中,是最敏锐也最具启发性的之一㉗。
　　唐氏的批评所带来最直接的后果,便是儒家政治思想如果仍想
在现代政治思想当中扮演一个重要角色的话,他便需要全面地修正。
唐氏的批评首先意味着一个区分:一边是公民自由民主协商之实践,
另一边是理论学说的实质影响㉘。唐氏表明,现代儒家的计划并非要
努力把哲学学说及指引强加在社会政治现实之上。他明言:"实际
上,以一种学术思想,直接的成为政治势力,这明显不是我们的意
思。"㉙这里的重点是,公民之间有关于跟随哪个传统,以及如何诠释
他们集体生活里的规范根据的民主讨论,理应不受政治意识形态与
权力政治的直接影响。因此,唐氏之所以拒绝勾勒出一种现代儒家
人文主义的正统,并不由于他缺乏现实考虑。反而,现代儒家人文主
义相对的模糊,能够使之免于政治意识形态的滥用。换句话说,没有
一个明确定义带来了一个实际意义:他保留了一个空间让公民能公
开讨论人文文化的内容与意义。
　　所以,有别于他人对儒家学者的普遍期待,唐氏并不支持现代政
治应以儒家伦理价值去注入活力㉚。他不再期望政治与伦理能整合

　　㉖　唐君毅:《人文精神之重建》,页 395。
　　㉗　有关牟宗三对前现代儒家政治思想的批判,可见 Fröhlich, *Tang Junyi: Confucian
Philosophy and the Challenge of Modernity*,第九章。另见 Fröhlich, "'Confucian Democracy'
and Its Confucian Critics: Mou Zongsan and Tang Junyi on the Limits of Confucianism,"
Oriens Extremus. Zeitschrift für Sprache, Kunst und Kultur der Länder des Fernen Ostens,
vol.49 (2010), pp.177 – 183。
　　㉘　唐君毅:《中华人文与当今世界续篇》,页 236。
　　㉙　同前注,页 227。
　　㉚　李明辉曾对刘晓对现代儒家哲学家的全称式批评,作出了严厉的反驳。刘氏认为
现代儒家哲学家系统地混淆了政治与伦理,以及主观意志与客观的社会关系。如李氏指
出,刘氏的误解源自他并不熟悉唐君毅、牟宗三的著作。见李明辉:《儒家视野下的政治思
想》(台北:台大出版中心,2005),页 271—272。刘晓的批判,见其《现代新儒家政治哲学》
(北京:线装书局,2001),页 390。

为一，而在实际上选择了完全另一个方向：他解放了政治，政治不再宣称其占据了更高一序的道德真理。自此，政治这个领域以权力欲的冲突为其特质。即使文化、社会或者伦理价值在政治里并非毫无作用，亦遑论他们会完全不存在于政治之中，政治本身的运作逻辑仍然不会由这些价值方向去决定。更精确地说，政治领域必须以其特殊的价值单位去理解——权力。唐氏因此建议，政治的国家及文化面向，不应该透过落实某"人生文化之价值"的准则而去决定：

> 我们说政治维持国家存在，政府执行法律，以强制力维持社会秩序。莫有社会秩序，则个人无论要创发实现任何人生文化之价值，皆不可能。譬如警察局派了一人，在戏院门口站岗维持秩序，不许闲人闯入。他明明不曾创发实现戏剧的美。但他保障了——观众之能清静的欣赏此美。他之站岗不直接为此所欣赏的美之人生文化价值之存在的条件，但他却使妨碍此人生文化价值之实现的干扰成不可能。[31]

唐氏明显地意识到，儒家传统上把政治及伦理等同起来的想法，并不足以批判反思现代社会。不过，他同时也拒绝彻底地把个人的自我道德实现从政治范畴里抽出来。事实上，政治主体性与道德主体性的相互关系，正正是他的政治思想里的关键一环。他的市民神学预设了人类具备了一种原初潜能，可以让人类从权力欲望之中释放。这种潜力亦是道德直觉的能力，透过这能力，我们能够成为圣人。因此，唐氏基本上认为，人类并不是权力欲望的囚徒，而是能从权力欲望当中超拔起来的。要论证这点，他分析了追逐权力者的意识。这种进路蕴含着一种对主观意识或更深层的心理结构的现象学式内省。这种内省构成了唐氏政治思想里最为精采的一部分[32]。从这种研究所得，唐氏认为权力欲望的内在结构为：即使在那些政治个体在争权逐利时，他们依然会意识到自身的权力欲是无止境且无法达到

㉛　唐君毅：《人文精神之重建》，页 390。

㉜　更详细的讨论，可见 Fröhlich, *Tang Junyi: Confucian Philosophy and the Challenge of Modernity*, pp.170–181。

自我实现。这种意识正是个体自我修养的重要面向，他引领个体透过道德而非累积更多的权力去实现自己。

在此背景下，唐氏反对把政治简化成一种完全没有任何规范内容，纯粹的功能领域，他对政治所采取的中间立场，是一个难以透过概念界定清楚的模糊地带。一方面，他以权力斗争为政治行为的特质。另一方面，他又构思出一个充满人文文化与价值的社会领域，并将其视为政治领域里培养合作行为的关键[33]。

总的来说，唐氏关于人文文化在政治上的影响似乎过于乐观。他明显地没有关注到一些结构问题，例如现代大众传媒的政治传播[34]，或者现代政党的角色。反之，他是从个体的角度去思考政治的。自然地，他的政治哲学也建基于他有关人性的整套假设，即是以一套政治人类学为基础。准备而言，这套政治人类学是唐氏市民神学的一部分。在此背景下，他在一书两册的《文化意识与道德理性》（1958）及1950年到1953年期间的多篇论文中，探讨了人类的政治主体性与道德主体性的构成[35]。

三、儒家作为市民神学

所谓的"市民神学"，主要是指唐氏思想里"哲学的信仰"这个论述[36]。"哲学的信仰"的核心概念当中，包括了"内圣"。"内圣"是指

[33] 同前注，页228—239。

[34] 唐氏在某些地方也有提到大众传媒。他意识到现代的大众传媒很容易变成"宣传的武器"，就连在民主里也一样。他对公众意见受到现代政治宣传的操控，抑制政治辩论里寻求真相的可能，感到痛心。翟志成对唐氏在1952年的论文《薛维澈论现代文明生活之弊端》，有所讨论。见翟志成：《唐君毅对民主政治的想象与批评》，《中研院近代史研究所集刊》第86期（2014年12月），页169—170。

[35] 可见：《人类罪恶之根源》，原刊于1950年的《香港时报》，重印于唐君毅：《中华人文与当今世界续编》，页104—115；《人文与民文之基本认识》，原刊于《民主评论》第3卷第24期（1952年12月），重印于唐君毅：《中华人文与当今世界》，页388—401；《中西社会人文与民主精神》，原刊于《民主评论》第4卷第4期（1953年1月），重印于唐君毅：《中华人文与当今世界》，页402—425。

[36] 唐君毅：《哲学概论（上）》，《唐君毅全集》卷二十一（台北：学生书局，1974/1996），页27，32—33。亦可见 Fröhlich, *Tang Junyi: Confucian Philosophy and the Challenge of Modernity*, pp.131–132。

人直接领会并展现"天"。按唐氏所言，与天合一能立即使个体的心灵从其限制中超拔起来。这种瞬间的"内圣"状态当中，包括了"良知"这种认知行为。在"良知"里，人类心灵对最高真理或原则能有直觉联系。在此，唐氏不单单只是在复述孟子、王阳明与所谓心学的想法。有别于孟子和心学，他明确地将这些人性论归入宗教信仰或"宗教性"（religiosity）的领域。因此，就着儒家里哲学与宗教两者的关系，他引入了一个重要的范畴转变。

　　儒家宗教性，按唐君毅所言，乃建基于人的理性与感性。这也被理解为信念与知识的结合。在儒家的教导里，人类可以及于一种洞察的终极境界，达至绝对，亦即"天"[37]。在直觉里，人类心灵肯认并意识到自身是天的表现，而同一时间，天也透过直觉显现自身，并在人类心灵中肯认自身。如唐氏所言："良知可说只是天知之呈于我，天知只是良知之充极其量，因而是一。"[38]在参与天的自我实现时，人类心灵从自身超拔起来。换言之，人心与自明的天理结合起来[39]。不过，这种自我超越并不会毁灭人心，和取消人心与天心的差异。按唐氏的理解，天心是一种形而上的真实，而人心保留在那些"圣人心灵"之中[40]。唐氏明确地以"宗教的良知"去表达那些个体得以成为圣人的超越突破[41]。在此神学形上学里，这种直觉不再只是一个主体的心

---

　　[37]　Tang Junyi, "The Reconstruction of Confucianism and the Modernization of Asia," p.36. 在这个融合里，唐君毅的神学形上学跟费希特的形上实在论相似。关于费希特，见 Peter L. Oesterreich and Hartmut Traub, *Der ganze Fichte. Die populäre, wissenschaftliche und metaphilosophische Erschließung der Welt* (Stuttgart: Verlag W. Kohlhammer, 2006), pp.203 - 204. 在唐氏对儒家宗教性里的礼仪的讨论，唐氏视"感通"为一种觉知、感受与意向同时发生的活动。他阐明感通的范围并不限于宗教经验，而亦包含了智识活动。有关唐氏对感通的理解的简要分析，可参廖俊裕、王雪卿：《唐君毅"判教理论"的初步考察》，《研究与动态》2003 年第 8 期，页 40—44。有关感通与良知的关系，我们或许可以这么说：良知的认知模式即感通。

　　[38]　唐君毅：《人文精神之重建》，页 587。

　　[39]　Tang Junyi, "The Spirit and Development of Neo-Confucianism," in Arne Naess and Alastair Hannay, eds., *Invitation to Chinese Philosophy. Eight Studies* (Oslo, Bergen: Tromsö, 1972), p.79. 亦见王阳明著，李生龙注译：《新译传习录》（台北：三民书局，2004），页 130。

　　[40]　Tang Junyi, "The Development of Ideas of Spiritual Value in Chinese Philosophy," *Philosophy East and West: A Journal of Oriental and Comparative Thought*, vol.9, no.1/2 (April - July 1959), p.33.

　　[41]　唐君毅：《人文精神之重建》，页 593。

灵活动,而是终极实相的运作本身㊷。

时间性是唐氏的圣人观里很重要的面向。圣人同时体现了人性的落实与天的自我实现(唐氏称之为"天知之呈")。圣人的存在因而是纯粹地实时的。他不是一种持久的状态,所以不应被误解为一种社会存有的持续形式。这种瞬间的、直觉的圣人状态因此不是一种历史时间性符号。故此,唐氏没有描述一个由圣人管理的社会的历史面向㊸。

唐氏这种圣人观,如何联系到宋明儒学及当代儒家思想十分重视的自我修养工夫呢?首先,我们要注意到唐氏认为,自我修养并不代表成为圣人是一种文化成就,或成圣是一种文化状态。反之,一瞬间的圣人状态是以人类的自我超越和随之而来的去个体化为其特质。在这个意义下,他是与"文化"脱钩的。因此,在提及"自我修养"这个术语时,指的是一种文化实践的概念,但其目标却是透过超越个体自我以消弭此种实践㊹。在唐氏的宗教观里,这个看似吊诡的情形

㊷ 唐氏在此沿袭了陆九渊(象山,1139—1193)与王阳明,见 Kenji Shimada, *Die neo-konfuzianische Philosophie. Die Schulrichtungen Chu Hsis und Wang Yang-mings.* Übers. v. Monika Übelhör (Hamburg: Deutsche Gesellschaft für Natur und Völkerkunde Ostasiens e. V. Tokio, 1979), p.133. 有关现代儒家,唐氏将他的形上学联系于熊十力、牟宗三的思想,而非冯友兰。牟宗三曾言,冯友兰谓良知只是主观心灵的"假说",而非一种(精神性的)事实。见牟宗三:《五十自述》(台北:鹅湖出版社,1989/2000),页 88。

㊸ 相反地,Thomas Metzger 认为唐君毅误以为人性在社会的永久落实是可行的(即圣人的实现)。例如,Metzger 对《生命存在与心灵境界》某段落有所讨论。见 Metzger, *A Cloud Across the Pacific: Essays on the Clash between Chinese and Western Political Theories Today* (Hong Kong: The Chinese University Press, 2005), p.238. 这个对唐氏的市民神学的诠释,是不中要害的。虽然唐氏的《生命存在与心灵境界》充满对个体内在救赎的救赎预期,但他的政治思想明显地预设了,个体不可能永久地活得像圣人,更不用说建立一个充满圣人的社群。换言之,他的政治思想并不奠基于一种如 Metzger 所谓"以为世界实际上可能达到完全地道德转化的信仰"。相反,唐氏清楚地意识到此泛道德视野所带来的意识形态式的危险,因此批评现代对"大同"的信念。见 Fröhlich, *Tang Junyi: Confucian Philosophy and the Challenge of Modernity*, 第四及十二章。

㊹ 见 Fröhlich, *Tang Junyi: Confucian Philosophy and the Challenge of Modernity*, pp.144-153. 一般而言,唐氏对自我修养的理解进路,旨在排除那些对实现良知而言的阻碍。这呼应了那些王阳明之后的儒者,例如钱德洪(1497—1574)、邹守益(1491—1562)、聂豹(1487—1563)、罗洪先(1504—1563)。见林月惠:《唐君毅、牟宗三的阳明后学研究》,《杭州师范大学学报(社会科学版)》,2010年第1期,页22—33。在个体之"生活道德化"的标签下,唐氏讨论了有关自我修养的十个指引(见唐君毅:《道德自我之建立》,《唐君毅全集》卷一之二[台北:学生书局,1985],页80—83)。明显地受到佛家思想的影响,唐氏主要关心超越自我与经验本身的限制和无知之间的张力。唐氏的根本预设是,个体(转下页注)

属于信仰的范围,亦是儒家宗教性的基础。

圣人这个界限概念标志着一个分裂:一边是调和的、伦理的自我修养工夫,另一边则是天人合一。因此,个体的自我修养工夫与圣人的去个体化存在着一个根本区隔。明显地,这也是黑格尔学派哲学与唐氏的市民神学分道扬镳的地方。当然,唐氏认为个体绝不能从社群之中孤立起来,而应该在民族文化的脉络下投身于本真的实践。这个想法是可以从黑格尔学派的观点去诠释的。但唐氏透过良知行为达到去个体化的成圣终极境界的这个想法,与黑格尔学派哲学已不相容。实际上,圣人的去个体化已臻至毫无自我反思的地步。换句话说,圣人是"超越"反身性思考的。只要个体本真的社会文化行为以自我反思与反身性思考为基础,他便远离了良知里那种去个体化。从黑格尔学派的观点而言,这种冠以致良知之名的个体的本真实践,是毫无系统可言的。

这种在个人自我修养工夫与良知中的成圣之间,并没有"系统性"及准强制性连结的事实,确保了唐氏的儒家神学不会变成一种原教旨主义式的神学。事实上,唐氏拒绝将个体置于一种救赎指引底下,要求他们在其社会生活与伦理行为中,立即成圣,也就是良知。更有甚者,成圣与为圣之间的转变,无法透过论证回溯。唐氏参考《中庸》,以"学圣贤之道之最后境界,亦为不勉而中,不思而得"[45]。同样地,唐氏透过与语言论证所得知识的区别,去描述致良知的心灵状态,亦即"空灵心境"。其谓:"于此吾人之思想此诸知识之思想过程,即为旋思旋扫,以落于一知识上之无所思之空灵心境者。"唐氏亦因而用了一条单向的桥作比喻说明(见下文)[46]。桥的图像既代表着成圣的可能性,亦代表着个体主体性与圣人之间的区隔。对儒者而言,这个区隔不是一个问题,而是一个形上事实。但如果我们从一个当代后形上学的观点去看此区隔的话,这当然是个问题。故我们要说,唐氏的思想当中,经验自我的自我修养与超越自我的(道德)直觉

(接上页注)直接地抵抗自身的本能与情欲的任何尝试,都是注定失败的。个体应该学习的,反而是如何避免本能的过度影响,以致无阻自身履行道德责任。

　　[45]　唐君毅:《人文精神之重建》,页380。
　　[46]　唐君毅:《文化意识与道德理性》,页364。

之间的关系,仍未完全解决。

圣人、直觉、良知这些概念,无容置疑地是唐君毅的市民神学中的核心。唐氏衡量了政治现实及其符号秩序,并抗拒他们成为所谓的指导和限制原则。市民神学因此形成了唐氏政治哲学中一个规范性的参照点。反过来说,政治哲学的目标,正是在现代世界的历史面向下,探究市民神学原则如何落实。不过,即使圣人与良知这些观念提供了一把尺和一种对社会政治生活的道德宗教视野,人们仍然无法期待会有一个全是圣人的社会。现代主体仍然必须面对这个除魅后的现代世界。所以,与其用一个完美的乌托邦或者大同世界去安慰人,唐氏的市民神学为对政治现实的批判做好了准备。市民神学事实上质疑了 20 世纪中国政权的正当性,同时也期想着未来的儒家政治形态,亦即自由民主。因此,唐氏相信自由民主的精神基础与儒家宗教性是融贯的:

> 他可以真相信人皆可以为尧舜,一切人都可登天国,这是中国儒家之大平等精神。……而亦正是一切民主精神之最后唯一根据。你如不能信及此,你最后一定不会真相信民主的,而会有一天,不把他人当成与你平等的。你在有政权时,亦决不会让与你人格不平等的人,与你平分政权的。这个信仰,在西方近代笃信民主的人,在实际上亦常有。依耶稣之教与西方近代理想主义之教,最后亦可会通于此。但是一般讲民主自由之理论根据者,却未必能真知其最后须建立此信仰,乃能到家。㊼

很明显,唐氏的市民神学对现代世界并不持有消极态度。事实上,唐氏对于人的政治权力欲、国家与个体自我实现之间的关系、国家与社会的区分、“天下国家”的世界秩序、民主的证成、“人文文化”的意义与功能和民主里的市民宗教等种种规范视角,与他的市民神学是交织在一起的。

㊼ 唐君毅:《人文精神之重建》,页 418—419。

此外，唐氏的市民神学并不旨在神圣化中国的政治机关。我们应该要记住，像其他市民神学家一样，唐君毅承认"一个被普遍接受的终极现实的展现是政治的必要"[48]。当然，唐氏从没有假设透过良知得到的真理能够以宗教或政治的方式制度化。他的市民神学因此相符于超越型的市民神学[49]，这种市民神学深信"世俗端从来不能被神化"[50]。按此，神圣并不存在于某具体政治宗教制度与行为的内在本质中。David Apter 曾指出："在西方世俗化的政府当中，所谓神圣就是这个架构本身。"[51]这个想法也与唐氏所理解的自由民主的基础，不谋而合。

四、总　结

总括而言，笔者认为将儒学重构成一种市民神学并不仅是唐君毅哲学里的副产品，而是他的核心。尤其他的政治和道德哲学，不能脱离于他们的神学基础。因此，阅读唐君毅可能相当辛苦。而这似乎也是有意的，唐氏希望读者放慢速度，并令读者浸淫在文字间冥想。从这个角度看，阅读与写作似乎都是哲学冥想的一个部分[52]。实际上唐氏著作中充满了繁复与冗长的复述，也证明了这个假设。可以想象的是，他尝试透过这个做法，让他的写作形式配合他市民神学的基本意图。他似乎旨在寻求一种表述方式，让他可以创造一个整

---

[48] Ellis Sandoz, "The Civil Theology of Liberal Democracy: Locke and His Predecessors," *The Journal of Politics*, vol.34, no.1 (February 1972), p.3.

[49] 关于这种市民神学的定义，见 Winston Davis, "The Civil Theology of Inoue Tetsujirô,"*Japanese Journal of Religious Studies*, vol.3, no.1 (March 1976), p.3。

[50] 这是 David Apter 的用语。参见 Apter, "Political Religion in the New States,"p.67。这处引自 Davis, "The Civil Theology of Inoue Tetsujirô," p.3。

[51] Apter, "Political Religion in the New States," p.76;引自 Davis, "The Civil Theology of Inoue Tetsujirô," p.3.

[52] 在此脉络，以下 John Makeham 对熊十力、牟宗三及其他现代儒家哲学家的理解是相当具启示性的，因为他的理解方向是相同的，但却未提及神学基础："For Xiong [Shili], Mou [Zongsan], and the others, writing was itself a form of cultivation and could even be said to have been an aesthetic practice [...] In their straitened circumstances, writing had become a kind of bitter struggle, a fundamental method of pursuing their ideals." 见 Makeham, *Lost Soul: "Confucianism" in Contemporary Chinese Academic Discourse* (Cambridge, MA: Harvard University Press, 2008), p.3.（匿名评审人建议笔者参考 Makeham 的研究，谨此致谢。）

体,去融贯以语言论证哲学与关乎天理的直觉启示。这个整体,不单
是内容上的融贯,更是形式上、语言上的融贯。这个融贯不能以西方
哲学的概念语言表述。事实上,唐氏自己明言,语言从根本上不足以
表述绝对,亦因此甚少关心相应的术语区分⑤。换言之,他旨在一种
直觉式的洞见并相对化真理的概念宣称。因此他默认了语言与术语
上的模糊性。唐氏亦以此为中国哲学的特质。他认为中国哲学的语
言只是用以搭建存在领域与精神领域的桥梁。过了桥后,这座桥便
被"超越"了。换句话说,理论反思——亦即哲学反思——并不具有
主张真理的独占性,就如其他任何依赖符号中介得到的真理追求一
样,都只是过渡而非绝对的。按唐氏所言,除了使用理论语言外,中
国哲学家更重视"文学"语言和哲学对话与书信的形式：

> 在中国文化与哲学中看,语言本只是人与人之生命心
> 灵交通的桥梁,被经过后,即须超越。又形成此交通的语
> 言,除纯理性的语言之外,文学的语言,自来被中国人重视。
> 中国的哲学著述,亦大皆带文学性。⑤

撇开这个有关唐氏写作风格的棘手议题,要正确理解他的儒学革新,
要先仔细审视当中市民神学一环。如我所示,这不代表唐氏被迫拒
绝现代性,或者渴望一个彻底儒家化,复魅的现代社会。

　　同样值得注意的是,唐氏的市民神学是对立于儒家教条主义和
民族主义的。唐氏没有以西方现代性与儒家传统,或者东西方文明

---

　　⑤　就此,可参考吴有能关于《生命存在与心灵境界》的研究。见 William Ng, "T'ang
Chun-i on Transcendence: Foundations of a New-Confucian Religious Humanism," *Monumenta
Serica. Journal of Oriental Studies*, vol.46 (1998), p.296。唐氏对哲学语言的限制与圣人的
直觉洞见的对立关系,同时表现在"圣哲""学者"及"哲人"的明确区分上。见郑宗义:《合
哲学、道德、宗教为一体——当代新儒家的儒学观》,收入方旭东编:《香港新儒家》(上海:
上海文艺出版社,2017),页185—186。

　　⑤　唐君毅:《中华人文与当今世界》,页420。在最近由吴汝钧提出,一连串对唐君毅
的著作应否以一种更平易近人的风格"改写"的讨论中,赵敬邦引用了唐氏的《人生之体
验》的一段话,显示了唐氏的文字具有救赎功能:"我在文字中,让轻雾笼罩着此理境之边
缘,为的使写出的文字,更富于暗示性、诱导性,使我自己再看时,精神更易升入此理境中
去。"见赵敬邦:《对吴汝钧先生建议重写唐君毅先生著作的一些反思》,《中国文哲研究通
讯》第25卷第3期(2015年9月),页119—120。

的系统性比较作为基础，去理解现代性。反之，他表明只有当儒学思想家清楚意识到自己的努力无法抽离出现代化的普遍特性时，儒家才能有意义地重释。于此，政治、经济、科学与宗教在机构上及功能上的分野，尤显重要。唐氏不只从来没有尝试消解这个分野，他更以此为他的现代儒学之基石。这使得市民神学中信仰与知识的结合，仅属于个体的内在性，而不属于现代社会里外在的制度形式。因此，按唐氏所言，政治或经济领域，及其具体制度与功能，不应该纳入一种试图融贯伦理政治经济的泛道德主义之下。

　　或许有人会反对，这种儒学革新并无太大意义，因为他无法安慰那些在现代社会里无所安身的个体。但是，这种革新至少有意识地避免了错误期待与意识形态突变的危险。事实上，在意识到现代社会无法转变成一个以仁者组成的社群时，唐氏的市民神学便要求个体抵抗教条主义与意识形态。现代个体至多可以经验到"内圣"一瞬间。唐君毅尤其关心在现代社会中如何保留及维护机会，让个人能维持一种符合儒家宗教性的生活方式，并因此达到"内圣"一瞬间的可能。在此背景下，他对现代生活的社会政治境况提出批判性的反思。在这个意义下，他的儒家神学理应称为"市民"的。

　　唐氏以政治哲学家的身份指出，现代社会需要保留一个"人文文化"领域。于此，公民能投入一种对各文化传统——包括儒家传统——交互主观式的阐述及评估。要做到这点，我们需要人文领域不被政治化的措施，亦要避免使其从属于工具理性之下。即使不少当代的社会和政治理论也持有相似的结论，但唐君毅的进路仍然是难能可贵的，因为这进路本来似乎难以达到这个结论的。毕竟，唐氏不将理性置于交互主观及语言论证关系之中，而把他放在去个体化的直觉，亦即"良知"里。除此之外，他的政治哲学强调个体在现代社会的命运。有别于对儒家的一般印象，他的哲学也的确完全摆脱了集体主义的取向。但是，其政治思想缺乏对制度理论与政治沟通理论的关注。他似乎着迷于从一种个人主体的角度去理解现代性。这一点，明显是一把双面刃。不过，他的儒学重构，时至今日仍具启发意义。对那些以为儒家复兴便能解决当代社会及政治弊病的人来说，唐氏的想法具有冲击力。同时，他也冲击了那些批评当代儒学低估现代弊病的复杂性的人。于此，我们在两个互斥的位置之间发现唐君毅的哲学。这个立场无疑是奇妙的，也说明了为什么我们会对他的著作持续地产生兴趣。

从《生命存在与心灵境界》论述唐先生的一些哲学见解

杨祖汉*

内容提要：唐君毅先生的《生命存在与心灵境界》是他最晚年又最具系统性的著作，此书对他的一生思想主旨，以生命三向与心灵九境为提纲，作了纯哲学理论的证成。书中内容繁富、体大思精，应是当代儒学难得的巨著。本文希望对此书的结构与要旨作出说明，透过唐君毅与牟宗三二先生的存有论的比较，显出唐先生此书的理论特色；又分析九境论中有关因果、文艺的美的境界等问题，借此说明唐先生此书中一些特别见解。文中也回应了当代学者吴汝钧教授对九境论中后三境的立名所作出的评论。最后也试图讨论九境的判摄是否穷尽。

关键词：唐君毅，心灵九境，牟宗三，存有论，因果论，审美原则，吴汝钧

唐君毅先生晚年的巨著《生命存在与心灵境界》体大思精，结构紧密。几乎每一章节都有深刻的思想及创辟性的见解，精义络绎不绝，我虽曾勉力细读，看完全书，但实有望洋兴叹之感。本文只就其中我认为比较特别的哲学见解提出探讨，当然不能尽书中的精义。本文拟分成下列四节：（一）唐先生心灵境界的涵义，如何契入其义，及与牟宗三先生的“两层存有论”略作比较。（二）唐先生对“因果律”的理解，即“因”的作用在于消极地去碍，而非积极地生成。此对“生因”之看法，可融通儒道两家。（三）文学艺术的基本原理——“类与非类，相与为类”撑出一个文艺的境界。（四）回应吴汝钧教授对超主客观的三境的评论。

* “中央大学”哲研所/中文系教授。（电邮：choyang@ cc.ncu.edu.tw）

一、心灵九境论的大意

（一）由人生哲学了解心灵九境论

唐先生的《生命存在与心灵境界》①是在他重病中校对，而且出版后不久就去世的著作，应该是他最晚年的时候心力所聚的重要著作。他在序中说明此书的见解，早在《人生之体验》《心物与人生》《文化意识与道德理性》及《孔子与人格世界》等著述中已有所表达，谓"然千回百转，仍在原来之道上"②，意即在前述各书中所强调的心、境（对象）不离，恻怛的仁心及与万物为一体的感通之情是宇宙的本体等看法，是唐先生数十年未变的。只是此前未用系统性的方式，把此一见解在知识论与形上学上的交涉与根据做详细的说明。按唐先生这一说明，此书是他一生见解的哲学的论证，也可以说是一部有关知识论与形上学的著作。当然，书中虽然详论中西哲学有关知识论与形上学的问题，但目的是要证成唐先生以人的生命存在之心灵作用本具无限性之见解。即形上学、宇宙论或知识论之理论，是为了说明人生哲学的见解，故唐先生认为"哲学之目标在成教"③。当然此人生哲学的见解，并不能只视为限于人生界，而是通天地人而一以贯之的见解，并非只求知人而不求知天。虽然书中理论繁赜，思辨性很强，而且与西方哲学理论有非常多的涉及与论辩；但其中有关形上学的见解是从唐先生对人的生命存在、本心本性的体悟为根据而铺陈的，这用牟宗三先生的话来说，就并非西方式的、思辨的形上学，而是"道德的形上学（宇宙论）"，也即是实践的形上学，其中的哲学理论的辨析是为了证成价值论而发，"皆为护持其价值观念而立"④。

唐先生此书又名"生命存在之三向与心灵九境"。"心灵九境"顾

---

① 唐君毅：《生命存在与心灵境界》，上下册，《唐君毅全集》（台北：台湾学生书局，2006），卷23、24。
② 唐君毅：《生命存在与心灵境界》，下册，《后序》，页479。
③ 同前注，上册，页33。
④ 唐君毅：《中国哲学原论·原道篇》（香港：新亚研究所，1974），卷3，《附录》页417。

名思义是讨论心与心所对的境的关系,唐先生认为有九种境界可说,他从生命三向(纵观、横观、顺观)观主体及对象的体、相、用,于是从客观、主观、超主客三方面来展开,而成为九境,这九境涵盖九种生命存在之心灵面对境而构成的境界,亦可说摄世间与出世间种种境界。这等于是对于存在界给出其中何以会含有不同的层次与境界,及有各种价值意义的内容之说明。人的心灵所对的境,原则上就是由这三向而成九种可能的境界。如果对于这九种境界能有恰当的掌握与理解,则人生的活动就会成为没有偏执的,都表现人的正确理解与性情。如此,人的生命存在就成为“真实的存在”。唐先生所谓的“真实存在”,就是其存在不会成为不存在者,这就是说人的生命存在会成为一个悠久无限的存在。此义后文再详。人的存在固然是有限的,而其中心灵作用、感通是无限的。唐先生这里所说的真实存在是无限的存在,以人的渺然一身,如何可以又成为无限的存在呢？这似乎不容易理解,故这所谓“无限的存在”的“无限”,或许可如同牟宗三先生所说的“即有限而无限”,即在人的有限的一生中,可以表现无限的意义。但唐先生固然亦强调了人作为无限存在,有其个体性与极限性(为一一之“吾”,亦有其“极”⑤),但似更进一步,认为人成为真实存在时,是可与宇宙同为无限的。由于心与境不二,若说作为心所对的境或宇宙是无限的,则心灵亦应是无限的。无限者不能有二,故亦可直接说人是无限的。宇宙作为与心不离之境,其无限性亦不能外于心来理解。故似不必说宇宙为无限,而人是即有限而无限。人能对人生九境通彻了解,而有如实知与真实行时,无论在哪一种情境下,都可以表现出生命的最高的价值,于是就可以不离开任何一种境界而表现生命的无限意义。此时心与境、人心与宇宙同为无限。如果不能通达各种境界,则人在自己处于某些境,因为有偏执而不能通达,他在这些境界中就不能表现无限的意义了。心有局限,境亦有限,而即在这个时候,人的存在就不能成为真实的存在。

　　以上重在从人生境界这一意义上来理解心灵九境论,从这个角

---

　　⑤　唐君毅:《生命存在与心灵境界》,上册,页26—27。

度来说,可以与冯友兰先生所说的人生境界论做一比较。冯氏认为
人生境界可区分为自然境界、功利境界、道德境界与天地境界四层
(见《新原人》第三章)。唐先生的心灵九境论当然是有从人生境界上
来区分不同层次之意,但虽有高低,而较下之层位亦有其价值,有其
成立之理由,在如实观与真实行下,都可成为真实的境界。从人生境
界论来理解心灵九境的意义,应该是很清楚明白的,此意并不难解,
但唐先生之意并不止于此。上文所说此书是有关认识论与形上学的
理论性的系统著作,则心灵九境的意义,应该可以从认识论的意义与
存有论的意义两方面来理解。

(二)由认识论与存有论了解心灵九境论

从认识论上说,生命三向与心灵九境是人心活动及理解自己与
世界的基本模式。心灵通过此而次第有各种可能的认识。如"客观
境"是观对外于主体的世界的了解。前三境中的万物散殊境是观个
体界,在此境中,"我"是一个体,与客观的存在物散殊并存,此境重观
"体"。"依类成化境"是观类界,主要是看到存在界可依类而分成各
种类别的存在。在此境中,各类以延续其种类的存在为主要的要求,
如人类有延续其种类的本能,由此而成就生长变化,此境重观"相"。
"功能序运境"是观因果、目的手段界,此境是看到存在界种种存在,
都可以用功能或功利的角度,通过因果或手段与目的的关系而达到
预期的效果,此境重观"用"。纵观观体,横观观相,顺观观用。"主观
境"是作为主体的心灵反观自身,又摄物归心的境界。其中的"感觉
互摄境",是观人类生命为各别的具心、身之存在,心身感觉互摄,互
相适应,而结成人群,成就社会生活。此亦如第一境之观"体"。"观
照凌虚境"是观意义界,心灵能观事物的意义或纯相,纯相或纯意义
从事物之体游离开来,这种对意义或纯相的把握,是心灵的观照作
用。此作用可以从前四境中超越出来,成就人类的种种学术文化活
动,如科学、文学艺术、哲学等都是由凌虚观照境而开出的。此是观
"相"。"道德实践境"则按照心灵自觉的理想而要求在现实生活中
体现出来,而不停驻于观照的境界,要求依理想而求实现之。此境
观"用"。

后三境是"超主客境",分属于三种宗教的形态,应可以理解为从

道德实践境作充分的开辟、发展而成⑥。"归向一神境"是基督教境，从现实存在的不完全，而肯定一绝对自足的圆满的实在或无限的心灵，作为一切存在的主宰。"我法二空境"是佛教境，从破人、我两方面的执着而见空性，又由此而肯定众生都可以解脱成佛。"天德流行境"是儒家境，从人当下的人伦生活而看到人生本具的价值，而见种种的存在对我都有一道德上的要求，而要我实践以回应之，由是而见天德的流行。这三境是超主客之绝对境，统主客两面而为其根源，显示了心灵境界的无限性，肯定人人都可得救，众生皆可解脱而成佛，及一切人都可以与万物为一体而成圣，此三境型态虽有不同，都可以达到绝对无限的地步，亦有观体、相、用之不同侧重。

　　从上述的客观、主观到超主客观的绝对境，由下而上，循序前进，就可以表现出心灵与境的各种层面的认识与实践之可能，展开了人生在世可以表现的种种意义。以上所说的九境，虽然不只是认知心的作用，但可以用认知的观点来理解这九境的不同，可以说是对人生可能的九种层次的境界的认识或理解。

　　唐先生所说的心与境的关系，是有心必有境，或有何种心，便有何种境，心境是不离而且相应的。通过心灵的感通，成为三向九境。此一对心境关系的了解或说明，也可以是存有论的意义的说明。因为心对境有所决定，而境对心而成的境界，也有其一定的贡献与作用，这种心境的相互作用而成的九种存在的方式，给出每一层面、境界的特殊意义，这是对存在的事物有所决定的，其决定可以说是超越的决定。即不管是谁，所遇到的事情不管内容如何，都因着心境的结合而有这九种层次，故这九种层次对事物的存在是有所决定的，这一种存在方式应该可以用存有论的意义来说明，即心灵境界论不只是对存在界的由三向而生九种可能的认识，而是对存在界给出三向九境的超越的决定。在此一意义上说，可谓认识了对象时也就是决定了对象⑦。

---

　　⑥　参考梁瑞明编著：《心灵九境与宗教的人生哲学》（香港：志莲净苑，2007），页11—15。
　　⑦　如牟宗三先生所说，范畴对于存在界是有存有论的决定性（存有论的涉指格），认识了对象也决定了对象，使对象成为现象。见牟宗三：《智的直觉与中国哲学》（台湾：商务印书馆，1971），《序》。

二、唐先生所说的宇宙本体(实体)之意

(一)"心灵境界"是一切存在的根据

再进一步,可以说心灵境界是一切存在的本体。如果我们总持一切存在而问,这一切存在的根源性的本体或终极的原理是什么呢? 如果这样问,则这心灵境界,就是一切存在的根源,也可以说是一切存在的本体。唐先生的心灵九境论就是对宇宙的根源、本体,做出了说明,即这是唐先生的本体论。此意可引唐先生一段话来说明:

> 以上分别述生命存在与心灵之九种境界,总而论之,要在言此整个之世界,不外此生命存在与心灵之境界。此生命存在与心灵自身,如视为一实体;则其中所见之境界,即有其相状或相;而此生命存在心灵与其境界之感通,则为其自身之活动,或作用,此用亦可说为此境界对此生命存在或心灵所显之用。⑧

上文所说的"整个之世界,不外此生命存在与心灵之境界",即对存在界给出一其终极原理或本体是什么的说明。而此本体可以从心灵是"体"、境界是"相",而其中的感通活动是"用"等三方面来加以了解。这是唐先生对本体的规定,可以说此本体是心灵、境界(或世界)与感通三位一体的。如此说本体,虽然是以心为主,但并不能简单地规定为唯心论。即不能说心灵为本体,此本体产生了世界,而须说心与境不离,有何种心即有何种境。此心灵含九种境,概括所有的世界存在的方式。此本体虽然以道德或道德理性为根本,但含意甚广,知识的活动、文艺的境界、宗教的向往都含在其中,或都由此心灵境界所生出。故此本体虽然可说是道德的本体,但其内容涵义比较广。唐先生续云:

---

⑧ 唐君毅:《生命存在与心灵境界》,下册,页253。

于此吾人不能悬空孤提世界，而问世界之真相，或真实之为如何；亦不能悬空孤提此生命存在，或心灵之自己，而问其自身之真相或真实之如何；复不能悬空孤提此一活动或作用，而问世界中或自我中，毕竟有多少真实存在之活动或作用。吾人只能问：对何种生命存在与心灵，即有何种世界之真实展现、及由此中之心灵与生命存在，对之之感通，而表现何种之活动作用于此世界、及此生命存在心灵之自己或自我之中。则此中之生命存在心灵，与其所对之世界或境界，恒相应而具生具起，具存具在。此世界或境界，亦无论人之自觉与否，皆对此生命存在或心灵，有所命，而使此生命存在与心灵，有对之之感通；其感通也，恒灵活而能通，以与之具生具起、具存具在；并顺此境界或世界之变化无穷，而与之变化无穷。故此中生命存在之生，或存在，即此中之境界或世界之生与存在。其生，即感此境界、或世界对之有所命；其灵，即其感通能灵活的变化，亦所感通之世界或境界之灵活的变化。自此生命存在与心灵之感通，与世界或境界之恒相应之一面言，则一一世界或境界，不在此生命存在心灵以外；而此生命存在与心灵，亦依其有此境界或世界，而称为真实的生命存在与心灵，故其存在，亦存在此境界或世界之中；此感通，亦只存在于此生命存在与心灵及此境界或世界之中。而此"生命存在心灵"、"境界或世界"、与"感通"之三者，即互为内在，而皆为真实。⑨

唐先生此段将心灵、世界与感通三者视为一体而不能分，是互为内在者。当然也可以说此三者虽可以分从三方面来看，而实不能分。这就是本体或实体。如此来理解宇宙的本体，则如同唐先生所说，不能单就心灵本身说，因为心与境具起；也不能离开心灵而独立地看世界，认为世界是可以外于心而独立存在的；也不能单就心灵境界中的感通的活动或作用来说，感通的作用就在心灵与世界或境界中表现。

⑨ 唐君毅：《生命存在与心灵境界》，下册，页253—254。

感通的作用,是知、情、意(志)三者都涵在内的,此三者亦表现了前后、内外、上下之三向,及有逻辑理性、知识理性及实践理性三用,三者合为具体之理性,若只说其一或二,则只是抽象的或半具体之理性。如果说此本体是一心本体,则此心是与世界、万事万物为一体存在而且是心与境交互感通中的存在。没有单纯只有心而没有世界的本体,没有单纯只有世界而没有心灵的客观存在,也没有单纯的可以离开心与境而独立存在的感通。故心灵境界与感通是互为内在,皆为真实。如果是这样,则人的心灵本体或精神实在是与天地万物为一体的,有心的存在处,就有万物的存在,也有无限的感通作用在其中。人的生命存在是与万物为一体,心与境是时刻在灵动变化的存在。当然人的现实生命是有限的,在有限的存在历程中,其感通、认识或成就的活动变化的外延,是有限的,不能包含往古来今的一切存在,故在人的有限的生命中,当然不能说顿时与天地万物为一体。但吾人可以如此了解:此有限的生命是无限的精神实体表现出来的一个通孔,精神实体在此受限制的通孔中可以逐步表现其与万物为一体的意义。此逐步表现的过程,也可以说是心灵逐步恢复其本来与天地万物为一体的内容。在感通的外延的量上虽然不能达到无限,但在内容的感通不隔的意义上看,可以说是表现了其中的无限性。人的仁心在充量表现其感通的作用时,的确是可以感受到万物与心一体呈现,人在真切地亲亲仁民而爱物时,可以感受到物我不隔而为一体,而且此一感通是可以做无限制的推扩的,这便证实了人的心灵本来就是与万物一体不分的。而在这个角度来理解心与境的关系,虽然强调或肯定了心灵的灵活变化,感通无限,但不能简单地说是唯心论,当然也不能说是实在论,这两种主张都不适合于用来说明唐先生的心灵境界论。或许牟宗三先生所说的"真正的唯心论涵蕴绝对的实在论"⑩可以用来帮助说明。心灵境界是实体或本体,这是真实的本体,并非观念或觉象(idea,牟先生译为"觉象"),故如果以心灵境界为本体,则此是一真实的心灵。此心灵本体不离一切境界或世

---

⑩　牟宗三讲:《儒家的道德的形上学》,《牟宗三先生全集》(台北:联经,2003),第27册,页221。

界,故一切存在也是真实的,这也可以说是绝对的实在论。实在论与唯心论二者在此一型态的形上学中,是可并存的两个说法。唐先生所提出的本体论或对存在界的根源说明,就是心灵、世界与感通三者不分的心灵境界论。由于此心灵境界可以展现为九,故又可以说是心灵九境论。能理解此心灵本身的意义,人就可以对宇宙人生做一根本性的掌握,了解宇宙人生的本体是什么,又可以对于人生的种种境界通达明白,无有偏执,则如此人的有限生命的存在就可以恢复其为与天地万物为一体的存在的心灵境界,而此心灵境界因为是与一切存在为一体的,则当然可以说此时的生命是悠久、无限的真实存在,也就是上文所说的人可以即有限而无限,甚至是人与宇宙同在一无限中之义,唐先生将此意义的生命存在说为"真实的存在"⑪,也就是"人而神"的存在。

(二)"心灵境界"(心本体)必须全面展示其层界的理由

对于这作为真实存在的生命存在,或如同神一般的无限生命的证成,唐先生并不只用体证本体的方式来说,而是要把这与万物为一体的心灵境界之内容涵义作充分的展开,展开了心灵境界本身可能含有的无限的丰富内容,就可以证明此心灵境界就是一本具无限意义而且与万物为一体的存在,而心灵九境论并非只笼统地说万物与心一体存在,而有对世界或境界作九种的区分,这样便比较详细地说明人与万物为一体而成就的心灵境界,是有种种层次及不同内容的,而这种种的层次与内容就是心灵与世界合而成就的功能与作用。这可以说生命存在与心灵境界的内容是非常丰富的,各种层次或内容都有其在心灵境界中的原理、原则,即对各层面的境界都可以有理性的解释或说明。这样的说明就比"仁者与万物为一体"或"良知与万物一体呈现"的说法来得仔细而丰富,也可以对人生的活动的种种情况,人所产生的种种学问、事业,给出了仔细而合理的说明。而这九境也可以视为生命存在与心灵本身自我发展的历程,九境显示了心

---

⑪　唐先生说:"何谓吾人之生命之真实存在? 答曰: 存在之无不存在之可能者,方得为真实之存在;而无不存在之可能之生命,即所谓永恒悠久而普遍无所不在之无限生命。此在世间,一般说为天或神之生命。世人或视为此乃人所不可能有者,然吾将说其为人人之所可能。"《生命存在与心灵境界》,上册,页26。

灵不断地给出作用于境,而境亦不断呈现其用而产生的心灵境界。吾人所处的世界就是这种种的心灵境界。当然境界的内容可以有种种复杂繁多的事事物物,但都以这九种可能的方式作为范围,不能外于这九境。心灵固然是有无限的感通而为真实的存在,但不能撇开心所对的境而只讲心灵本身的意义,境也有其成就境界的真实作用。当然也不能以境为客观实在,而要求自己往外境不断地用力,甚至追逐,而不反省回思、领会心灵本身的种种作用与意义。此对心与境两者都要肯定,而从心境中不断呈用的感通,来体会心境的相通相感、生生不已,即可说是一"执两用中"的精神与观点。而这种九境的次第发展或展现,也等于是人的生命存在的可能的不断生长、发展的历程,于是天地万物的存在与人的生命的成长与发展,是通而为一的,对种种境界如果有如实观,也等于是生命通过心灵的正确感通的种种方式,而作次第的生长与发展,于是就可以理解生命何以可成为真实的存在的缘故。人的心灵本有如是种种内容,人的生命存在,通过心灵的三向而成为九境,就等于把生命存在本有的作用与成境界的种种价值与意义,展现出来。种种可以看出分门别类的学问的内容,种种文化的活动、精神的表现、各种宗教所显示的超越的向往,都是生命与心灵所逐步表现与完成的,这样来了解人的生命存在,不正是一广大悉备的生命吗?所以心灵九境论也是一套将人作为一生命存在的可能内容彻底翻出来,使人能"明白其自己"的学问理论,说明人生实有此种种境界,实有如是丰富的意义与价值。这样的将人生可以表现出之内容、意义详予说明,便可使人明白人生之丰富及何以人生有其价值,需加以肯定之故。而人生既可有此九境,各境固有其高下层位,亦各有本身之价值,故人不能局限于某一或某些境界,而认为人生只如此,如只从功利的观点来看人生,便只处于功能序运境,或只相信某一宗教的观点,则会认为天道或绝对真实者只有这一型态的表现。人的确容易沉溺某一或某些境界中,执一、二境以废其余,这样的人生是偏枯而蔽固的。人通观九境,便会有一对整体人生之如实观,有如实观,便能起真实行。如不能对人生、生命心灵之境界作如实了解,便不能有真实行。这样的对人生作全幅的了解,当然是不容易的,既要明人生各境界的内容与关系,又明白处这种种境的正确的人生态度,一定要有多方面的学习,广大的观照与同情,其中需要的学问工夫,是非常繁多的,但如果不通过这一繁复的工夫,便不能够全面地了解人生。不能全面了解人生,不能通达一切境,即不能与天地万物为一体,当然就不能是圣人。唐先生此书所表现的内容,可说是用系统的学问思辨的工夫来践德成圣,这种学问思辨,也就是古人所说的"道问学"的工夫。此道问学或学问思辨,主要是哲学性的思辨,故可说是哲学思辨用于人之成德。如果人的现实生命是无限的心灵境界借以表现的一个通孔,则必须通过了解生命的全幅人生境界,及何以一切存在是与个体生命存在不相离的,才可以恢复生命存在此一心通九境的原有的意义。对于原来是无限的而受生命现实所限的心灵境界本体而言,此一通过学问思辨来使心体朗现的工夫是必须的。当然除了通观九境而有的人生态度外,于每一境界中,亦有一种相应的人生观或人生哲学,亦可于辨明其层次位序而给予肯定。

三、以罗念庵之说来契入心灵九境论及 唐、牟二先生存有论之比较

(一)心灵九境论之"人与万物为一体"的涵义

唐先生这一本体论的说法,可说是将传统儒学的仁心感通一切,及仁是生道、宇宙生化之原,即道德的本心涵有本体宇宙论之意,作一详细的哲学理论的阐释与开展。此意在宋明儒的言论中是所在多有的,程明道说"仁者浑然与物同体"(《识仁篇》),阳明说"大人者与天地万物为一体……非意之也,其心之仁本若是其与天地万物为一体也"(《大学问》),阳明又说"心无体,以天地万物感应之是非为体"(《传习录》下),及在讨论深山中的花何以不在心外时的议论都表示此义⑫,即都表示了心与境原来是不相离的,有何种心,便有何种境。近读明儒罗念庵的《与蒋道林》,觉得其中的论述很能够表达唐先生

---

⑫　王阳明:"尔未看此花时,此花与尔心同归于寂。尔来看此花时,则此花颜色,一时明白起来。便知此花,不在尔的心外。"(《传习录》卷下)

心灵九境论的一些要点,在唐先生的《原教篇》,讨论罗念庵处,对念庵的体证仁体就十分看重,兹引念庵的原文来帮助说明:

> 当极静时,恍然觉吾此心中虚无物(《念庵集》作虚寂无物),旁通无穷,有如长空云气流行,无有止极;有如大海鱼龙变化,无有间隔。无内外可指,无动静可分,上下四方,往古来今,浑成一片,所谓无在而无不在。吾之一身,乃其发窍,固非形质(《念庵集》作形资)所能限也。是故纵吾之目,而天地不满于吾视;倾吾之耳,而天地不出于吾听;冥吾之心,而天地不逃于吾思。[13]

念庵此段表示在静坐中体会到此心是"无限心",一切存在都可以涵摄在内,而人的有限的形躯,是此无限心的发窍,即通孔。此发窍虽然是有限的,但通过此发窍所表现的作用,可作无限量的推扩,如人的耳目与心思的作用,是可以涵摄天地万物的,无限量的天地万物都可为人的耳目与心思所笼罩而为视听与思的内容;耳目与心思的作用,总是可以超出现实的事相,不受其限制。此可证人的心灵实体是一无限体,这是从耳目心思等的无限感通来证心的虚灵不昧。于是可知通过人的有限生命所表现出来的,是逐步朗现的无限心,这等于是以有限的生命使无限的本体逐步具体化,而此无限心的作用,就是仁心的感通。念庵这些意思都可以用来说明唐先生所理解的心灵境界的涵义。他续云:

> 古人往矣,其精神所极,即吾之精神,未尝往也。否则,闻其行事,而能憬然愤然矣乎?四海远矣,其疾痛相关,即吾之疾痛,未尝远也。否则,闻其患难,而能恻然蠢然矣乎?是故感于亲而为亲焉,吾无分于亲也。有分于吾与亲,斯不亲矣。感于民而为仁焉,吾无分于民也,有分于吾与民,斯

---

⑬ 黄宗羲:《明儒学案》,卷18,《黄宗羲全集》(杭州:浙江古籍出版社,2005),第7册,页462。

不仁矣。感于物而为爱焉，吾无分于物也，有分于吾与物，斯不爱矣。是乃得之于天者固然如是，而后可以配天也。故曰"仁者浑然与物同体"。同体也者，谓在我者亦即在物，合吾与物而同为一体，则前所谓虚寂而能贯通，浑上下四方，往古来今，内外动静而一之者也。[14]

此段透过仁心的感通来证心体与万物原是一体不分的。透过人的有限生命，可逐步具体化无限心的作用，如上文所说。而此具体化的作用，等于是逐步证实仁心或人的心体，本来是与万物为一体的。他说虽然古人已经过去，但古人的精神其实就是我的精神，这如同唐先生所说的，一切存在都可以收摄在吾人之心灵境界中。此段强调心与所对之对象不可分，若分开便不是真实的仁心呈现，又说一体是合吾与物为一体，都颇似唐先生之说。

从人可以感通于亲、人与物，而证一切人与物与我们仁心的感通是分不开而为一体的，而一体就是同体，就是同一个身体，如果从这一些地方体会人的生命存在，念庵说人是可以"配天"的。念庵此文所表达的就是人通过仁心的感通，可以证实人本来是与万物为一体的。由于人与万物同是一体，所以在仁心的感通过程中，可以逐步证成此一体感。如果人本来不是与天地万物为一体的，何以在仁心的感通下，会逐步表现这种与物一体的感受呢？所以人在现实上与古今人物或事物相隔，好像各不相干，其实不是生命存在的本来面目，在仁心感通而证实与万物为一体处，才表现了人的生命存在的本来面目，而此时就可以印证人的生命存在，本来就是一悠久无限的真实存在。念庵此段最后引《中庸》所说的"配天"来说明人在天地间的存在地位，颇可表达唐先生所说以生命三向与心灵九境来说明宇宙本体之意。而说人可以配天，亦即人可为真实的存在，而永恒悠久之意。由念庵所表达的义理，来契接唐先生所说的心灵境界论，或心与境不离，都在感通下而互为内在之义，可有其亲切方便处。在黄宗羲《历学假如》，姜希辙所作的《序》中有以下一段话，也很可参考：

---

[14] 黄宗羲：《明儒学案》，页 462。

> 扬子云曰:"通天地人曰儒。"后之儒者惩玩物丧志之害
> 者,于是孤守此心,一切开物成务之学,面墙不理。此吾夫
> 子所谓小人儒也。上天下地,往古来今,何莫非此心之所变
> 现?吾身在此心中无有穷尽。彼小人儒者,以为心在身中。
> 所认者血肉耳,岂心之量哉?⑮

此段说上天下地、往古来今都是此心所变现,而且不能从与心相对的
身来理解身,身在心中是无有穷尽的,即山河大地、往古来今都是身,
如此言身心,大略同于唐先生所说的心灵境界,心不是血肉,而是遍
及一切境(对象)的。有如何之心,即有如何之身;心是遍一切的,而
身也是遍一切的。此如同唐先生所说的,有如何之心,即有如何之境。

**(二)略论唐先生"心灵九境论"与牟宗三先生"两层存有论"之
互相通达**

　　如果比较牟宗三先生的相关的说法,唐、牟二先生的存有论就是
"三向九境论"与"两层存有论"的不同。牟先生之说,存在界对于我
们的心灵,有两种可能的情况。世界是一个世界,但人的主体即心灵
可以有执着与不执着的不同,对于不同主体,有不同的存在情况;如
果心是执着的,则所对的世界就是执的世界;如果心是无执的,则世
界就是无执的世界。良知明觉所对的世界是无执的世界,而从知体
明觉坎陷为知性主体所对的世界是执的世界,无执的世界由智的直
觉所对。牟先生的两重存有论好像比唐先生的心灵九境论简单多
了⑯,但唐先生的说法似乎比较显示存在界与心灵的丰富与多方面的
意义。在唐先生书的后半,点出"神圣心体"为九境的根源,如果神圣
心体充分实现,则可以即于九境而显示无限的意义或绝对的价值,一
理平铺,而当下此种种境,成为人的真实践行的境界,所谓当下性情
化,这也可以说是表现了两重存有论的意思。即分别说九境的全部
内容,是一层的存有论;而神圣心体的全幅朗现,即九境通而为一,是

---

　　⑮　《历学假如》二卷,姜希辙《序》,收入吴光主编:《黄宗羲全集》,第9册,页282。
　　⑯　牟先生在一次闲谈中说唐先生的九境论,其实在他的《哲学概论》中已有所铺陈,
但九境太多,说两层存有论就可以了。分别说的各境界的不同,都可以涵蕴在执的存有论
底下。

另一层，可以说是无执的存有论。比较而言，唐先生的说法是重视心灵感通所成就的种种心灵境界，对每一种境界的内容、原理，都作出辨析，而说明都是由心灵的感通所成就，是一种由下而上、攀缘而上的论述，比较会把心灵的种种可能的涵义及人生种种的活动，给出其内容上所以是如此的说明，较能展现心灵或人生命存在本身所原有的种种丰富的内容。当然，牟先生执与无执的存有论的区分，也可以涵种种人生境界的差别与殊异的内容，执的存有论本来便含种种分别。他在判别天台宗与华严宗的不同时，认为天台圆教能够保住三千法的差别性，而华严宗为"缘理断九"，保不住九法界的存在。依此意而言，圆教是必须保住一切差别法的，人生所可能产生的种种不同的情况、境界，一个都不能少，故两层存有论须以"圆教保住一切法"之意来补充，不然世间的差别法、人生的不同情况，在无执的存有论中，就不能有其存在之必然性。另外，牟先生晚年提出的真美善的合一说与分别说，认为分别说的真、美、善是合一说的真美善之象征，而合一说之即真即美即善是无声无臭之天道之不已，分别说的真美善，是天之垂象。而人生的种种价值，就表现为此天之垂象之分别说的真美善处。上天之载无声无臭，无相可见，不可说，而垂象可以分别地被了解，由此亦使无声无臭之天命得以彰显⑰。如是则此分别说的真美善，就不能简单地用执的存有论来理解，即不能以为这三者只是执的，因而是可以被超越的存在。即既是天之垂象而为人生的意义所在，则有其存在的真实性及必要性，虽然不是化境的浑然一体，但也不能被视为执着、虚妄。虽可说是必要之执，但既说是执，其真实性便有所贬损。综上所述，牟先生的两层存有论有两个型态，执的存有论与无执的存有论，是根据康德的现象与物自身的区分而成的，由智的直觉呈现而为无执的存有论，由识心之执，而成执的存有论。另外，从分别说的真美善而至合一说的真美善，则是另一义的两层存有论，此型态亦依康德之说但有所改造。此后一说法从分别到合一，又肯定分别说的真理性及必要性，可说是从下而上，较肯定分别。如果

---

⑰ 见牟宗三译著：《商榷》，《康德：判断力之批判》（台北：台湾学生书局，1992），上册，页89—90。

以上的了解可以成立，则牟先生在存有论方面的思考，与唐先生的心灵九境论可以相通，牟先生第二型的两层存有论，肯定了知、情、意（志）各有其基本原理，亦可证唐先生以生命三向为人生各境界之所自出，是很有道理的。唐先生亦言由三向会产生三妄，即亦可言真妄之二层。

（三）"心灵九境论"与"真正的唯心论涵绝对的实在论"，及"开门见山"之义

另外，唐先生的心灵境界论因为不是唯心论，也不是实在论，故可以保留心灵与对象的分别。即虽然二者是一体的，但不能说对象或境是心所直接产生，亦不同于境由心灵变现。此如同宋儒的理气论，虽然说有理便有气，但不能把气理解为直接从理产生出来，而只能说气是本有的。唐先生的心境论说有如何之心就有如何之境，也保留了境并非直接从心产生之意，这就避免了由理直接生气，而气的存在并无必然性的难题。而由此也比较容易说明，何以人须面对对象作不断的努力，虽然心境不离，心灵有无限的感通，但必须即于境，面对对象，通过心与境的感通而逐步展开生命存在的意义，表现人生有无限的可能，此意也含在上述牟先生"真正的唯心论涵绝对的实在论"的说法内。即心境具起具存，心是真实的，境亦是真实的。一般所谓唯心论或观念论是外境的如此存在由心所决定，甚至外境为心所变现，而此心并非真心。唐先生所说的心灵则是真心，固然有其感通无限的能力，而且境的存在情况，与心的虚灵、感通是很有关系的，甚至为一体，但并非主张外境的存在情况由心所变现。实在论是肯定人所理解的对象本身有其存在的客观实在性，并非依心而有。唐先生固然认为外境对于境界的形成有其作用与贡献，但并不认为离开心的感通，外境仍然有其独立的性相或作用的存在。故唐先生此一见解表明了他对于观念论与实在论的主张都有所不满，认为二者不能够说明生命存在，心灵与境或世界的真实关系、意义。

唐先生此心灵境界论虽然说心灵、世界与感通的活动是一体不分的，但应该还是以心灵为主，心灵有其无限的感通活动，固然有心即有境与之相应，而境也对境界的构成给出真实的作用，但还是需要以心为主，来理解此一心境感通为一的本体。心有其自觉灵动、感通无限的作用,必须心表现其自觉的感通,才有种种境的真实意义的呈现,如果没有心灵的自觉,固然这种种境界也可以说是存在的,但只能说是不自觉的、潜存的存在,必须心灵先作开朗的工夫,才能表现境的种种意义。此一意思唐先生用他所谓的"开门见山"⑱来说明,门象征主体,作为我们主体的心灵要有所开朗或开悟,才可以面对境而有种种不同的展现,而境虽可说不是因为心的活动才产生或才得以存在,但境的意义不能离开心的作用(心的知、情、意之感通或开朗、开悟)而表现,故开门才能见山,不开门就见不了,而虽然开门才能见山,但并不是通过开门而造出山来,故唐先生这一存有论的说法既非说山本来存在的实在论,也并非境是由心所创造或变现的唯心论或唯识论,而是由于心有种种的活动的可能,而所对的境也有种种的存在的情况与意义的展现。而九境有排列的顺序与高下的不同,从客观境而主观境,乃至绝对境,分别安排人生各种层次的认识与对价值意义的不同体会。心境二者依唐先生的论述,有"一而二,二而一"的情况,或二者相须相随而有的意思,如心通则显境,境至而心意随之显用,心可以通过境而不断开朗其自己,不断从境处而有新意的涌现而出。心之虚灵固然不断表现其妙用,境也不断在心的感通中而意义纷呈,于是人的心灵不会只内在于自己,而可不断的通达于外境;外境接触于心而不断呈现其意义,但心也不会因为追逐外境而失其自己,这里表现了心与境二者在心的感通中,须执两而用中的情况。

唐先生这心灵九境论虽然与牟先生的道德形上学一样,是证心体(或仁心、神圣心体)是宇宙的本体,心灵的活动就是宇宙的生化,

---

⑱ 唐先生在论万物散殊境处,以"开门见山"说明心与境具起具现之意,很可以说明唐先生关于心、境关系的特别见解。他说:"于此亦不须说境由此生命存在之心所造,更不须说心变现境,只须说心开出此境,而自通之。心开出境,亦不须说是原有此境,心开而后见之。于此尽可说原无此境,然心开,则境与开具起。西方人恒言上帝造天地万物,此即谓上帝心能造出而变现天地万物,为其自境。唯心论者之言客观世界,由心之客观化而成,亦此说之遗。唯物论者实在论者则谓境为先在,心后觉之。然中国思想,则不言上帝造天地,只言天地开辟以来。天开地辟而万物生,此乃谓天地开辟与万物之生具起。故今谓心开而境现,亦可是心开与境现具起。与境现具起而后之心,亦存于境,而遍运于境,遍遍其境。固不须说先有离心之境先在,心开而后至于其境,而更知之通之也。如人之开门见山,此山虽或先有,然如此如此之山之境,以我开门而见者,亦正可为前此所未有也。"(《生命存在与心灵境界》,上册,页96—97)此段义理曲折深刻,很能表示唐先生心境说在认识论及形上学上之理论特色。

但两位先生论证此意的方式或方法不同。唐先生的九境论把心体的意义或内容层层展开,说明心体包含了九境,这样也就是说明了人生或境界的种种存在都不离开心的作用,或都是心体的活动变化,这样就可以论证心体是宇宙心,也就是一切存在的本体,这种论证可以说是从下而上,从人生本有的种种活动探索其根源,而指向一共同的本体,与牟先生从上而下,直接从仁心的感通无限来证仁心是宇宙的本体不同,二先生都表现了尊德性而道问学的精神,唐先生的做法中道问学的精神似较重。

此书体大思精,与西方的知识论、形上学与宗教相对较,辨别义理的同与异,判其高下,也可以说是根据儒学的学理与精神境界来作判教的著作。后文再就九境论的一些内容及学者之评论作探索,当然并不足言对此书作整体的研究与评价。

四、唐先生论因果律

唐先生在分别讨论九境时,于每一境都就其境界所以能成立给出了论证,大体于每一境处集中讨论一重要的哲学问题。如在万物散殊境讨论"个体"或个体性如何能成立,在哲学史上有哪些说法;在归向一神境处论对形上之绝对精神实在,或上帝之存在,如何证成等。而在有关的论辩中,唐先生都能就有关问题提出自己的看法,并证成其心境论。其中精义繁富,今只举一二例来介绍唐先生之特别见解。在论"功能序运境"时,唐先生对于因果律是否可成立的理论困难,给出了种种的反省,然后提出了他自己的对因果论的解释:

> 若吾人于因之所以为因,先自其消极意义的能阻止排斥其他事物之功能作用上理解,则吾人于一般所谓前有之因,能生后来之果之积极意义的理解,即更可根本改变一途径。即于此,吾人可根本不说此前有之因之生后来之果,乃由此前有之因之义中,直接涵具此果之义。此因之生果,从因至果之关系,非直接为一理性的逻辑的关系,而亦有间接的理性的逻辑的关系。此中前有之因,所以能生后来之果,

吾人当说此乃由于前有之因之有一消极的功能作用,以阻止排斥他事其功能作用之足妨碍此果之出现,遂为此果之出现之一开导因。一切吾人所谓先行之事,为后起之事之因者,吾人皆可说此先行之事,初只为一开导因。此所谓开导因之名,取诸法相唯识宗,而略变其义。在法相唯识宗以在心法中前一心法,为后一心法之开导因,亦为其等无间缘;然不说此为开导因者,自有一功能。今说前一事,为后一事之开导因,则要在言此后一事之前一事,自有其"阻止排斥他事其功能作用足以妨碍此后一事之功能之出现者",而亦自有一为其他事之出现之"违缘"之义,以言其为一有功能之开导因。至于继此前一事而有之后一事之果所以出现,则不直接由此开导因而生。此前事之因,只间接助成此后事之果之生,而只为后事之果得生之助缘。此后事之果之所以得生,若要说其因,则实当另设一积极意义之生此果之功能、或种子、或形上实体,为其因,如法相唯识宗之种子,黑格耳之实体因,多玛斯之第一因之上帝之类矣。[19]

唐先生如此论因果关系相当特别,他认为前因固然有作用,但其作用是间接去掉障碍,而让果表现出来,这样讲就不是由因生果:即果本来是具备的,只是因为受到妨碍而出不来,因的作用就是把妨碍果的因素或作用去掉,于是果就可以表现出来了。关于因果律何以是具有必然性,有种种的探讨,休谟认为因与果没有必然的关联性,只是我们常看到某在前的事情产生的在后的事情,于是认为前者是因后者是果,而果由因生,这只是一种心理的联想。康德为了解决休谟的质疑,就认为凡事情的发生一定有原因,此一因果律之必然性并不是基于自然界事物,而是吾人的思想的知性概念的作用,人用因果的概念来理解外在自然的事物,而把两种前后相随的事物理解为前因后果,故因果概念是人的知性给出的先验范畴。这种说法可以说明因果律何以有先验的必然性,但如果客观的自然界的前因后果的现象,

---

⑲　唐君毅:《生命存在与心灵境界》,上册,页276—277。

是靠人的知性范畴给出必然的关联,则似乎是以客观常存的事物的必有的关系,寄托在只有短暂的存在的人的生命作用中,故康德此说也不能让人完全信服。唐先生此说则一方面说明了因果是有其必然性的,但其必然是由于事物本身就有产生果的能力,而有果必有因之因,只是把具有一定要生发出来的力量之果,以消极的去碍的作用开导之,让本来便要实现出来的得以通达。此因果的必然性,在于果本来便要呈用,而因的去碍畅通不是果的生因,而是开导因。这就可以解释何以前因后果的两事不必有必然的关联性。因的作用如果只在于去碍,则作为果之事其去碍所需的作用,可以事事而不同。故经验上不必有以某一事为因而必然以另一事为果的情况。而唐先生这种对因果律的说明,可谓甚有妙义,可以证成因果概念。此说可谓是存有论的或宇宙论的说明,即肯定了宇宙本体的生生的作用。由于生生的作用是必有的,故去碍就必然生果,于是事物的前后相随,而有因果的必然性,不必寄托在人的知性范畴的作用上。这样讲因果律我认为似乎可以用"乾道变化,各正性命"来理解,即是说每一个存在物本身就具有生生不已的乾道的作用在其中,只是此本具的、乾道的生化的作用,并不必能于每一存在物上呈显。因为每一个存在有其在形体上的限制,每一存在都是由气所构成,气的成分各有不同,对于乾道在存在物中的呈现,就造成了各种不同的限制,而因果中"因"的作用,就是在这种乾道受限制的情况下,开辟一个实现的通孔,于是具有生生不已力量的乾道,就可以透过此通孔而表现出来。所以虽然从表面看,是因生果,其实是生果的作用或力量早就存在,打通了限制,去掉妨碍,生生不已的力量就会实现出来。这样的理解可以启发出一种如何实现我们本有的善性的看法,即我们只需要养成好习惯,则我们本有的善性,就可以畅通表现出来。你不需要在善性的存在与否处来思考,也不用去培养善性的力量,只需要去掉妨碍善性表现的坏习惯就可以了。如人常因闲思杂虑,不能集中精神,完成该做的事;故吾人必须先挡住在前的杂念,才能让能成事的力量畅通出来。或者也可以再引申出一个意思:只要澄清自己的气性,则善性就可以在清气中表现出来,你不用担心有没有这个善性,只需要在气上作澄清的工夫就可以了。

此意也可以通到道家所说的"无为无不为"或"不生之生",按牟先生对道家的诠释,道家的形上学是境界型态的形上学,道生万物,其实是道不生万物,而让万物自生,只在道让开一步而不生万物时,万物就能生生不息了,于是就呈现了一个道生万物的境界。按牟先生这样讲,道是不能生物的,而唐先生的说法则可以融通道不生物与生物的两种意义。让开一步而不去干扰万物,就等于是去碍的作用,既然去了障碍,万物本来能生生的作用就可以表现出来了,生生之作用本来存在,即万物本来便有从天道或乾道而来的创生性。于是说道不生物与道生物,二义都可以成立。因此唐先生此一对因果律的说明,应可以通于儒道两家的义理。

另外,按唐先生的心灵境界论,心与万物是一体不分的,则如果因果论,即凡事情的发生必有原因,被理解为从因而生果,则心与万物本来一体之意就比较难说,因为因果律所肯定的"生因",对于果有产生的作用,那就不能说心体原来与万物原是一体,即若有不同的力量为因,就会有新的结果产生。而现在说因只是去碍而让本来有的要实现出来的力量得以畅通,这就不会有由外因而产生新的、不是心体原来具备的作用的问题。心与万物一体存在,本来就有无限的感通力量不断往外实现,而这种往外实现的力量,是原来具有的,并非由外因而产生。

五、唐先生的文学境界论

(一)唐先生论文学艺术之美的原则

唐先生自诩懂文学,可以讲文学理论,这应该是老实话。在《心灵九境》书中,他对文学艺术的心灵与境界,给出了很精彩的见解[20]。唐先生在"观照凌虚境"说明学问理论的世界的构成,其中论到文学的境界,他认为文学的境界可以用庄子《齐物论》中"类与非类,相与为类"来说明:

---

[20] 对于文学境界的类似说明,唐先生在《论文学意识之本性》(收录《中华人文与当今世界》卷上)的长文中有更详细的表达,可见他对于自己这一见解是很认真看重的。

在文学的文字语言之中，吾人通常多用表示具体境相之形容词、动词、名词，而罕用表示抽象概念之语言。此非以抽象概念之语言，决不能用。如一多同异之字，在文学语言中，亦能用。此唯是由于一表示抽象概念之语言，其意义自始由其他语言之种种限制规定而形成。于是其直接所指所表者，亦即可只是其他语言，而不能直接通达于种种实际事物之自身。一具体事物之形容词、动词、名词，则可通达于种种实际事物之自身。既可通达，今又不用之以形成一一着实于某实际事物之判断命题，则此类之语言之自相连结，即同时互相支持，已形成一观景，合以提举起，而包涵住此诸语言之可能的意义，而摄之于有此观景之心意之中。㉑

案：唐先生此处表达了文学的语言文字运用的特性，文学语言所以多用表示具体景象的形容词、动词、名词，是要避免通过文字概念的抽象的表达，抽象性的概念表达不出具体的意境，而文学的美需要直接通达于具体的事物或情境来表现。这也表示了审美并非是由认知心形成知识的领域。唐先生续云：

故在一文学的语言中之山水花草之语言，一方不可以抽象的三角形、圆形之概念之语言代替；一方亦非用以判断某一个体之山水花草之类概念的语言，而是一位于个体事物与抽象概念之间，以表某某类之物之性相等，而悬空提起，如上不在天，下不在田之语言。此诸语言之自相连结，则又上足阻止吾人用抽象概念之语言，以分解此诸具体性相，成一一抽象的意义之和；亦下阻止吾人之用以形成对特定事物之判断。此诸语言之可互相连结，则由诸语言所表之物之性相等，虽不同于实物之类，亦原可彼自相为类，如游绿飞红，虽不属于物，而可自相为类；吾人之心意，即可沿自此自相类之诸性相，以往来于其中，合以为其心意所运之

㉑　唐君毅：《生命存在与心灵境界》，上册，页473—474。

境或一意境，亦一观照境。而此一意境，观照境，亦即此心
灵所自成之一观景或风景，而亦可说为由此文学语言所形
成者也。②

案：唐先生此段说明了文学的语言自成一类，此类文字不能用概念的
抽象意义来限定，而用一种特殊的"类与不类"的相互连接而自成一
类。唐先生这一种见解相当奥妙，如果所说的确定是文学语言的特
性与运用的原则，则可以说是把文学或文学之美的奥妙发现了出来。
所谓"类与不类，相与为类"，唐先生的意思是说：类表示类似，文学的
境界是由相似与不相似两个意义的交错而撑开的。他以宋词"水是
眼波横，山是眉峰聚"②来说明："水与眼波相似，亦不似，山与眉峰相
似，亦不似，即皆相类复不类。诗人之心即往来于此山与眉峰、水与
眼波之类与不类间也。"②依唐先生之意，眉峰聚像山又不是山，山像
眉峰聚，但又不是眉峰聚；同理水像横躺的眼波，但又不是眼波，眼波
像横躺表现的水波，但又不是横躺的水波。这里有像与不像两个意
义的交错，于是就撑开了文学的美的境界。文学作品好像也真的可
以用唐先生这个理论来说明，文学之所以为文学的本质，就是"类与
不类，相与为类"，这个境界好像真有这么一回事，但其实不是真的，
按照这个提示或线索，的确可以让人接触到或理解到什么是文学
境界。

（二）以牟先生之说作参证

这一对文艺之美，或审美之原则之说明，牟宗三先生也约略提
到，但没有明白地展开，他在《才性与玄理》讨论嵇康的思想时说：

案：各种圣人，固极可佩。然"比之于内视反听"云云，
"吾所不能同也"。此等句法，皆魏晋至美之文。向、郭注
《庄》，沿用此种句法，屡见而不一见。如："故有待吾待，吾

② 唐君毅：《生命存在与心灵境界》，上册，页473—474。
② 唐先生在原文说是苏东坡的词，其实是王观的《卜算子·送鲍浩然之浙东》。同前
注，页475。
② 同前注。

所不能齐也。至于各安其性,天机自张,受而不知,则吾所
不能殊也。"(逍遥游"彼且恶乎待哉"注。)又如:"故止若立
枯木,动若运槁枝,坐若死灰,行若游尘,动止之容,吾所不
能一也。其于无心而自得,吾所不能二也。"(齐物论"心固
可使如死灰乎"注。)又如:"故儒墨之辨,吾所不能同也。至
于各冥其分,吾所不能异也。"(齐物论"彼是方生之说也"
注。)吾读庄注至此等语句,辄感极大之快适。初不知其源
于嵇康也。然则康之高致,其所影响于向秀者深矣。⑤

郭象庄子注所说的"吾不知其同也……吾不知其殊也"等文字,牟先
生认为是源于嵇康,这些文字他读起来感到有很大的快适、美感。牟
先生没有说明何以会有如此的感受。我想应该就是唐先生所说的
"类与不类"的运用,而这种文字上的运用,撑开了一种文学的美的境
界。上引的文字是说明逍遥齐物之境界的,大鹏的逍遥与小鸟的逍
遥是不同的,故说"吾不知其同也",但在一切存在都逍遥(逍遥一也)
的情况来看,这些大小的分殊也就化掉了,故曰"吾不知其殊也",说
同一可以,说殊异也可以,于是两种意义就可以撑开出一种自由的想
像空间,而这种可以引发人自由想像的说法,就是美的境界或文学的
境界所产生的原则,故在此问题上,即对美的境界的根源说明,二先
生有共同的见解。

　　顺唐先生此说,我也想另举一些例子来引申发挥。在张爱玲的
《倾城之恋》中,借女主角白流苏因为香港的沦陷成就了她的婚姻,而
有香港的陷落是为了成全她的婚姻的想法。这固然是很荒谬的想
法,但也撑出了一个文学的美的意境。应该也可以是"类与不类,相
与为类"之为文学境界的原则的一个例证。又李后主"梦里不知身是
客"(《浪淘沙》)的词句,表达了梦中虽然是假,但宁愿它是真;真实世
界中的我虽然是真,但宁愿是假的意味。即梦中的自己是现实的自
己所要保持的身份(君王),但这自我的要求是虚幻的;而现在真实的
身份(臣虏),则是自己不愿意接受的。梦中之假,自己希望它为真;

---

⑤　牟宗三:《才性与玄理》(香港:人生出版社,1970),页334—335。

而现实之真，则自己希望它是假。如此就有真与假、虚与实的互相交映，而撑出一个美的境界，也可以说是"类与非类，相与为类"。当然这美的境界的原则，不能被视为一个客观的公式，以为依此公式就可以制作出美的境界来，如果是这样就不美了，这也是康德说审美判断是反省性的判断，而非决定性的判断之意。美是必须由创造而产生，而不能模仿，但是在人感受到美的境界时，似乎都符合这一原则，故此说可谓是对美的境界或何以会有此美的境界，给出一原则来说明。

这一美的感受，牟先生举出郭象注庄中许多玄言来说明，这也表达了对老庄、向秀及郭象之哲思契入之道。道家之玄言，由于都符合这类与不类相与为类的原则㉖，依此意亦可明白，何以道家玄思，往往对于文学艺术有重大启发。

六、回应吴汝钧教授对超主客观三境的评论

吴汝钧教授在其著作中对唐先生九境论中后三境有正式的批评㉗。他的评论相当有意义，但根据唐先生书的原意，也可以做出回答。以下分三点略述。

（一）吴教授认为唐先生以"归向一神境"来说基督教境，只说明了基督教的"往相"，而未能表达其"还相"，即依基督教神学除了人要归向作为绝对圆满的实有、上帝之外，上帝也会对人加以垂怜，由上而下给出拯救。这是神还向于人，从上而下，与归向一神之从下而上不同。按基督教的教义当然有上帝拯救世人的从上而下的还相，但其从上而下也是因为人不能够拯救其自己，有限的或有缺陷的人不能靠其自身的力量而得救，必须否定其自己，甚至粉碎其自己，承认自己有罪才能得到从上而来的救赎。固然由于神爱世人，一定有从上而来的垂怜，但上而下也根于下而上，必须人自认其为无知而且有

㉖　如老子云"无为而无不为"，无为而却又无不为，正是类与不类相与为类；又如嵇康《释私论》云"夫称君子者，心无措乎是非，而行不违乎道者也"，亦合此原则。

㉗　吴教授比较完整的有关评论，见：《唐君毅先生对儒释耶的判教论》（2018 年唐君毅先生学术思想研讨会，2018 年 4 月 12—13 日，"中央大学"儒学研究中心），后收入吴汝钧：《唐君毅哲学的对话诠释》（台北：台湾学生书局，2019），页 162—172。

罪才值得从上而来的拯救。如果从这个角度看,则上帝的还相应该可以涵在上帝的往相内,或上帝之还向于人基于人之归向。如果这样说可通,则用归向一神境来说基督教境应该并非有所不足。此意或可借康德之说补充,康德认为基督教是道德的宗教,他本人对于上帝存在的证明,认为只能从实践理性的要求来肯定,此所谓上帝存在的道德论证。此说是从人的理性的实践的要求肯定德福一致(所谓圆善)是必须实现的,而要实现德福一致必须肯定灵魂不灭及上帝存在,如此就可以对基督教所肯定的灵魂不灭与上帝存在作了合理的证成。即人要使其意志成为纯善的意志才配得到幸福,如是才有德福一致的最高理想的实现。人当然需要自我立法,从自由意志给出道德法则而自己去遵守,但在面对法则的不打折扣的要求下感到自己不纯粹,自己的意志不可能纯然的只因为义务之故而行,人的意志总有其不纯粹的存心,在具有不纯粹的存心的现实意志的情况下,必须按理而行。这时人必须承认自己的无能为力,即在意志的纯粹化的此一理想的要求下,是需要承认自己达不到的。能承认此点并努力实践,要求达到,康德认为此时就有从上而下、由超越者而来的帮助。按康德这一说法,便具体说明了在基督教的型态,上帝从上而来的帮助的情况。此一从上而下的帮助,必须先之以人承认自己于践德上是不可能达到理想的状态,但必须努力去达成之,在这种夹逼的状况下,就会有从上而下的拯救。当代英国神学家路易斯(C. S. Lewis,1898—1963)也认为人要放弃可以靠自己的力量而成德的希望,即必须放下自我而自认无能为力,此时,就可以得救而上达。而这种放下自我的做法,才能堵住人的骄傲,他认为人的骄傲是诸恶之源,也是最大的罪[28]。人克服这一最大的罪是要靠从上而来的力量,但得到这一种帮助必须先承认自己毫无办法。这也是先肯定绝对的实有。按上面所举的两种说法,则由上而下的帮助,或上帝对人的垂怜,必须在承认自己为有限、为无知之后才可以有,则上帝从上而下的还相,是基于人从下而上的往相。

㉘　C. S. Lewis, "Mere Christianity," in *The Complete C. S. Lewis Signature Classics* (New York: Harper One, 2002), pp.15 – 18. 参考此书之中译本: C. S. 鲁益士著,余也鲁译:《反璞归真》(香港:海天书楼,1998),页 96—101。

（二）对"我法二空境"，吴教授认为佛教除了言空之外，还要肯定如来藏自性清净心或真心，以作为成佛的根据。唐先生只以我法二空来说佛教境，没有包含真常心系所说的真心、佛性为成佛的根据，对佛教教义的涵盖性是不够的。按：从字面上看，"我法二空"当然没有涵真心或如来藏恒沙佛法佛性的意义在其中。在佛教的发展历史上看，空宗般若学本身也没有包含唯识学乃至后来的真常唯心系的教义，但我法二空是佛学的普遍义理，每一宗都不能反对，而由于佛的本怀或佛立教的目的在于使一切众生皆能成佛，在此一要求下便要肯定众生皆有成佛的超越根据，于是由此而言佛性，又说自性清净心。虽然有此后来的发展，但这清净真心并不能被视为不变的实有或本体，如果真的被视为真常不变的本体性的心灵，于佛教之基本义便有违背。在《佛性与般若》书中讨论《大乘起信论》这一义理型态时，牟先生便认为《起信论》虽然肯定了超越的真心以作为一切法的根源，而有本体论的生起论的嫌疑，但这只是为了说明众生都有其成佛的可能而逼出来的一种义理型态，其实并未把超越的真心理解为一本体论式的超越的本体㉙。牟先生在此处说超越的真心并非一先行的设定，而是在成佛时的如如智证如如境的境界。把这境界从果追溯因来说，于是就有真心作为一切法所依止或甚至一切法由真心所生之样态。其实只是如如智证如如境，如如智并非对境有生起的作用。如果这样解说，则超越的真心只是为了说明成佛的根据而设，只是一种权相。这一权相在最后必须被打散，将真心与一切法恢复为如如智证如如境的关系，而这并不与空义相违。在唐先生此书的其他部分论述道中国佛学如华严、天台二宗时，对于真心及肯定众生皆有佛性的型态论述得相当多，并非无视于中国大乘佛学在这一方面的发展，但如果要对佛教作出明确的规定，则恐怕还是要以我法二空境来做出说明。如果认为须用由我法二空而证真心来说明佛学，则佛学似为肯定本体之论，不合佛学原义，也不能与基督教、儒教作出区分。

㉙　牟宗三：《佛性与般若》，上册，《牟宗三先生全集》（台北：联经，2003），第 3 册，页 472—480。

（三）吴教授认为说儒教境，用"心德流行"比用"天德流行"恰当。按孔孟对天道、天命本来便有强烈的意识，言"知天"是非常郑重的，但对天德的理解是在践仁、尽心知性（或尽性）的自作主宰、尽其在我的情况下才是可能的。用"心德流行"确可以强调心的自觉、力求努力实践之意，又表达了知天必须要以尽心为基础之意。故吴教授这个说法相当有理据，表达了儒学重人自主的实践之意。但唐先生原文"天德流行境"有一个别名为"尽性立命境"，而"尽性立命"便含必须从人自己努力求尽心、尽性才可以上达天德之意。又涵于当下遭遇处，人如果能知其义之所在，就可以把人生的种种遭遇，体会成上天借着人所遇的情况而给出要人以道德的实践来回应的呼召。尽性当然是要人发挥其自我立法、自我作主之精神，但人自作主宰、正己而不求于人时，就可以说"天知我"，则虽然是从心德的奋发努力开始，但必以知性、知天为至极。既然践德可以达到"我知天、天知我"之境，则通过人的自觉努力，只是成德的始教，而尽性知天，了解在我处的自觉的道德实践就是天德的彰显，这就是成德的终教，一定到此地步才可以说是完成。依此意来看，则以"天德流行"来规定儒家的宗教境，应该是比"心德流行"恰当。而且言"天德流行"比较有总持一切存在、包含天地人神来说之意，"心德流行"则只明确表现人的自发自律的德性行为的特色，这一特色在第六境"道德实践境"已经含有，于第九境言心德流行，未免有重复，也不能表现德性实践的涵天盖地的圆满义。

七、结　语

以上所述是希望通过我个人一些粗略了解，来契入唐先生"心灵九境论"的大意。此书的确可以把唐先生（包括牟先生）的儒家式的本体论之详细内容表达出来，读之可以明白当代新儒学的形上学虽然以先秦及宋明儒学的形上学为根据，以感通无限的道德心（或仁心）为本体，之说明天地万物的存在，但能够顺着以往儒者所说，加上当代西方哲学的思辨方法与哲学的内容，把此古代儒学本来含有的意思作充分的展开，成为当代以儒学为本的判教理论，铺陈得非常有系统，是非常可贵的。将宇宙人生之无限可能境界约为九，又明此九境根于人生命存在、心灵之三向㉚，既博而又能约，可谓"放之则弥六合，卷之则退藏于密"矣。

唐先生的心灵九境论应该也是"心本体论"，虽然心境不离，但应该是以心为体，故上文说从体相用来区分，则心灵是体，境界是相，感通是用，三者不能分开，但可以从三方面来理解。唐先生这一理论，如上文所说可以用牟先生"真正的唯心论就是绝对的实在论"来帮助说明。这是一个真正的唯心论，因为心体是实在的，此心体与万物为一体，是宇宙的本体，心体是真正的、实在的本体，但此心体是与万物为一体的，不能离开万物与心境中的感通来理解，故在心灵境界中的境也是实在的，而并非由心所生的虚境。当然牟先生所说的绝对实在论，是指在本心呈现下，一切存在物都以物自身的身份而存在，而物自身是绝对的实在；唐先生所说的境界，则没有现象与物自身的区分，而应该属真实的存在。如果人对心灵境界，没有如实的了解，则九境就成为有偏执、有虚妄的存在，这样就不能说是实在，人必须有如实的知见，有真实行，才可以证九境的真实意义，而在此时，人为真实的生命存在，九境也可以说是绝对的真实。于是心与境都是实在的，从境说实在，可以说是实在论，而且是真正的实在，于是唯心论与实在论这两种不同的对存在界的看法，在心灵九境论中可以并立。当然这就不是一般所了解的唯心论了。既肯定了心的本体性格，也对于作为对象的世界存在作了肯定，如果可以这样说，此一形上学理论也与现实生活的经验相符。如果把外境说为虚幻不真实，或直接由心灵本体产生出来，就不能符合人的现实经验了。

对于唐先生以心灵九境来判摄一切境界，一般的批评是道家的境界好像不能归在九境中，于是九境论就似判摄有不尽了。唐先生

㉚　有学者认为，唐先生所说的"三向"是"知、情、意（志）"三者（见唐端正：《唐先生年谱》[台湾：学生书局，1991]，页186；钱怡君：《唐君毅之道家哲学及其境界论探微——兼论儒、道之通与别》，《鹅湖月刊》489期[2016年3月]，页2—17)，在唐先生《中国哲学原论‧原道篇》卷1的自序中有一段扼要的叙述，明白表示"三向"是"三观"："乃于此五六年中，以教课办公之余，先写一书，拟定名为生命三向与心灵九境。其大旨是由吾人现有生命心灵之前后向之顺观、内外向之横观，上下向之纵观或竖观，以开出九境；九转还丹，而导向于上述之澈幽明、通死生、贯天人之一境。"（页2）

在论"观照凌虚境"中,观照的人生态度处有论及庄子的哲学,则唐先生之意,道家的境界可归于观照凌虚境。但道家思想也有其圆义,可达于绝对的境界。真人的境界即迹而冥,即天刑而得解脱,也有超主客境的意味,但由于是以无为主,不同于儒家的尽性立命般的积极,那应该不能归到天德流行境③。道家的圆义或圆境,如牟先生所说,可与儒佛的圆义并立,则或可依此而说,此义的道家境,是在九境中我法二空境与天德流行境之间,即界乎儒佛之间。即道家境可以如同儒家分属两境,在观照凌虚境可以摄道家庄子的人生境界,而在超主客境中的天德流行境,也有道家的地位。

另外,民主政治制度所要求的依法或依制度而行事的精神,应该可以说为一种主体与心灵境界,此时的主体虽然要求实现政治上的公平、合理或正义,而有道德心的意义,但并不直接以道德要求为主,而是抽空自己的想法,而勉力服从客观的法制,让法来治,而不是用法以治国。又如一般所说的"我反对你的意见,但我誓死维护你说话的权利",就表现了尊重法制而掏空自己想法的精神,掏空自己也近于观照凌虚境的境界,故牟先生把依照制衡原则而建构的三权分立的制度,认为是认识心的作用,如果按照此意,则民主政治所要求的主体,就属于凌虚观照境。但如上文所说,其中又不只是冷静的观照,而有追求实现正义的要求,这又属道德实践境。故此一法治主体如何归属,应是需要进一步考虑的。如何开出民主、重法治的精神,是当代中国人特别关心的,是否这种民主法治的精神,也是一个特别的心灵境界呢? 如果是,需要如何培养呢?②如上述,民主法治的精神可以分属观照凌虚境与道德实践境,则培养这种精神修养,必须要有从具体的事物或关心游离出来的观照凌虚,但又配合力求实现社会公义的道德精神,如果真可以这样说,则这两种精神必须相辅相成才可以,这又如何可能呢?

---

③　在论天德流行境时,唐先生有儒道的天德流行境之句,可能也认为道家的最高境界,同于天德流行境。见唐君毅:《生命存在与心灵境界》,下册,页486。

②　唐先生在《文化意识与道德理性》中,认为政治意识根于道德理性。但二者应有不同,如牟先生就用"自我坎陷"来说明此中的不同。但政治主体的作为道德主体的自我坎陷,应并不等同于认知心的作用,认知心是客观的理解的主体,而政治主体有实践的要求。

情归何处——晚明情思想的解读[*]

杨儒宾[**]

内容提要： 阳明之后的晚明时期可视为现代中国的黎明期，这时期的思潮影响民国新文化，包含五四后的新文学甚大。左派学者称晚明时期为资本主义萌芽期，萌芽期的文学以小品文、戏剧、小说为代表，它们的表现旨在抗争封建的伦理道德，揭露了晚明社会的众生相。晚近海外的研究更强调晚明的文艺思潮有由封建伦理走向情欲解放的趋势，人的本质依情欲主体而立。1949年，海外新儒家也参与了中国现代性的讨论，但他们重视的阳明之后的思潮的演变，强调情的超越面与伦理面，这种解释可称为"超越论的诠释路线"。情欲主体论的解读根源于五四时期以来的全盘反传统运动，它成为晚明情论的主流诠释模式。本文追溯"情"概念在晚明的发展，指出阳明后学的"情"概念皆有超越义。晚明代表性文学的作者几乎都以阳明后学为师，受李卓吾的影响尤大，他们的作品虽然都脱落了情的超越面向，但仍坚持文学的教化功能。反儒学的情欲主体论的晚明文学观是鲁迅批判的"画歪"的图像，其诠释乖离了晚明代表性文学的伦理内涵。超越论的情论在宗教性的工夫论领域有重要意义，也有匡正情炽而肆、一往不复的下流趋势的作用。但它们的主张基本是理学论述，没有正面处理晚明文学彰显儒家价值体系的意义。

关键词： 超越之情，情欲主体，良知，中国现代性，李卓吾，资本主义萌芽期

一、前言：一情两路

近世中国面临的挑战在国史上颇为少见，其艰巨纵然不必如李

---

* 本文初稿先发表于政治大学华人文化主体性研究中心主办的"儒家与当代中国"系列讲座的第二讲，后宣读于香港中文大学哲学系主办的"灵根自植之后——纪念唐君毅先生逝世四十周年"研讨会。政大系列讲座的文章尔后会出书，此文将成为专书中的一章。感谢林远泽主任与郑宗义主任的邀请，也感谢与会学者的讨论与评审员的辛劳。

** 台湾清华大学哲学研究所讲座教授。（电邮：rbyang@mx.nthu.edu.tw）

鸿章所说的开三千年未有之大变局,但衡量清中叶以来的中国所需要的转型工程之大之复杂,确实是秦汉以下所仅见。在近世中国的转型过程中,除了要被动地应付波波相续的帝国主义者的侵略外,更要主动地作全面调整国家体质的工程,这个工程包含了新的国家想象、新的民族想象、新的国民想象、新的学术想象以及新的社会生活想象。当然还包括新的主体范式,在灵魂深处闹革命。

新的主体范式意味一种新的人观出现,新的人观在 19、20 世纪之交的康梁变法时期已经明显出现,谭嗣同的《仁书》、梁启超的《新民说》《新民议》等系列文章尤为突显。但这波新的人观要蔚为有目的性的思潮,形成意识形态的力量,需等一波更大的思潮席卷而来,目标才会更明确,1919 年的五四运动正是这样的一个时机。由五四运动引发的新文化运动的一项特色在于一种新的人观的出现,也可以说是一种新的主体性的呈现。新文学早期的旗手周作人曾批评中国以往的文学说:"中国文学中,人的文学本来极少,从儒教道教出来的文章,几乎都不合格。"这是他在五四时期发表的名文《人的文学》上的话语①。周作人的话可视作五四运动的宣言。"人的文学"的呼吁和同一时期的"自由"口号相呼应,这种新的主体性强调人的个性的自由,强调男女情欲的价值,强调从封建伦理之网脱身的解放。五四运动经过十余年后,郁达夫曾对此一运动的成果作了总结,他说:"五四运动的最大成功,第一个要算个人的发现。从前的人是为君而存在,为道而存在的,现在的人才晓得为自我而存在了。"②郁达夫对五四文学运动下的总结很有启发,因为胡适、陈独秀、鲁迅等人皆曾主张过妇女的解放。妇女的解放很根本的问题就会触及男女之情,也就是性欲的价值定位的问题。这波由妇女解放延伸出来的情欲论述,后来更在曹禺、巴金、丁玲等一批新文学作家的作品上得到了体现。

五四文学运动是在中西交流的激荡时期发生的,这股思潮受到近代西方文化直接、间接的影响是相当大的,所谓"间接的影响"指的是同样受到西方近代文化影响的日本现代文学的作用,明治维新以

---

① 周作人:《人的文学》,收入《周作人散文全集》(桂林:广西师范大学,2009),页89。
② 郁达夫:《中国新文学大系散文二集·导言》(上海:良友图书公司,1935),页45。

后的日本对现代中国的影响颇为可观，其中包括文学。但在中国发生的五四运动自然不能没有中国的源头，晚明时期思潮的演变，尤其是"情"概念的突出，对五四文学运动即起了相当大的推波助澜的作用。当周作人一方面宣扬新的人的诞生之时，他同时也宣扬晚明时期的文学作品的作用，他说晚明的文学运动"和民国以来的这次文学革命运动，很有些相像的地方。两次的主张和趋势，几乎都很相同"③。

晚明文学与民国文学的紧密扣连是相当清楚的，在一种文学系谱学的意义上讲，晚明文学是民国文学的一部分，还不只是"之前"或"之外"的前驱而已。尤其在小品文这块领域④，民国新文学的几位作家如周作人、林语堂都曾现身说法，自诉源流。但晚明文学与民国文学的扣连也许可以分几个阶段，主要的原因是 1949 之前的民国时期虽短，时局变化却快，思潮的转变也跟着迅速。五四运动或许可以当作分水岭，五四之前是个阶段，五四新文学运动至革命文学的兴起是一个阶段，革命文学的竖立是另一个阶段。晚清民国时期的文化与晚明文学的连结和民族主义的时代议题息息相关，这样的连结构成了前五四运动文学的内涵，伤心人别有怀抱，兹不细论⑤。就男女之情与文学的连结而言，晚明的文学作品及以情为核心的文艺思潮对以五四运动为起点的现代新文学的影响更大。这种强调晚明情论特色的主张可名为"情欲解放路线"，这样的思路早见于 1949 年之前的学者的晚明想象，新中国成立后，在天翻地覆的革命文学的笼罩下，情欲解放的诠释较隐晦，儿女情长的文字只有放在反封建的旗帜下才有论述的空间⑥。时移势迁，情欲解放的议题今已解放，在当代的

———————

③　周作人：《中国文学的变迁》，收入《中国新文学的源流》，《周作人全集》（台中：蓝灯文化事业公司，1982），册 5，页 327—336。

④　"小品"一词原本源出佛经的一种体裁，今人的用法源自晚明时期。晚明时期，此词汇常用以指涉当时文人书写的一种异于经国大业的散文，文字不多，主题生活化，重性灵。

⑤　细节参见秦燕春：《清末民初的晚明想象》（北京：北京大学出版社，2008）。

⑥　如徐朔方：《汤显祖和他的传奇》，梅溪：《牡丹亭中的几个人物形象》，陈志宪：《牡丹亭的浪漫主义色彩和现实主义精神》，侯外庐：《汤显祖牡丹亭还魂记外传》，论述的主调莫不如此。以上文章收入毛效同编：《汤显祖研究资料汇编》（上海：上海古籍出版社，1986），下册，页 734—761、1016—1032、1041—1057、1060—1978。反封建道德的晚明文学说在 1949 之后的学界甚为流行，至今仍是如此，上述诸文只是随缘举例而已。

晚明书写中不时可见。此种情欲论的主张与左派史家所宣称的晚明时期"资本主义萌芽说"的重点不同,但都强调从封建秩序中解放出来的作用,两者分进合击,合构成一组颇有影响力的早期中国现代性的图像。

这种私人性的情,尤其是男女之情、情欲之情,在晚明大为兴盛的新文体之戏曲、小说中颇为常见⑦。戏曲、小说的文体虽古已有之,但这种新兴的文体市井风味特浓,以往常被士大夫阶级视为不登大雅之堂之作,依据文学社会学的眼光,这种极富市井风味的文学作品及文学主张在晚明出现,代表一种新经济改变引发的新社会模态的文学表达方式,侯外庐说:"我们研究明、清之际的思潮,并不是由思想史的总结来看社会,相反,是由社会形态的发展来研究思想。"⑧就晚明新兴的文体考察,这样的论述有相当的解释力道。这种文学社会学的眼光无疑是民国以来,尤其是马克思学说在中国取得重要发言权以后才形成的论点,明末文人身在其中,未必有此反身的认识。周作人的学生任访秋后来反思他的老师所揭发出来的晚明与民国两股新文学运动何以如此接近,即说道:"前者是代表当时市民阶级的文学观,而后者乃是代表资产阶级的文学观。市民阶级为资产阶级的前身,在文学观上相近,不是很自然的道理吗?"⑨正是这种文学社会学马克思主义学派的观点介入文学史的解释,我们反而可以更清楚地看到现代中国的精神状态与传统的连接。我们如触及"文学革命"与"革命文学"的关系时,这种马克思阶级史观所扮演的角色会更形清楚。

然而,同样在晚明,同样是一种新的型态的"情"的概念在理学内部引发了极大的作用,这样的"情"可名为"超越之情"。超越之情的"情"也是个人性的,但却是普遍化的个人性,这种超越之情在理学内部有不同的表现模式,但同样具有超越的意义。晚明儒学出现的

---

⑦ 刘大杰在三十年代即说过:"在明代文学里,具有特殊的个性,而真能作那个时代的文学的代表的,是戏曲、小说和小品文这三样东西。"参见刘大杰编:《明人小品选》(上海:上海古籍出版社翻印,1995),页1—2。本文采集的样本也是这三种文类的文学作品。

⑧ 侯外庐:《论明清之际的社会阶级关系与启蒙思潮的特点》,收入《侯外庐史学论文选集》(北京:人民出版社,1988),下册,页65—66。

⑨ 任访秋:《中国新文学渊源》(郑州:河南人民文学出版社,1986),页4。

"情"的主张无疑地是以体证性体为前提的工夫论语言，它是理学论述，不是文学论述，但它的出现也是有社会背景的。重要的概念会自寻出路，它也运用到文学的领域。这种超越之情在晚近讨论阳明后学的著作中，也不时可见，超越之情与情欲之情构成了对照的两极。在晚明社会其实同时存在两种对情的理解，一种见于晚明文学，一种见于王阳明之后的理学领域，但这两股思潮却又有相当密切的关系，其源起的关联性之密切与定位的性质之悬殊，国史少见。这两种路线的纠结随着当代几个华人社会的日益开放，也日益清楚地出现于当代学者对晚明思潮的理解⑩。由于今日仍有大量的晚明时期的言情的戏曲、小说作品存世，也由于性别议题是当今社会的显题，男女情欲无所逃于天地之间，晚明文学中的情欲路线遂成为我们今日理解那个时代文化的主流论述，面貌清楚。"超越之情"的解释则主要见于海外中壮辈新儒家学者对阳明后学思想的解释⑪，一个"情"字可以从晚明连结到现代，但却有两种面貌，两条路线。

二、阳明学的情之解放作用

当晚明思想家兴起于 16 世纪的历史舞台时，他们当时所面对的儒学传统之大宗，一是朱子学，一是阳明学。论及晚明思潮的特色，我们不能不正视朱子学这个古老悠久的学术传统的作用。自从朱子于 1200 年逝世后，他很快获得平反，他的学说也很快获得官方的肯定，而且迅速地溶进国家体制与社会建制的结构内，成了八百年来中国主流的思潮。这种朱门独大的情况一直要到王阳明于正德三年

---

⑩　较密集的展现见于台湾中研院近代史研究所于 2001 年举办"情欲明清国际学术研讨会"，事后编成《情欲明清遂欲篇》与《情欲明清达情篇》两书，皆由麦田出版社于 2004 年出版。不久后，台湾中研院中国文哲研究所于 2002 年秋季召开为期三天的"明清文学与思想中之主体意识与社会国际学术研讨会"，事后分"文学篇"与"学术思想篇"两册，由中研院中国文哲研究所于 2004 年出版。这两次大型会议与四册会议论文集可代表一段时期的晚明文学思潮之想象。另参见吴存存：《明清社会性爱风气》（北京：人民文学出版社，2000）。

⑪　参见郑宗义：《性情与情性——论明末泰州学派的情欲观》，李明辉：《"情欲解放"乎——论刘蕺山思想中的情》，两文皆收入熊秉真、张寿安主编：《情欲明清达情篇》（台北：麦田出版社，2004），页 23—80、83—125。

（1508）龙场驿大悟并提出良知学说以后，才出现了一支足以抗衡朱子学的思想队伍。晚明儒学不管宗朱、宗王，或者是另辟途径，他们在立论过程中，朱、王之学可以说都是他们立论的背景，也可以说是诠释学意义上的前见，其影响无所不在。晚明儒学的演变离不开王学对朱学的反抗这条脉络，其次是离不开王学内部的分化这条线索，我们对于"情"概念的理解也离不开这样的主轴。

论及晚明思想的转变，包含文学思想的变迁，不能不论及主体观念的转变，"情"尤为问题的核心。理学的兴起，性命之学的建立应当是相当重要的标志，性命之学的内涵总是意味着现实的人性之上还有一层超越的人性，超越的人性也是体用论意义下的人之本性，人性呈现现实性与本来性的构造⑫。"情"是放在体用论中的"用"的位置上阐释出来的，情是心的分化，它与心的关系大体上是依"性是体，情是用"的格式展现出来⑬。至于性、情之间的关系如何展现，情的规范性如何维系，这是各学派进一步须处理的问题。由于儒家从周公、孔子以下，都坚持对伦理世界与文化世界的肯定，这是儒家教义的核心，而情是伦理与文化展现必要的条件，因此，对情的肯定自然就成为儒家论述的前提。大概除了受到佛老极深影响的儒者如李翱、邓豁渠等少数人，他们被佛教舍离的精神深深吸引住了，因此，有"无情""祛情"之说。此外，大部分的宋明儒者很难对情的本体论性质有所质疑。

然而，情作为意识最直接的展现，其展现有正有不正，现实的情与其所从出之本心（或曰心体、性体）有极大的距离，此义可说是道德生活中直接性的现实，是如如现量。邓豁渠的感慨："人生都在情量中，学者工夫，未超情外，不得解脱。"⑭也是真诚的证言。除非儒者放弃了对于本来性——也就是本体、本心——的体证，不再要求，否则，

---

⑫　参见荒木见悟著，廖肇亨译注：《佛教与儒教》（台北：联经出版事业公司，2008），页3—8。

⑬　引文参见黎靖德编：《朱子语类》（北京：中华书局，1996），册1，卷5，页91。陈淳说"情者心之用"，又说"情者性之动"，其义略同。参见陈淳：《北溪字义》（北京：中华书局，2009），页14。

⑭　邓豁渠著，邓红校注：《南询录》（武汉：武汉理工大学出版社，2008），卷1，第3条，页2。

对于情的经营不能不成为理学工夫论中核心的学问。程朱的"涵养须用敬"及"格物穷理"的双管齐下的主张就是在这种脉络下展开的。由于程朱对于人的欲望之杂、人心之险有极深的体会，因此，就情的展现而言，程朱工夫论对于情的戒慎恐惧是极明显的，"主敬"意味着心灵随时处于"一"的状态，也就是心灵须有内返自证的努力，不可须臾放纵；而情的本性恰好是主体的分化，它常处于心灵波动的情境，与此世的人、事相涉相入。就德性工夫考量，"情"处于被"理"监督的位置，它需要被纠正，"主一"与"情教"（见下文）不能没有相当程度，至少是过程中的紧张关系。

朱子思想之所以在明晚期引起很大的争议，事实上，成了箭靶，主要还是在于他的格物之物虽泛指万物，但核心还是人事；他的穷理说的范围虽然是就泛一切存在而立说，但主轴还是人伦之理。"理"的主要内涵是"礼"，礼者乃"天理之节文，人事之仪则"[15]。就身为孟子的表彰者而言，朱子自然接受仁义内在之解释。但就实际作工夫而言，至少在相当长的时段内，伦理规范之理却不是本心自然流露即可获得，而是须要透过了解既存世界的伦理规范，"如欲为孝，则当知所以为孝之道，如何而为奉养之宜，如何而为温凊之节，莫不穷究，然后能之"[16]。学者要完成一件善的事件，需要不少的知识条件加以配合，而且平日就需累积，不可一蹴而几。等此心明其理后，行为才可表现出来。朱子的工夫论常维持一种主体虚位、既存的伦理秩序优位的思想，理的表现不能不预设与"既存的伦理秩序"之整合为前提，"格物穷理"之说承认了反思前的规范系统的优先性。在既存的伦理秩序的优先性的前提下，格物之物与世界的伦理性高度重叠。格物的意义乃是让现实世界的理（包含礼）唤醒内心潜存的理，两者相合，同时呈现，这是"格物"之境，也是"知至"之境，事物的意义与自我的意义同步证成，"主一之谓敬"之说的旨趣在此。

阳明学兴起的意义即透过良知的当下显现性质，减掉了格物（穷

---

⑮　朱熹注《论语·学而》"礼之用，和为贵"之语。参见朱熹：《四书纂疏·论语纂疏》（台北：新兴书局，1972），卷1，页24。

⑯　朱熹：《四书或问》，《景印文渊阁四库全书》（台北：台湾商务印书馆，1983），册197，卷2，页14，总页232。

理)的中介性,以及主敬的内敛性,理由已出,当下完成了道德行为的
意义。王阳明三十七岁那年在贵州龙场驿,深夜大悟《大学》"格物"
大义,此事在东亚儒学史上是一件大事。他悟到"格物"之义,其"格
物"的真正内涵乃是"格物"没有独立的工夫,"物"的本质已不是学者
为学该关心的议题。"格物"是致吾良知于事事物物,则事事物物各
得其正,行为的模式从"物—我的关系"转到"良知自身的证成"。从
朱子学的观点看,王阳明的"格物"正是谋杀物,造成物的本质的虚无
化。其实早在阳明年轻时于官庑前格竹子,七日无成,呕血而起,即
已埋下了日后他抛开与物相连的关怀。三十七岁后,王学学者唯一
该关心的事,即是如何让此心更主体性地自然流出。我们如果对照
佛教的流变,不难发现王学无异于儒学的禅宗,禅宗与王学都是中国
思想史上发挥意志自由最彻底的两支学派,两者皆不接受此心外的
任何权威。良知学的主轴在于"致良知",也就是如何让良知在此世
具体活动,在活动中显现良知的面目。其余的权威皆不相干,正如王
阳明自己期许的"千圣皆过影,良知是吾师"。

在王学的系统中,道德主体性大彰,良知获得了前所未有的自
由。朱子的主体总是要自我内敛,而且总有待于个体外的事物之理、
社会之礼,以唤醒主体回应这些理与礼的动能。阳明的主体则不受
一切规矩的束缚,因为良知即是规矩,是作为一切规矩之母的规矩本
身,它用于规范天下万物:"良知之于节目时变,犹规矩尺度之于方圆
长短也。节目时变之不可预定,犹方圆长短之不可胜穷也。故规矩
诚立,则不可欺以方圆,而天下方圆不可胜用矣。尺度诚陈,则不可
欺以长短,而天下之长短不可胜用矣。"⑰良知当下呈现,不断外显,圆
机判断,绵绵活动,它是永恒的立法者,也是永恒的执法者,它是正义
法官。在阳明学的系统中,朱子学的"主敬"失掉它的功能,因为良知
自会敬,不须主敬。良知是在活动中朗现,良知即是现成良知,无待
于内敛的过程。当良知与"规矩尺度"合一之后,它即成了规则的制
定者,而不是遵从者,"舜不告而娶,武王不葬而兴师",这类道德行动

⑰　王阳明:《答顾东桥书》,收入陈荣捷著:《王阳明传习录详注集评》(台北:台湾学
生书局,1983),卷中,页182。

与世俗礼法冲突的例子，乃往古圣王的行事，却是阳明学喜言而朱子学颇以为讳的案例⑱。

在阳明学的系统中，良知成了行动的发动者与规范的给予者，它使得意志充分获得自由。"情"在良知学中，也获得充分的解放。不管放在整体阳明学者的脉络中，或放在阳明学对社会的影响而论，良知学的"情"的面向都极突出，因此，学者如以"情"概念的浓淡作为阳明学与朱子学或明学与宋学的判准⑲，也未尝不可言之成理。诚然，正统儒者很难负面地看待情，在《礼记》及历代的《礼乐志》中，"礼因人情而立"这类的话语不断出现，诗书礼乐总是因人情而立。然而，在"心统性情"格局下的程朱理学，情总是要慎重地接受来自超越界的性的指导，不能放肆，所以朱子言及情时，才会有"情本不是不好底"⑳这类保守、勉强的说词，头点得仿佛有些摇摆，不能理直气壮。良知学不然，良知是身体整体功能的总称，它是气，也是情，它是形气主体，良知对万物总有不能自已的温润之情。温润之情再往前发展一步，即是冲决罗网的力量。

阳明学比朱子学带来更大的冲击力量，不只是理论上的蕴含而已，王阳明一生的行事即可见出他的学说、个性、行事之间的密切关系。依据年谱，尤其《王阳明出身靖乱录》此本半小说半传记的记载，王阳明一生的行事多非常情可测，甚至可说都已撞击了当日伦常的底线，他会以计惊吓后母；会在洞房花烛日逃婚，跑去铁柱宫与道士学静坐一整晚；他奉命征思田，等军事粗定后，即可不待朝廷批准，自行班师返乡。若此自认良知、不随科律之事，在他波澜万丈的一生

---

⑱　"舜不告而娶"事见《孟子·万章上》，"武王不葬而兴师"事见《史记·伯夷列传》。王阳明的观点参见底下的说法："夫舜之不告而娶，岂舜之前已有不告而娶者为之准则，故舜得以考之何典、问诸何人，而为此耶？抑亦求诸其心一念之良知，权轻重之宜，不得已而为此耶？"陈荣捷著：《王阳明传习录详注集评》，卷中，页182。朱子对"舜不告而娶"事的解释，参见底下之说："尧妻舜而不告者，以君治之而已。"参见朱熹：《孟子集注·万章章句上》，《四书集注》（台北：台湾中华书局，1973），卷5，页2b。也就是舜娶妻是遵从君命，帝尧直接介入所致，不容瞽瞍不听从。前者强调良知的活用，后者则以世间礼法解释之。

⑲　冈田武彦即如此看待，他说："由理性主义到抒情主义，从思想史看就是从宋代到明代的展开。"冈田武彦此处所说的明代思想即是以王学为代表。冈田武彦：《王阳明与明末儒学》（上海：上海古籍出版社，2000），页1。

⑳　见黎靖德编：《朱子语类》，册4，卷59，页1381。

中,可谓层出不穷。良知学后来之所以影响一代又一代的大文人、大艺术家,应当是王学的性格和文学、艺术的感性主体有强烈的呼应关系。

三、阳明后学的超越之情的兴起

阳明之后,良知学大行。良知学所带来的社会效应也日益显著,良知学的解放功能与破坏功能可以说是一体的两面。明亡之际,刘宗周反省阳明后学的理论效果时,说道:"猖狂者参之以情识,而一是皆良;超洁者荡之以玄虚,而夷良于贼。"[21]"玄虚"当指王龙溪一派,王龙溪良知学的虚玄风格极显著;"情识"当指王心斋以下的泰州一派,尤其是罗近溪。在阳明后学中,二王(王龙溪、王心斋)之学流布最广,影响极深,晚明的文人,尤其是影响民国文坛颇大的晚明重要文人几乎没有不受二王之学的传统影响者。阳明学后来之所以被批判为"肆无忌惮""阳儒阴释""亵渎伦理"等等,关键的理由在于良知的自我立法,去除掉理、礼、师、法等一切的规范的中介性所致。阳明学打开了以往师、法、礼、理等重要机制防止弊端的大门,释放了作为良知之用的情的能量,它冲击了晚明的社会伦理,却也催生了晚明灿烂的小说、戏剧的光景。

阳明过世之后,王学内部即告分化[22]。在阳明后学诸多流派当中,以王龙溪为首的浙中学派,以王心斋、罗近溪为代表的泰州学派及以聂双江、罗念庵为代表的江右学派最具代表性,这三者诠释阳明的良知学时,偏重不同,良知学的诸多内涵遂得充分展开。大抵而言,王龙溪之学侧重良知学的先天义、本体义,王龙溪论学多从体证良知之高峰经验的立场立言;聂双江、罗念庵所说良知,则多从工夫论的角度立论,冶炼当下良知中之非良知的成分以还良知之先天的本来面目;王心斋、罗近溪论良知,则多从人伦社会的良知之发用的

---

[21] 刘宗周:《证学杂解·解二十五》,收入戴琏璋、吴光主编:《刘宗周全集》(台北:中研院中国文哲研究所,1996),册2,页325。

[22] 王学内部的分化在阳明生前,应当即可看出。王阳明出征思、田前,在天泉桥上与两位大弟子钱德洪、王龙溪论良知的四有句、四无句,钱、王两人的思想倾向即已相当不同。

角度立论，良知在具体的人伦架构中产生。这三派阳明后学的思想和晚明文学思潮的开展，关系颇为密切，我们论晚明文学与理学两者的关系可从这三派的良知学与情的关系着眼。

在阳明后学之间的诸多讨论当中，王龙溪与江右学派，尤其是与罗念庵的交锋极富理论意义，王龙溪与江右学派聂双江、罗念庵等人，两派的争辩构成了早期阳明后学争辩的主要内容。王、罗两人对良知学的讨论，焦点集中面对人在生活世界中，良知的作用是要当下即是，直接由良知承体起用？还是要经由致虚守寂的冶炼工夫，良知纯净了，才可依体起用？王、罗两人对良知学的争辩到底只是工夫入手的不同，还是有如理不如理的是非真假之辩？从辩论当时直至今日，不同的判断始终是存在的。笔者认为两方的争辩虽然甚为剧烈，王龙溪与江右学者的争辩却都蕴含着情的超越性内涵。当王阳明以自己的性命为赌注，押在非朱子式的"格物穷理"的工夫论的一方，理的超越性即被引到心的主体性的内部来，心即理，良知的超越性如何理解就不能不成为工夫论争议的问题。王龙溪与江右诸子两说虽然有立论巧拙的差异，但他们的出入只是工夫入手不同，而不是任一方违背了良知学的教义。因"良知"此概念就现实呈现的意义而言，它是"现成良知"，一个不能当下起作用的道德主体不会是良知。但良知既然在个体义的主体上呈显，人人都有形气主体的构造，形气既是具体化也是限制化的框架。没有人的良知不是在人人不同的气质之性上展现出来的，没有任何人的气质之性不是潜伏了极隐微难识的业力成分，在形气主体上显现的良知因此不可能不是"在缠良知"。"良知即是现成良知"及"良知即是在缠良知"，两说同时成立。个中细节，兹不赘述。

王、罗之学的争辩焦点当然不在"情"本身，而是"情"概念所依托的良知本体如何理解，然而，既然从朱子转到阳明学的核心义在于本体从"性"转到"心"，"性体"变成了"心体"，"良知"取代并销熔了"天理"，良知即天理，一种无限心意义的良知意识遂承接了性体所有的内容，情的地位在良知学的脉络中因而得以水涨船高，同样具有良知的分身之身份。如果王学的良知有天理的属性，王学的情不管呈现出如何的分流状态，它同样地也就有天理的属性。由于儒家重视人伦与文化的价值,视为立教的根本义,但依儒家(包含阳明)之教,人伦与文化的展现只能依照良知之情的展现而成立。因此,王、罗良知之辩的核心,"良知如何展现"遂蕴含"良知之情如何展现"之义。

王、罗之辩的内涵可说复杂,但不管如何复杂,彼此分享的"良知本体"义却是共同接受的,这则共享义其实也是阳明后学中一切争辩的共享义。依照王学所说之情,情只能依良知之情此义立论,原则上,阳明后学所说的情的规范义都当带有"本体的作用"此义的内涵。然而,相较于"良知"一词其他的分化概念,如"知"(道德或本体论之知)、"意"(道德的意志)、"神"(本体的感通力道),"情"的作用特别不好谈。在阳明后学对良知的阐释过程中,良知的"知""意""神"语义皆曾经历过详细的阐释,也先后发展出"乾知""意是心之本体"之说,这些论点未经阳明明确表述过,却可视为"良知"一词所发展出来的重要概念,阳明后学在儒家思想史上的重要意义即可以由此见出。"情"字被讨论的情况不然,由于"情"带有的私人性、风格性的内涵特别强,它实质上构成了气质之性的主要内涵,此词语与"本体"一词带有的先天义、普遍义在某种程度上呈现了激烈的反差,甚至是严重对反。佛道或受佛道影响的李翱、邓豁渠等人之所以有反情、灭情之论,不会没有理由的。但只要是儒家,很难不给"情"恰当的地位,所以"如何致良知"在工夫下手处,即可以转换成"如何转化情"的工夫论问题。

如果就工夫论的观点着眼,王龙溪与江右学派的争辩应当是入手工夫的不同,或者阳明所说的"上根"与"中根"的不同,亦即立论所对的对象不同而已,而不是是非对错的决战[23]。但阳明后学的争议所

---

[23] "天泉证道"是阳明学的一大公案,原始资料见《王阳明年谱》以及王龙溪的《天泉证道纪》。《王阳明年谱》嘉靖六年丁亥记载王阳明在天泉桥上对王龙溪与钱德洪的争辩作了如下的判语:"二君之见,正好相取,不可相病,汝中须用德洪功夫,德洪须透彻汝中本体,二君相取为益。"又说:"汝中见得此意,只好默默自修,不可执以接人。上根之人,世亦难遇,一悟本体,即是功夫,物我内外,一齐俱透,此颜子明道不敢承当,岂可轻易望人?二君已后与学者言,务要依我四句宗旨,无善无恶,是心之体;有善有恶,是意之动;知善知恶,是良知;为善去恶,是格物。以此自修,直跻圣位;以此接人,更无差失。"《王阳明全集》(台北:文友书店,1972),页59—60。王龙溪的记载更详细,"上根"与"中根"的对举即见于王龙溪引王阳明之说。如果依良知教是彻上彻下之教义,四有句即是决定语,不会有"上根""中根"之别,《王阳明先生年谱》的记载自然更稳当。王龙溪之语参见《王畿集》(南京:凤凰出版社,2007),页112。

以如此持久而激烈，亦非无故。回到情论的立场，王龙溪的良知学侧
重先天义，在浑沌中立根基，他回答友人论养生之术时说道：其诀窍
"不出性情两字。'情来归性初，乃得称还丹'，已一句道尽，外此皆旁
门小术。吾儒未发之中、发而中节之和，皆是此意"[24]。"情来归性初"
是内丹诀窍，如果要在阳明后学中找学问伙伴，其进路比较像江右学
派途径。然而，王龙溪所以认为此口诀与阳明的良知学相通，亦非无
故，因为王龙溪特别注重在此"性初"，也就是浑沌中立下根基，性初
即初性，即为性其情之性，即是良知的原点。王龙溪也可论情，所谓
"情归于性，是为至情"[25]。良知原点是王龙溪与江右诸子共通的立足
点。但龙溪学不像念庵之学，它的特色乃是良知在活动中没有自我
虚位、隐退，而是以气化直感的立体形式，神感神应，切入世间。他的
良知乃是在情意未分的一念灵明上着力，其着眼点与江右学派诸子
内聚保任的风格大相径庭。

　　王龙溪特别着重良知的先天义，笔者认为这样的先天义之良知
落于情上来讲，也是超越之情。超越之情不只见于刘宗周蕺山之学
的围墙内，它的表现模态可以是极超越的，也可以是极内在的，也就
是有高明型与深渊型的两种表述方式的超越。龙溪之学正代表高明
型的超越路线，我们且看他晚年的一番自白之语："撒手同行，披襟一
笑，直出天地之外，登须弥山顶，以望世间。此世出世法，无足而至，
无翼而飞，诚非拿云掣电手不足以了此一着。"[26]这是从"高高山顶立"
所展开的视野，良知在此层次呈现的状态乃是知、情、意浑融的直觉
的状态，现实生活世界意义的情已被提升到良知的超越的层次上去。
在这种层次上的良知面貌固然情、意、知难分，连儒、释、道都难分，王
龙溪对三教的分别一向宽容，此时更援用了佛教的须弥山顶意象以
及庄子的飞翔意象，让庄、佛同入三教堂中。王龙溪说良知的特色在
"只此一点灵明，神感神应"[27]，如果就反对阵营一方的观点来说，这样

_____

[24] 《与潘笠江》，《王畿集》，页216。

[25] 《答王敬所》，《王畿集》，页277。

[26] 同前注，页278。

[27] 这类语言在《王畿集》中极常见，王龙溪则认为此种语言乃王阳明所说，引文见《与
俞虚江》，《王畿集》，卷11，页302。

的特色恰好是"任一点虚灵知觉之气,纵横自在"㉘。"一点灵明神感神应"与"一点虚灵知觉之气"之说指涉的其实是同一现象,只是价值判断不同。王龙溪所说乃良知在情、意、知未具体分化下的展现模态,此际的良知中有意,其意乃是无意之意;良知中有知,其知乃是无知之知;良知中有情,其情乃是无情之情。

"无情之情"之语自然是笔者比照王龙溪的四无句的语式所述的新语,但窃以为他的情论的归宿理当在此㉙。身为儒者,他对人伦世界与人文化成事业自然不能不有所关心,但他关心的身影始终立在高峰,或者该说修行境界的高原,他不是立于言语道断、心行路绝的尖峰经验的原点说话,而是立在知、情、意浑融一片的良知之圆机性立场立论。他论情,都是虚灵至情此类的表达方式。人间之情自有此义,此义亦甚美。但这样的良知之情是从原始儒家的人情之情的基盘发展出来的精英版,离地太远,可谓"龙肉",只能想象,不能享用。圣人为芸芸众生立法,原始儒家之情通常是在日用伦常的层次中展开,王阳明立教的立足点也是如此。但由于王龙溪的良知在高峰立论,与尘世距离遥远,它带有的解放功能,也就是从现实的主体与世间的礼法所解放出来的能量反而特别丰沛,因而,对晚明文人的影响也就相当大。

如果王龙溪的情是在高原立论的话,江右学派的情主要集中于工夫境界所呈现的良知本体的领域。两者一主发放,一主内敛,下手之处大为不同。但作为心之本体的良知的展现流域极广,王龙溪与江右学派的良知都在良知的源头处立论,这点却又是接近的,都是超越之情的表现。但论及超越之情更直接的表现当是就"良知之情"在其自体的表现着眼,此学派最显眼的特征还不是在王龙溪,而是在他的论敌这一面。阳明之后王学的发展有一条主轴是沿着江右学派、蕺山学派的脉络展开的,这条从江右到蕺山的良知大道会带领学者

㉘ 语出黄宗羲:《明儒学案·师说》,亦即当为刘宗周所说。参见黄宗羲:《明儒学案》(台北:河洛图书公司,1974),卷1,页7。
㉙ "无情之情"也可以说是"良知之外无情",聂双江与王龙溪曾就"良知之后(之外)无情,即谓之无心"之说,展开过辩论。双方的论点参见王畿:《致知议略》,收入《王畿集》,卷6,页133—134。

走到"超越之情"的本地风光的目的地。展开"超越之情"的内涵最清晰透彻者，莫过于阳明学的殿军刘宗周，刘宗周的超越之情已受到当代学者较密集的研究。然而，刘宗周之学实前有所承，所承者即是江右学风，此义在牟宗三的理学图像中，不易显像出来。江右学派大体以"归寂""致虚""收摄"为教，这些语词背后，彼此的思想容有细微的差异。但它们同样要求将现实的情性的存在状态往内收摄，向下扎根，也可以说是向上扎根，深之又深，以体得良知在其自体的境界。换言之，江右学派学者要求学者论学，须先经过宗教经验类型的冥契经验，体得天人同根境界，并由此立基感应，这条方向是极清楚的。

笔者认为在江右学派的传承中，情基本上都要处于与良知本体未分化的状态，也可以说处于承良知本体以起用的始源状态，这点是一致的。我们且以罗念庵为例，罗念庵在江右诸子中，工夫颇邃密，是极具代表性的学者。比起聂双江来，罗念庵的立论更为稳当，他提出"收摄保聚"四字作为良知符诀，以"主静无欲"为宗旨，为学偏向未发境界。"收摄保聚"之说易引人偏空滞寂之想，此词语其实应当做更精细的规定，事实上，罗念庵自己即作了修正。他修正过后的学说更隐然达到体用一源，显微无间之境，他对此境界的描述相当多。但再如何地圆融化境，罗念庵始终立于"体用一源"的本体方位立论，而不是就"功用"的方位立论，这是确定的。

罗念庵既然以"主静无欲"为宗旨，且此说也常成为当时学界讨论的焦点。底下，我们且看罗念庵《主静堂记》中表达的内容为何，他说：

> 不又有至静者乎！无极而太极，固阴阳动静所生也。……其在于人为未发之中，所谓思之位也，存乎情发之中，而不与情俱发者也，俱发则出其位矣。常止其位而思以通之，私有万变而位未尝出。时止则止，时行则行，常知也；动亦定，静亦定，常定也。常止常定，是天下之至静而非沓也，是亦天下之至动而非赜也。[30]

㉚　罗洪先：《主静堂记》，收入锺彩钧编：《罗洪先集补编》（台北：中研院中国文哲研究所，2009），卷4，页48—49。

罗念庵所说的"主静"不能依"静"字的字义解释,他说的主静乃是超乎动静的至静,其义一如周濂溪《太极图说》所说"主静立人极"之义。周濂溪的"主静立人极"的"静"字也不是从动静相对的静字立论,而是超动静之静。事实上,《主静堂记》一文的写作即是依周濂溪的"主静"之说而来。在此文中,我们看到罗念庵将情收摄到与良知的发用并行的地步。良知不管已发未发,它始终与情并行,始终作主宰,窃以为良知与情此时有种非对象化的良知之自我觉照之义,良知与情可说是一与二的诡谲同一,或说是二而未分的诡谲同一。罗念庵这种思维模式与程明道的"定性"说颇为近似,引文后半段的用语应该就是源自《定性书》此名文。罗念庵的论点与朱子的"心统性情"说也有近似处,只是此时的情乃常在良知的主宰下运行,情万变而知常在,罗念庵说这是思不出其位。窃以为思不出其位的良知与情的关系乃是良知在情的运作中,它的主宰性始终融于情的万变中,一多相融,这种超越性的良知的情自然可说是超越之情。

阳明后学诸流派中,江右学派学人特多走内敛保聚一路,邹东廓言"戒惧谨独",聂双江言"致虚归寂",刘师泉言"悟性修命",王塘南言"透性研几",这些儒者所说为学宗旨,差异极精微,但争议也很激烈,聂双江的论点即时常受到江右诸君子的争辩。然而,他们之间的异同到底是立言巧拙不同,还是真有工夫路线的大分歧,颇不易言。可以确定的,相较于王龙溪与王心斋的二王之学,他们侧重逆返证体一路,则是极明显的。上述所说邹东廓、聂双江、罗念庵、刘师泉、王塘南诸人,可说是江右一派的代表人物,其学风颇类似。《明儒学案》所列另外江右诸子,学风也是大体相近。在江右致虚、归寂、透性、谨独的学风笼罩下,情只能收敛在未分化良知自体中,不能形成感性色彩浓厚的情之本性,大致可想而知。

江右诸子通常都有极深的内证体验,此心的收摄保聚,情化为性,自是题中应有之义。但论及超越之情的论述,其体证之深及铺陈之详无过于刘宗周,我们不妨观看他如何展示"喜怒哀乐"之情的:

> 至哉独乎!隐乎,微乎,穆穆乎不已者乎!盖曰心之所以为心也,则心一天也。独体不息之中而一元常运,喜怒哀

> 乐四气周流。存此之谓中，发此之谓和，阴阳之象也，四气
> 一阴阳也，阴阳一独也，"其为物不贰，则其生物也不测"。
> 故中为天下之大本，而和为天下之达道。

"喜怒哀乐"一词在儒学是有特定脉络的，它来自理学的圣经《中庸》，理学兴起的一大事因缘是二程提出"观喜怒哀乐未发前气象"此工夫论法门，后来由弟子继承，形成道南一脉，并衍为千年儒学工夫论的一条主线索。不管在《中庸》经文或在理学使用的脉络，刘宗周之前，"喜怒哀乐"一词几乎都是用在现实经验意义的心理层面，是情的具体规定。它是现实生活世界的语汇，没有规范义，更没有先天义。规范义是由"良知""本心""诚体""意根"之类的语汇提供的，它们居于概念系统的上位，以"喜怒哀乐"为代表的情之概念则是待转化的下阶单位的概念。

刘宗周的着眼点不同，他身为一位承担各种伦理关系（大臣、明师、丈夫、慈父、学者、乡贤等）于一身的指标性人物，自然重视"情"的价值，无情难以树立人伦世界。但面对良知学所产生的泛滥，所谓"虚玄而荡""情炽而肆"，法病虽然没有，人病却是丛生，他遂不能不作"情"的提炼工作，因而有典型的"超越之情"的概念的产生。简言之，"喜怒哀乐"的内涵和天道的"元亨利贞"、性体的"仁义礼智"完全同化，"喜怒哀乐"指的是良知本体在自体呈现的经验中所展示的一体流行的四种不同样态，一四相容，齐登法界，这就是情的超越态。当情由私人性的情感提升为超越之情，其性质与本体同化时，其地位遂获得前所未见的提升。它的存有论的地位反而有超过仁、义、礼、智四德之处，就像刘宗周时有气的地位高于理之说[31]。

刘宗周处理"情"的方式很容易让人联想到朝鲜儒学史上的"四端七情之辩"，四端七情之辩先由高奇峰提出，后来的李退溪、李栗谷分别加入此一理论战局，二李后学更纷纷跟进，俨然成为李朝五百年最重要的一次学术论辩。李朝"四七之辩"的过程相当繁复，但核心

　㉛　刘宗周的真正涵义当是性情一体、理气一体，情、气皆当高看。真正颠倒性、情或理、气关系者乃是王廷相以降的所谓"气学"一脉。

义可以说是在于理的超越性是否可以有道德情感义,也可以说孟子的"恻隐之心,仁之端也;羞恶之心,义之端也;辞让之心,礼之端也;是非之心,智之端也",到底可不可以视为"理的发用"的问题。一代大儒李退溪主张"四端七情"不同论,四端乃理之发,七情乃气之发。李栗谷则主"气发理乘"。两派的争论之是非得失姑且不论,李退溪也没有给"喜怒哀乐"这种生活世界的情感更高的位置,但七情是情,四端确实也是情。如果七情也可以转化,如果转化后的七情也是道德情感,那么,七情与四端的关系该如何连结,依旧是个理论问题。但我们观看李退溪的思考方式,以及工夫的模式,方向和刘宗周是一致的,都要将情上推,以胜义看情。情的超越性及规范性强化了,一种最具存在主义性格的主体性因素可以如此升华,直证先天境界,这种转化的工夫之艰巨精粹,不能不说是人间伟业。放在王学发展的脉络来看,刘宗周能在王龙溪、罗近溪这两位儒门千百年来难见的具霹雳手、菩萨心的大德之后,力挽狂澜,而且是浩浩狂澜挽到底,更无涓滴肯朝东,刘宗周做出的这番事业甚至于超出"人间"两字所能形容的了。

从江右学派到蕺山学派,阳明后学发展出儒家史上罕见其匹的道德严格主义㉜,解行并重,永为人间师。但换另一种角度想,凤凰翱翔于九万里长空中,瞻望渺难及,却也可以说距离人间更远了。阳明后学中,不管就理论内涵,或就历史影响而论,和晚明文学思潮关系最密切者当是泰州学派。底下,我们要观察"情"在泰州学派中是如何展现的。

四、泰州学派与晚明文风

晚近有关晚明文学思想的研究,喜欢强调晚明文学思潮的进步性,强调它们对封建伦理的破坏。关于晚明文学与封建伦理的关系,一方面,我们应当承认晚明文学很大程度地冲击了既有的社会秩序,但它们所冲击的社会秩序主要是夫妇一伦或男女一伦,父子、兄弟、

㉜ "道德严格主义"是王汎森的用语,指向晚明发展出的儒学型态,参见王汎森:《明末清初的一种道德严格主义》,收入《晚明清初思想十论》(上海:复旦大学出版社,2004),页89—106。

朋友之伦毋宁是不动如山,没有受到多大的波及。君臣一伦的紧密结构开始松动,这样的解体工程则是由晚明儒者承担,与文人的关系较薄弱。论及男女关系,我们确实很少看到历史上像晚明在这么短的岁月内,居然有这么大量的作品描述男女之情的题材,不管这些被描述男女之情是坚贞不二的古典爱情,或是欲望消费学下的性欲文学商品,它们难免会侵蚀稳定的家国秩序,这是可以确定的。《礼记·坊记》记载礼俗多有"男女授受不亲""寡妇不夜哭"的规定,然而,"以此坊民,民犹淫泆而乱于族"。以《坊记》之说为准,晚明这些戏曲、小说确实起了破坏的作用。但作道德判断之前,或许我们该先厘清本意与历史影响的不同。

我们如果追溯晚明这些文人情性思想的来源,其大宗应该是来自阳明学,尤其是泰州学派的穿衣吃饭,日用常行的良知之道。这样的良知之道在王阳明"同于愚夫愚妇"之说已可见到,到了王心斋手中,这种思想更发挥得淋漓尽致。无疑地,泰州学派出于王阳明,泰州学派又影响了晚明的文学思潮,这样的线索相当清楚。但从王阳明的良知学怎么流传到极平民化的泰州学派,泰州学派的思想怎么影响到晚明文学思潮的流变,晚明的文学思潮与同一时期出现的大量的色情文学又是什么样的关系,这中间的连结显然需要善加铺陈,不宜过度推论。有一个前提很清楚的,此即泰州学派诸大儒的思想仍当置放在阳明学"超越性的良知"之概念下定位,这个基本的事实不会因为学派的属性不同而有所改变。泰州学派就像浙中与江右两学派,它们共同分享了阳明学的基本预设。但泰州学派的组成成员确实较为特殊,王心斋是盐丁,朱恕(光信)是樵夫,韩贞(乐吾)是陶匠,夏廷美是农夫,他们的话语要让盐丁、樵夫、陶匠、农夫听得懂的,但身为阳明学向社会底层渗透的传递者,这些出身下层阶级的阳明后学原则上仍当有对良知本体的返身内证。这种返身内证虽然未必见于每一位晚明文人,但他们的思想是筑基于这些前辈学者的义理上面的,此事很难否认。

这种既追求内在的良知体证,又讲求学问的庶民性,希望周孔圣学可以在平民百姓的日用伦常中显现,可谓泰州学派整体的风格。泰州学派的建立者王心斋本身就是一个典型的体证者。这位出身盐丁世家的王门怪杰是儒家思想史极罕见的天才,他以独特的入门方式走入王学之门,后来更俨然成为阳明后学中的大弟子,推广良知之学不遗余力,与王龙溪并称二王,同为普及化阳明学的核心人物。王心斋这种出身贫寒的盐丁投身阳明门下,可谓带艺投师。在他年轻的岁月即经历过类似证悟的独特体验,曾留下"正德六年间,居仁三月半"的诗句。如果单就特殊身心经验的觉悟的时间而论,他与王阳明在正德三年那场有名的龙场驿之悟,相差不过三年。王心斋之所以投身阳明之门,而且投身之前还会向阳明挑战(他的拜师实即为挑战),都源于他自己先前的体验。学之所益者浅,体之所证者深,他对良知学的体证与信奉自是非同凡响。以道自任,化成天下,一向是儒者的自我承诺。但在王心斋身上,我们看到极鲜活的印记,"出则为帝王师,居则为天下师"。从韩愈提倡师道以来,我们很少看到这么磊落地以"帝王师"自居的儒者。

王心斋出身布衣,而且是极底层的布衣,但他以布衣传道,身位足以与那些出身士族、科举出身的同门分庭抗礼,这些同门同时也都以长者尊礼王心斋。在王心斋以及泰州学派学者身上,我们看到很彻底的"四民异业而同道"精神的发挥。泰州学派的平民性非常明显,但所谓的平民性不专指贫民阶级而言,而是他们的学风特别注重平民的生活世界的伦理性格。如就阶级而论,泰州学派中除了贫下工农出身者外,其实仍多乡绅阶层的知识人,如鼓动风潮、显赫一时的颜钧(山农)、何心隐;还有不少是出身科举的士族,泰州学派核心人物的罗近溪、杨复所、李卓吾皆属此道中人。泰州学派的信奉者不少是真正的贫下工农,我们只要想到王心斋、王东崖、韩贞、朱恕讲学时的听众阶层,即可思过半矣[33]!但我们一样可以找到不少例子,足以支持其听众不只是贫下中农,而是来自五湖四海,士农工商。罗近溪即是最典型的例子,他讲学时,听众往往是不分年龄阶层,全城出动倾听。总而言之,如论学术与社会总体的呼应关系之紧密,泰州学派应当是国史上少见的案例。正是因为有这样的呼应背景,我们才

---

[33] 邓豁渠记载他到王心斋故里安丰场参加王东崖(王心斋之子)的一场讲会,其情景如下:"是会也,四众俱集,虽衙门书手,街上卖钱、卖酒、脚子之途皆与席听讲,乡之耆旧,率子弟雅观云集。王心斋之风,犹存如此。"《南询录》,卷1,第12条。

容易找出晚明学风与时代文艺思潮的连结，这也是目前探讨晚明学风者大体的共识。

泰州学派的学风很平民性，但以阶级意识解释之，距离颇为遥远。牟宗三先生以"破除光景"解释泰州学派，尤其是罗近溪思想，足以成说。但就泰州学派的主轴以及他们发生的影响而论，窃以为"破除光景"仍是第二义的。泰州学派作为一种向下渗透的阳明学派，它的宗旨无疑地仍是正面表述的"日用伦常，万物一体"的精神。我们观泰州学派整体的学风，最鲜明的印象是他们涉身世间、不容自已、勇于承担的精神。光景在他们求道的过程中确实出现过，是一大魔障，破除光景因而也是此派学者必须完成的目标。但就泰州学派整体的风格而论，以求仁为宗，这是确切的。从王心斋到罗近溪，我们可以看到"仁"的论述反复出现。而泰州学派的求仁，特别注重人伦的感通，这种学风可称作"人伦的情性化"。

"人伦的情性化"意味着良知是要在当下的人伦世界展开的，良知中即蕴含着人伦的情感润泽功能于其中。作为泰州学派杰出的代表，也可以说影响晚明文艺思潮最大的阳明学者的罗近溪，讲学注重当下的随机平顺，即事指点，其学特别容易亲近。然而，他的当下指点特别多集中在人与人之间的感应上面。他的当下与"家庭"及"社会"的人伦关系结合得特别紧密，最后要达到"万物一体"之境，但人伦的起点是婴儿。人伦的起点也就是道的起点，道之为道，"不从天降，不从地出，切近易见，则赤子下胎之初哑啼一声是也"。罗近溪如是说，他接着引申道：

> 听着此一声哑啼，何等迫切；想着此一声哑啼，多少意味。其时，骨肉之情，依依恋恋，毫发也似分离不开，顷刻也似安歇不过，真是继之者善，成之者性，而直见乎天地之心，亦真是推之四海皆准，垂之万世无朝夕。[34]

引文是罗近溪的典型语言。在罗近溪的思想世界中，良知不是高高

---

[34] 罗近溪：《盱坛直诠》（台北：广文书局，1977），卷上，页31。

在上的一点灵机感应之气,也不是渊默自照的收敛之心;良知俯身入世,即流荡于人与人之间,让每个人以及周遭世界整体的氛围都笼罩在仁的润泽中,良知的第一次显现即在婴儿诞生的哑啼一声。

"赤子"的意象在罗近溪的著作中不断出现,以"赤子"作为圣人的比喻在中国并非罕见,孟子的"赤子之心"及老子的"如婴儿之未孩"即是著名的例子。然而,到了罗近溪手中,"赤子"这个意象和"良知""仁""生"的概念结合,它具有以往从未见过的先验的、身体性的、相偶性的联结,"赤子"乃是未受污染、纯由身体律动而又同时能与人群世界互动的意象。罗近溪的思想特别柔和,"赤子""儿童"的意象提供了这种柔和印象的来源。"捧茶童子是道"是则有名的故事,这则故事固然可以归入"作用是性"的例子,但此事经罗近溪一指点,光彩尽出,仁风大扇。"大人者不失赤子之心"是他喜欢运用的论述的起点,他说孝、弟、慈是天下的三件大道理,而这三件大道理乃是"从造化中流出,从母胎中带来,遍天遍地,亘古亘今,试看此时薄海内外,风俗气候,万有弗齐,而家家户户谁不以此三件事过日子也"㉟。这些话语也是典型的罗近溪语言,比起阳明的开宗立派之言,或王龙溪的立根先天境界之言,罗近溪的话语特别像慈父慈母般的喁喁家人之言,而且多以"赤子"的意象直指人人皆具先天的道德能力。他的赤子之喻不但影响了李卓吾有名的《童心说》,对晚明儒者也多有启发㊱。

罗近溪喜引"仁者,人也",以仁界定人性之实;喜引婴儿意象,以示人伦之联着性命而来。良知如果是知、情、意合一的话,罗近溪特别重视其中的情的因素,他引用"人情者,圣王之田",以示情在工夫论上的殊胜,其言如下:

> 吾人此身与天下万世原是一个,其料理自身处,便是料理天下万世处。故圣贤最初用功,便须在日用常行。日用常行,

㉟　罗近溪:《盱坛直诠》,卷上,页4。
㊱　如东林后劲陈龙正有《婴儿》诗一首:"婴儿定目时,无啼亦不笑。胸中作何景,谁能想其妙。俄而应酬息,悠然自还照。我亦一婴儿,与世冥象貌。兹意将长生,长兹果奚道。"陈龙正:《几亭全书》,《四库禁毁书丛刊》(北京:北京出版社,1997),集部册12,卷59,页12,总页641。

只是性情喜怒,我可以通于人,人可以通于物,一家可通于天下,天下可通于万世。故曰:"人情者,圣王之田也。"此平正田地,百千万人所资生活,却被孟子一口道破,说人性皆善。㊲

阳明后学中,罗近溪以语言慈煦温润著名,人人喜闻。他从婴儿恋母声界定孟子的性善义,也可说是从浑沌中立根基。他以田喻情,人人依情而活,一如人人依田而生,尤为能近取譬。至于他的著作中有些几近情欲论述的语言,如云:"天机以发嗜欲,嗜欲莫非天机也"。这些语言乃是境界语,修道有得者之言,只能高看,不能当作现实世界的叙述。冈田武彦的"明学重情之说"如果可以成立的话,罗近溪最足以代表,仁情一致的表述语言在《盱坛直诠》中常见。

阳明学的兴起是对程朱理学的一大调整,以罗近溪为代表的泰州学派的兴起则是对阳明学的一种发展。何心隐、李卓吾继王心斋、王东崖而起,又是对泰州学派方向的急转变,这次转变的影响极为重大。阳明学与晚明文学的连接,也可以说阳明学与晚明文学的断裂即发生于这场转变。这次转变的过程首先见于他们对于"欲"的除罪化。"欲"本来是中性的意识语汇,荀子所谓:"性者,天之就也;情者,性之质也;欲者,情之应也。"㊳荀子此处是从自然主义的角度界定人性与情感与欲望,三者上下涵摄,欲望是人性的内涵。理学兴起,以证悟心体为旨归,任何不能承体起用、如如展现的隐微的意识活动都是障碍,"欲"字首当其冲,常处于被监管感化的位置。程朱理学"存天理,去人欲"之说,最为显著,晚明《二刻拍案惊奇》卷十二《硬勘案大儒争闲气,甘受刑侠女著芳名》,作者凌蒙初即借着朱子弹劾唐仲友这则有名的历史事件,窜改其意义,并引进名妓严蕊的忠贞情节,以显示朱子的天理人欲之说的荒谬㊴。然而,对人欲的严防不仅限于

㊲　罗近溪:《盱坛直诠》,卷上,页 12。

㊳　梁启雄:《荀子简释·正名》(台北:木铎出版社,1983),页 322。

㊴　参见凌蒙初:《二刻拍案惊奇》,《凌蒙初全集》(南京:凤凰出版社,2010),册 3,页 211。但即使凌蒙初对朱子理学大有意见,说"这个严蕊乃是真正讲得道学的",语带讽刺,他编《拍案惊奇》,仍和后世所谓的"情欲解放"之意图相去甚远,其意乃在"世有能得吾说者,以为忠臣孝子无难;而不能者,不至为宣淫而已矣!"他的小说集有严肃的伦理内涵,引文参见睡乡居士:《序》,《二刻拍案惊奇》,页 2。

程朱理学,阳明心学也是很在意的。王学一般比朱子学通达,然而,再怎么通达,如果良知的"天理"义仍在的话,"欲"的转化或排除即不可能不出现。王阳明说"七情有着,俱谓之欲,俱为良知之蔽"(《传习录·卷下》),"欲"还不是行为事件,也不是日常可省思到的心理驱力,王阳明是从很深层的意识之粘滞不粘滞论欲望,这是极深刻的体察。"着"是一病,"向"也是一病,"心有所向便是欲"乃是程明道、高攀龙、王心斋一再言说的论点⑩。"心有所向便是欲"之说预设了它偏离一种本心灵光自照的本来性,也预设了现实性心灵需向之转化的工夫论要求,心不可流向分化方向的"欲"上去。在心学极精微的发展后,阳明后学对于欲的警觉性自然也跟着灵锐,所以我们如果看到下列这样的语言"世间熏天塞地,无非欲海。学者举心动念,无非欲根"⑪。或许不必太惊讶,这段话竟然是王龙溪说的。

"欲"字如果是工夫论语汇,而不是生理学语汇,我们可以确定"去人欲"仍是王学的核心要义。真正对于"欲"字有较革命性提法的关键人物应当是李卓吾,其前驱则为何心隐。李、何之前的泰州学派的传承虽然多出自贫下阶层的人民,但这些盐丁哲学家、陶匠哲学家、樵夫哲学家、农民哲学家讲课传道时,对礼法规范其实仍相当严守。何心隐起,才稍偏移;李卓吾起,才大为走样。"欲"作为"理"的对立面,可谓理学共法,但在理学传统中,不管程、朱、陆、王,言性者多,言欲者少,而且其多少不成比例。然而,何心隐在其文集中,竟有《寡欲》《辩无欲》两文,畅论"欲"的内涵。两文顾名思义,似乎宣扬"欲"之寡与无,但它的主旨与其说对"欲"作批判,毋宁说是对"欲"字作肯定。"无欲"之说出自理学开山祖周敦颐,何心隐此文引孔孟之言,以证孔孟不会同意周敦颐的无欲之说。"寡欲"一词出自《孟子》"养心莫善于寡欲",何心隐撰文阐释之,表面上是述其义,其实其

---

⑩ 程明道的说法是"养心莫善于寡欲,不欲则不惑,所欲不必沈溺,只有所向便是欲",参见程颢:《河南程氏遗书》,《二程集》(北京:中华书局,1981),卷15,页145;高攀龙"心有所向便是欲",参见《会语》,收入《高子遗书》,《景印文渊阁四库全书》(台北:台湾商务印书馆,1983),册1292,卷5,页1,总页410;王艮"只心有所向便是欲",参见《与俞纯夫》,收入《心斋王先生语录》,《续修四库全书》(上海:上海古籍出版社,1995),册938,卷下,页1,总页345。
⑪ 《松原晤语》,收入《王龙溪语录》(台北:广文书局,1977),卷2,页12。

意指向"凡欲所欲而若有所发,发以中也,自不偏乎欲于欲之多也,非寡欲乎?寡欲,以尽性也"㊷。"寡欲"是指欲望要发而中,如果发而中节("中"实指"中节"),就没有寡不寡之说,"寡欲"是行为的"度"的问题,无关乎生理欲望的数量问题。何心隐就此将枷锁从"欲"字上移开,还它自在。

"欲"字如是生理学语汇,它的中性化原本是理学的共享义,朱子本身即如此认定。但在强烈的道德实践意识笼罩下,它很容易负面化,所以后儒正面言者殊少。何心隐是少数肯定派的先锋人物,他不止从新界定"寡欲""无欲"之说,还更进一步提出"育欲"的主张,最著者见于《聚和老老文》一文。何心隐在文中说:

> 欲货色,欲也;欲聚和,欲也。族未聚和,欲皆逐逐,虽不欲货色,奚欲哉?族既聚和,欲亦育育,虽不欲聚和,奚欲哉?聚和有教有养,伯叔欲率未列于率,惟朝夕与率,相聚以和,育欲率也;欲辅未列于辅,惟朝夕与辅,相聚以和,育欲辅也;欲维未列于维,惟朝夕与维,相聚以和,育欲维也。育欲在是,又奚欲哉?昔公刘虽欲货,然欲与百姓同欲,以笃前烈,以育欲也。太王虽欲色,亦欲与百姓同欲,以基王绩,以育欲也。育欲在是,又奚欲哉?㊸

此文对"欲"字大加肯定的,所以要"育欲"。但他说的"欲"字的内涵其实仍在理学家的传统内,并没有轶出轨外,仍是"天理与人欲同体而异用,同行而异情"之说㊹,但由于何心隐一再正面表述之,而且对转化身心的工夫论主张不彰显,世人或不免有其他联想。上述这些

㊷ 何心隐:《寡欲》,收入容肇祖编:《何心隐集》(台北:弘文馆出版社,1986),卷2,页40。

㊸ 何心隐:《聚和老老文》,《何心隐集》,卷3,页72。

㊹ "天理人欲同体而异用,同行而异情",此说原本出自胡宏:《知言》,收入《胡宏集》(北京:中华书局,1987),页329。朱子对胡宏思想很有意见,撰有《胡子知言疑义》,收入《朱子文集》(台北:德富文教基金会,2000),卷73。但他对胡宏的"天理人欲"之说颇为赞美。

话语大概是引发黄宗羲批判他"坐在利欲胶漆盆中"的理由⑮,但我们细观何心隐一生的行事及立论,他与其说是具足利欲熏心的商贾,还不如说是具备泰州学派精神的侠客⑯。

五、李卓吾与情欲论述

泰州学派在良知学的普及化中,特别彰显良知学的"人伦关系"之面向,也可以说特别彰显"情性"的因素。如果说阳明后学中,王龙溪重"良知"之"神"义,刘宗周重良知之"意"义,罗洪先重良知之"虚"义,泰州学派则重良知之"情"义。然而,论及影响晚明文学最大者厥为后世争议不断的李卓吾其人。以一人之力而能即身即卷起如此大的风潮者,盖亦鲜见。李卓吾在晚明所以能兴起一股风潮,原因不在他的哲思特别深邃,他的奇里斯玛(charisma)的人格吸引力应当是重要的因素,也和他的论点常与习见者立异,吸引了大批的跟随者有关。李卓吾当日颇引发非议的论点,我们在他身后四百年重新反思,很难说其论点有多大的离经叛道之语。在张问达上疏的奏语,也就是引致拘捕李卓吾,促使他走上人间绝路的这份"审判书"中,张问达奏书按加他的罪名主要有四,一是颠倒历史人物的评价(如对吕不韦、李斯、秦始皇、冯道、司马光等人的评论);二是批判孔子,认为其是非不足据;三是混合儒佛,不尊孔子家法;以及勾引士人妻女,混淆男女关系。

李卓吾被加予的罪名,我们可以确定,大概都事出有因,却无一可以成立。其中对历史人物评价多与人异,最是无稽。历史判断与道德判断不同,历史判断本来即不易有固定的观点,虽在大雅君子之间,亦所难免。比如三国的正统问题,魏为正统?或蜀为正统?理学

---

⑮　黄宗羲此句批判语乃借自东林党领袖顾宪成之语,参见顾宪成:《小心斋札记》(台北:广文书局,1975),卷14,页11,总页345。
⑯　以"侠"形容泰州学派学者,尤其是颜山农、何心隐的为人风格,最著者当是王世贞,虽然他的用语不很正面,参见王世贞:《嘉隆江湖大侠》,收入《弇州史料后集》,《四库禁毁书丛刊》(北京:北京出版社,1997),史部49,卷35,页30—34,总页702—704。袁宗道曾问李卓吾如何评价王心斋之学,李卓吾答道:"此公是一侠客。"见袁宗道:《白苏斋类集》,《续修四库全书》(上海:上海古籍出版社,1995),册1363,卷22,页2,总页412。

家之间彼此所见即有不同。至于与孔孟龃龉，不以孔孟之言之是非作为是非，此风气并非源自李卓吾，王阳明在著名的《答罗整庵少宰书》中已畅言其义[47]。王阳明也不是始作俑者，类似的话早在前贤的著作中即已出现过。当理学形成超越思想时，不管超越的源头名为太极，为本心，为天理，或为良知，超越的本体是唯一的标准，"千圣皆过影，良知乃吾师"，这样的语言当可视为公法。因此，孔子之言如不当理，自然不能以孔子之言为是，此义当可为儒者所共许，李卓吾之言并非太突出。至于混淆儒佛分际，这个罪名在许多理学的批判者——不管是明清学者或当代学者——论及明儒的著作中不时被拿出来，加在许多儒者身上，包括陈白沙、王阳明都不能免此被扣帽子之刑。三教混同的情形在晚明是常态，在三教论的格局下，诸教之间的界线不能不模糊，内容不能不共享，这是难以避免的现象。至于如何观其会通之外又能不失自家立教本旨，自然会有各种争议，但这种学界内的争议只当在学界内讨论才有意义，没有理由成为法律的问题。

　　李卓吾言行真正引发巨大反感，也是促使他走上真正不归路的因素，当是他对男女之情的论述所引发的巨大后坐力的反弹。他在后世的公开形象，至少一部分的公共形象，和他对男女之情的提倡，甚至实践有关。"酒色财气一切不碍菩提路"[48]的标签长期跟着他，他在湖北麻城的落发秃头修行，反而近似章回小说中淫僧的形象。然而，袁中道说他"体素癯，淡于声色，又洁癖，恶近妇人，故虽无子，不置妾婢"。又说他："本屏绝声色，视情欲如粪土人也，而爱怜光景，于花月儿女之情状，亦极其赏玩，若借以文其寂寞。"[49]袁中道与李卓吾声气相投，深知其人。我们从各种资料看来，都可看出袁中道的描述

---

　　[47]　《答罗整庵少宰书》云："学贵得之心，求之于心而非也，虽其言之出于孔子，不敢以为是也，而况其未及孔子者乎？求之于心而是也，虽其言之出于庸常，不敢以为非也，而况其出于孔子者乎？"

　　[48]　《明儒学案》记载刘元卿问邹颖泉：何以跟随李卓吾的人如此多？邹颖泉作了如下的回答："人心谁不欲为圣贤，顾无奈圣贤碍手耳。今渠谓酒色财气，一切不碍菩提路，有此便宜事，谁不从之。"参见黄宗羲：《明儒学案·江右王门学案一·颖泉先生》(台北：河洛图书出版社，1974)，上册，卷16，页64。

　　[49]　袁中道：《李温陵传》，收入《珂雪斋近集》，《续修四库全书》(上海：上海古籍出版社，1995)，册1376，卷7，页26，总页631。

相当符合事实。李卓吾的反俗震世之言行与他绝俗涤尘的人格，恰好互补。李卓吾的行为与其说污染了世界，不如说他太过洁癖，不能容物。李卓吾与耿天台的争议形同水火，不能共存，即为显例。两造的争议乃为耿天台不救得罪权相张居正的颜山农而引起㊿，个中是非，后人难得具体细目。然耿、李两人都有共通的朋友，比如焦竑，合观相关文献，耿天台似乎不必沦为李卓吾纠弹之目标。两人论辩扞格十余年后，终得合好，李卓吾也公开宣称："余敢一日而忘天台之恩乎？"他在《耿楚倥先生传》一文中对他与耿家兄弟之交往始末有极动人的叙述。李卓吾固高傲绝尘，但相当的程度，也符合他自己的自我评价——"狷隘人也"㉛。学界早年论耿、李之争者，常一面倒地右李左耿，此判断殊乖知人论世之义。

　　李卓吾与耿天台之争，其实提供了我们一则晚明情论的重要消息。依据李卓吾自己的说法，他所以曾对耿天台反感，甚至反目相向，重点可能还不是耿天台没有对颜山农案施援手，而是当耿天台听到颜山农落难的消息时，他表现出的态度近乎无情。李卓吾重侠气，重友朋患难之情，他曾说道："凡我辈人，这一点情，古今高人，个个有之；若无此一点情，便是禽兽。"㉜他的话语很重，而且未必是一时激怒之言。人兽之辨是儒家核心的价值，从孟子以下，先贤言及此辨者不少，但从"情"字立论者极罕听闻，"情"字在李卓吾思想中确实有独特的位置。

　　李卓吾与世相忤，横眉冷对千夫指，但对弱势者特显同情，他的姿态令人联想及五四新文学大将鲁迅。李卓吾的著作中不时言及对妇女的见解，纵然其言逆风违俗，缙绅侧目，亦不在意。更多的考虑是出于他对人间情理特别的解释，他确实对男女不平等的现象痛心疾首，所以蓄意放大声量。他说："谓人有男女则可，谓见有男女岂可

㊿　故事参见袁中道：《柞林纪谭》，收入张建业编：《李贽文集》（北京：社会科学文献出版社，2000），卷7，页329—342。
㉛　李贽：《答邓明府》，收入《焚书》，《焚书·续焚书》（北京：中华书局，1975），卷1，页40。他在《自赞》中的语言中半真半谐，半可信半不可信，但他自言"其性褊急，其色矜高，其词鄙俗，其心狂痴，其行率易"云云，虽有自行调侃、与世寡谐之意，但未尝没有触及他几分的性格。参见李贽：《自赞》，《焚书》，卷3，页130。
㉜　语见袁中道：《柞林纪谭》，《李贽文集》，卷7，页335。

乎？谓见有长短则可，谓男子之见尽长，女子之见尽短，又岂可乎！"㉝
其言洵是事实，但前人殊少作此宣言状。他歌咏卓文君之于司马相
如，乃"同明相照，同类相招"，自行抉择婚姻佳偶的范例。他赞美武
则天"专以爱养人才为心，安民为念"，为近古帝王所未有。他倡言饮
食男女，"穿衣吃饭，即是人伦物理"㉞。他说的这些话语如追究，其实
皆句句到位。但李卓吾以旷世巨才，行行为艺术之举，恰值时局变化
之际，他的不按常理的出世垂迹，自然地给当时及后世的创作者带来
莫大的支持力道，也引来了激烈的反对之声。

　　对情的重视，在儒家传统内并不少见，甚至可说是相当主流的论
述，理学范围内亦如此。即使对男女之情的肯定，这样的声音也并非
罕见。然而，李卓吾之前的儒者对男女之情的肯定基本上是放在夫
妇的范畴下理解，对各种偏离世间人伦常态的变风变雅的男女之情
殊少能正视其间的正面价值。李卓吾正视妇女地位及男女之情问
题，其音量之大及论述之精，纵然不是空前，但至少是个极特殊的案
例。就能正视妇女所受的不公平待遇而言，他可以说是罗近溪的人
情论的具体落实者。罗近溪被李卓吾及其同志友视为"大慈悲
父"㉟，对世间众生特多爱护，然而，罗近溪极少谈到妇女问题。这个
空缺由李卓吾补足，而且他的补足不仅止于态度的同情，他更对男女
之情的价值重新界定。这波由王心斋引发，由罗近溪奠定，最后才由
李卓吾引爆的情性思潮，终于构成了晚明文人从事文学创作时的"意
见氛围"，人人依此气候创作。

　　比起所有的阳明后学，李卓吾在后世享有的骂名最厉害也最久，
因为他正是处于将王学嫁接到小说、戏曲的关键人物。晚明的小说、
戏剧深入民间，冲击了中国社会累世筑起的礼法之墙。李卓吾有名
的《童心说》即是为文学创作而立论的大块文章。"童心"之语上承孟
子的"赤子之心"，下继罗近溪的"婴儿"之喻，"童"就像"初""本"
"原"诸词的语义一样，皆指向了非时间性的原初的意义，其理论建构

㉝　李贽：《答以女人学道为见短书》，《焚书》，卷2，页59。
㉞　李贽：《答邓石阳》，《焚书》，卷1，页4。
㉟　李贽：《永庆答问》，《李贽文集》，卷7，页319。

在人性论的基础上。他的《童心说》往上可接源到阳明—泰州一脉，往下又可连接到晚明的戏剧、小说、小品文的创作，我们不妨观看此文的论述：

> 天下之至文，未有不出于童心焉者也。苟童心常存，则道理不行，闻见不立，无时不文，无人不文，无一样创制体格而非文者。诗何必古选，文何必先秦，降而为六朝，变而为近体，又变而为传奇，变而为院本，为杂剧，为《西厢曲》，为《水浒传》，为今之举子业，大贤言圣人之道，皆古今至文，不可得而时势先后论也。㊶

"童心"即是"初心"，即是"本心"，这个原本用于性命之学的语汇，李卓吾将它移到一向不为士大夫阶级重视的院本、杂剧，或移到士大夫阶级不太愿意开口的举子业的文章上去。这个挪用同时也就是价值的改造，他将院本、杂剧、《西厢记》《水浒传》移到与三教的经典同等的地位。李卓吾重视价值在历史演变中的相对性，也可以说重视价值随历史演变而兴，因此，原本作为原型地位的文学经典不能不相对化，新兴的文类遂有与之抗衡的机会。

重视戏曲、小说等"俗文学"的风气不会始于李卓吾，王阳明本人即已论过，但将戏曲、小说拉到与经典等价的地位应该就是李卓吾其人。他对《水浒传》《西厢记》一再赞叹，《西厢记》所言何言耶？李卓吾评之为比"夺天地之化工"还高一层的"化工"㊷，它简直是人性的化身。李卓吾高度宣扬《西厢记》"小小风流一事，至比之张旭、张颠、羲之、献之而又过之"。其实何止比这些伟大的书法家还伟大，在《童心说》一文的结尾，李卓吾甚至宣称它超过现行文本的"《六经》《语》《孟》"。这种异乎常理的高调语言应当不是李卓吾真正的旨意，但李卓吾也是拗相公，为了振聋发聩，他喜欢运用，而且很可能故意运用夸饰的手法。由于后世的小说、戏曲带来相当程度的社会解放效果，

㊶ 李贽：《童心说》，《焚书》，卷3，页98—99。
㊷ 李贽：《杂说》，《焚书》，卷3，页96—98。

也可能有负面的影响,批评者很容易将责任冠在李卓吾头上,要这位悲剧英雄负全责。

在李卓吾的情性论述中,有《夫妇篇总论》一文,特别值得留意。在当今学界,李卓吾是位非常受到重视的历史人物,《夫妇篇总论》是他少数有较严肃意义的"论"的文章,何况所论又是"夫妇"此热门议题,窃以为此文需要受到更大的重视。此文破题说道"夫妇,人之始也"[58],此义是古义,不足讶异。然而,他论夫妇的地位有言:

> 极而言之,天地,一夫妇也,是故有天地然后有万物。然则天下万物皆生于两,不生于一,明矣。而又谓一能生二,理能生气,太极能生两仪,何欤? 夫厥初生人,惟是阴阳二气,男女二命,初无所谓一与理也,而何太极之有? 以今观之,所谓一者果何物? 所谓理者果何在? 所谓太极者果何所指也? 若谓二生于一,一又安从生也? 一与二为二,理与气为二,阴阳与太极为二,太极与无极为二,反复穷诘,无不是二,又乌睹所谓一者而遽尔妄言之哉?[59]

李卓吾的夫妇论明显地来自《易经》乾元、坤元并称的传统,《周易·系辞下》云:"天地缊缊,万物化醇;男女构精,万物化生。"即是皇天后土说的最好注脚。《中庸》所说"君子之道,造端乎夫妇,及其至也,察乎天地"。也可视为《易经》并尊乾坤的回响。这种以二为首的思想模式有各种的变型,往上可追溯至"昔天之初,诞作二后"的神话;往下,它在宋明时期也有类似的哲学主张。窃以为王夫之来自《易经》的太极—两仪、乾坤并建之说,以及方以智的"公因反因"之说最为深邃,其源头皆来自《易经》的原始智慧,笔者认为这是诡谲的太极—两仪同一说。很吊诡地,王夫之、方以智皆重世教,皆不以李卓吾为然,王夫之厌恶李卓吾尤甚。但论双元诡谲的同一之说,尤其用之于男女一伦,有明一代,李卓吾的夫妇论最为突出,其言似可补方、王之学

58　李贽:《初潭集·夫妇篇总论》,《李贽文集》,卷5,页1。
59　同前注。

的理论空缺。可惜受限于时代条件,彼此终不能相得。

人世的文化价值、伦理价值推到最后,常不免要与宗教的终极价值勾连,方内奠基于方外[60]。李卓吾的夫妇论筑基于《易经》的阴阳平等论,其说特显深刻。但在历代的《易经》注疏传统中,大概受到战国秦汉时期阳尊阴卑思想的影响,封建格局已成,乾坤并建之说殊少受到该有的正视。李卓吾此论是以堂堂正正之师,正面回应秦汉后近两千年的男女不平等的社会现实。"天下万物皆生于两,不生于一",此说赋予夫妇平等存有论的基础,是极光辉的思想。李卓吾此文在晚明情论上具有指标性的意义,应当赋予更高的理论价值。后来冯梦龙编《情史》倡言:"六经皆以情教也。《易》尊夫妇,《诗》有关雎,《书》序嫔虞之文,《礼》谨聘、奔之别,《春秋》于姬、姜之际,详然言之,岂非以情始于男女。"[61]引经典之文以证"情教"乃儒家固有之义,其论述可说是对李卓吾夫妇论下的注脚,也是对他的夫妇论的礼赞。

六、晚明新兴文学中的情论

由阳明以下,我们一路迤逦讨论,为的是搭好理学与新兴文学间的理论桥梁。阳明学派和史上曾经发挥过巨大影响的学派一样,都难免有所谓"末流"的问题,但李卓吾虽然成了"末流"的标签人物,其实他不必归入"末流"之列。后世儒者(包含本文所说的刘宗周)所以对阳明后学时有纠弹,应当和泰州学派的巨大影响有关。我们今日反观三百多年前的文化场景,应当可以更合理分辨出人病或法病、本怀或末流的差别。笔者认为就泰州学派学者,或就影响晚明文人甚深的李卓吾而言,他们的情论或情性作品,基本上都带有规范性的。纵有破坏,溯其原始,也是建设性的破坏。言至乎此,我们即须进入晚明新兴文学的国度,加以讨论。

明中晚期后,戏剧、小说、小品文非常流行,根据庄一拂《古典戏

---

⑥　参见贝格尔(Peter L. Berger)著,高师宁译:《神圣的帷幕:宗教社会学理论之要素》(上海:上海人民出版社,1991)。

⑥　冯梦龙:《情史序》,《情史类略》(长沙:岳麓书社,1984)。

曲存目汇考》⑫的说法,明代戏文有 36 种,杂剧有 362 种,传奇有 740 种,合计 1 138 种。至于小说,依据朱一玄等人编《中国古代小说总目提要》目录⑬,"文言部分"所著录的明代的小说计 711 种,"白话部分"的小说明清合计高达 1 836 种。这两项统计的数字包含明代整体,但明中叶以后的文字应该占多数。这些数字自然不可能精准,版权意识是现代社会的产物,传统的小说、戏曲特多改写揣摩的情形。但不管怎么说,晚明时期,小说、戏曲相当流行,这是可以肯定的,所以像赵南星、徐渭、汤显祖这类著名的文人才会参与这些流行文学的创作。

晚明城市文化兴起,戏曲、小说、小品文无疑带有浓厚的市井风化气息,一种更可以广泛反映市民阶级的艺术形式至此展开。从文学社会学的角度看,戏曲、小说这两种不受前朝重视的文类,此际大为流行,是有强烈的社会经济因素作支撑的。明代手工业发达,江南城镇不少区域的经济模式已达到了初期资本主义阶段的规模;晚明的商业活动的规模不小,一种可名为"儒商"的商人阶级兴起,俨然可以与士子抗衡⑭;晚明的印刷业极为发达,印刷总是促成思想流通、形成形形色色共同体最重要的工具⑮。这些来自手工业、商业、印刷业的因素构成了晚明市民文化的社会基础。晚明的市民文化很容易令人联想到同一时期伊丽莎白时代英国的市井文化,也容易让人联想到江户时期日本的町人文化。这些时期都有新兴城市与新的商业活动兴起,相应地,也有符合市民口味的文学形式、艺术形式应运而生。

小说、戏曲、小品文应当就是晚明时期很应时的文类,这三种特别的文类其实都远有传承,其市民性格也不是在晚明才出现的。但晚明时期出现的这些文类放在当时的社会背景下看,却特别具有思想史的趣味。晚明时期这些新文类作品的产生地,也就是作者活动

---

⑫　庄一拂编著:《古典戏曲存目汇考》(上海:上海古籍出版社,1982)。

⑬　朱一玄、宁稼雨、陈桂声编著:《中国古代小说总目提要》(北京:人民文学出版社,2005)。

⑭　参见余英时:《中国近世宗教伦理与商人精神》(台北:联经出版事业公司,1987)。

⑮　安德森(B. Anderson)论近世民族主义的兴起,很注重新闻媒体扮演的角色。参见安德森(B. Anderson)著,吴叡人译:《想象的共同体:民族主义的起源与散布》(台北:时报文化出版,2010)。

的区域，以及作品的消费地，也就是读者或观众密聚的区域，密集地集中在江南地区，尤其是江浙地区，这地区也是王学流传最广的区域。一种解放的理学精神与新兴的文类之间有着时空的呼应性，时空的呼应性反映了两者之间有相当紧密的内在关联。我们看晚明的小品文代表名家张岱、王思任等人为山阴人，山阴正是晚明思想巨擘王阳明、刘宗周的故里，张岱本人更有深厚的王学背景，曾祖张元忭为浙中学派要角。同样的晚明代表文人徐文长也是绍兴人，他不但与王阳明、刘宗周同乡，王阳明的大弟子王龙溪更是他一生瓣香不断的精神导师。同样扮演精神导师之于弟子的，还有泰州学派的代表人物罗近溪之于汤显祖，两人同是江西人。罗近溪（加上王龙溪）之于李卓吾，李卓吾之于晚明文艺思潮，同样是风振波涌，掀起千堆雪的。离开了张岱、汤显祖、徐文长、三袁，我们即很难想象晚明文艺思潮。但离开了王阳明、王龙溪、泰州学派，我们也很难想象晚明这些文坛巨子的表现会是什么样的风貌。

论及阳明后学、晚明文学与情性的关系，我们对文本材料或许当先作些限制。无疑地，在良知学向晚明文学扩张的下渗过程中，私人性的情的成分越来越浓，规范的成分越来越薄。但再如何稀薄，理的规范性内涵始终是在的。同一时期(66)，大量出现的色情小说中却看不到有意义的情理冲突、义欲互转的内容。在《思无邪汇宝》这部明清色情小说的集大成著作中(67)，丛书收录的各篇小说的作者描述性爱之大胆，肆无忌惮，与今日社会所见者，几无差别。如果我们要论这些作品的理学意义，当在这些书显示了情欲的彻底彰显，结果毁掉了“情”的意义。情欲的彻底彰显即是生理力量的发泄，蓄满则发，发完即虚。晚明的色情小说之结尾或不免以人生虚无之感收尾，这是套语，也是门面语，但也未尝没有几分色欲力学的真实。《觉后禅》是部典型的色情小说，但结尾却以因果昭彰，色即为空结尾，书中的主角

---

(66) 明代最早的色情小说《如意君传》刊于嘉靖四十一年（1562），参见丁峰山：《明清小说性爱论稿》（台北：大安出版社，2007），页 56。嘉靖后期正是阳明后学活动极盛的时代。

(67) 《思无邪汇宝》此套书收有艳情小说 50 种，不同版本超过百种，可想见的，被烧毁或尚未收进的，一定还有。参见陈庆浩：《总序》，陈庆浩、王秋桂编：《思无邪汇宝》（台北：台湾大英百科公司，1996），页 11—16。

也不得不出家了。沉湎于世间俗情的士子与方外人物的僧道的对照,乃是中国形形色色的情性文学的典型设计,从淫秽的《觉后禅》到言情小说的经典《红楼梦》,莫不如是。晚明的色情小说是如此地明目张胆,本能冲动,数量又如许巨大,或许这些书籍的出现有社会史的意义,可以视作某种情的展现⑥,也可能和所谓的"王学末流"的影响有些牵扯,但我们不容易从中看出精神的张力。我们论阳明后学展开的精神世界时,固然不能看不见性命之学与色情文化并存的现象,但应该着眼更具有理论意义的作品。

我们容易看出理论价值高、精神张力强的著作当是那些不能以生理欲望冲动解释的戏曲、小说、小品文所显现的内容。这些新兴文类的出现和王学的流传有相当密切的关系,但久假不归之后,它拥有自己的话语形式。在晚明代表性的小说集《三言》《二拍》中,我们看到大量描写市井小民的传奇,不一定关心国家大事,却与平民百姓的生活世界息息相关,悲欢离合,恩怨尔汝,这些小说的内容多牵连到男女的私情。在大量涌现的小品文中,作者关心的较少是家国大事,而是与个人的癖好有关的文人之生活美学。这是源自原始无明的情的私人性的固结,因痴成癖。张岱说:"人无癖不可与交,以其无深情也。"⑥不管是文人或是平民百姓,他们反映在戏曲、小说、小品文中的性格,大抵是个人性的情感,没有理学家那些先天、主敬、致虚、复性的内容,也缺少屈原、杜甫诗歌那般不容自己的伦理信托。晚明这些私人性的情感文字之价值不等,有些作品或带美学化的自然题材,因而符合北宋理学以下生生自然观的传统,如张岱的作品;有些作品或带有时事的题材,因为负载了强烈的儒家的价值意识,因而,也可以有明确的教化的意义,如李玉的戏曲。但大体而言,晚明这些符合小市民品味的新兴文类的作品大多表现私人的情性,喃喃儿女语,没有微言大义,缺乏家国比兴的宏大叙事。

晚明大量的小说、戏曲、小品文呈现给我们一幅活生生的晚明的

---

⑥ 17世纪代表性的色情小说《觉后禅》的清代刻本,其版面设计乃是"情痴反正道人编次,情死还魂社友批评","情痴反正""情死还魂"之语当是《牡丹亭》流行后的语汇,充满了反讽的意味。此版面参见泰和嘉成2018年秋季拍卖第2439号拍品。

⑥ 张岱:《祁止祥癖》,《陶庵梦忆》(台北:台湾开明书局,1957),卷4,页58。

生活世界的图像,至于这些广大的文学社会的基盘所呈现的意义为何,窃以为我们在晚明重要的三位文人——袁中郎、汤显祖、冯梦龙的著作上,可以具体地看出来。这三位文人在晚明文学思潮的殿堂上之所以重要,和他们既有作品的展示,也有后设的理论说明有关。换言之,他们是立足于大量的新兴文类作品的基础上,再赋予"情"重要的理论意义的文人,他们三人可分别代表新兴的小品文、戏剧、小说的作家。而且,这三人的经历或信仰都与王学有关,袁中郎一生崇拜王阳明、李卓吾,汤显祖则以罗近溪为师,冯梦龙编有《王阳明出身靖乱录》,此书可视为一本宗教祖师的传记。笼统而言,王阳明、王龙溪、罗近溪、李卓吾四人是晚明文人共通的精神导师。我们选袁中郎、汤显祖、冯梦龙这三位有代表性的文人为样本,可以合理地看出王学对小品文、戏曲、小说的渗透。

首先对五四新文学发挥影响者当是以袁中郎为代表的小品文,五四新文学运动的起因是文学载体的革命,胡适提倡白话文,取代运行两千多年的文言文。他从古代的文献中,寻找一向不为士大夫青睐的俗文学,重新安顿它们在文学史的位置。不但如此,他还赋予这场文学革命进化的意义,亦即文学的演变由文言而白话,恰似生物学的进化论一样。胡适还注重文章的直率,反对模仿、用典,对清代流行的桐城文学殊无好感。胡适所提倡的这些新文学的特色:白话、反模仿、时代性,在《袁中郎集》都可找到呼应之处。

胡适的文学革命与公安派的关系还不是胡适提出来的,而是新文学巨匠周作人创作民国的散文时,很自觉地找到公安派作为理论与实践的前驱。后来林语堂继之,大力宣扬公安派文学的特色,袁中郎为民(国)前锋的印象遂大白于世。新文学史家阿英 1930 年代在林语堂派的刊物《人间世》曾撰文讨论袁中郎,文章破题即宣称道:"世人竞说袁中郎,世人竞学袁中郎。"仿佛袁中郎的精爽起于九原,越界指导了民国新文学的流程⑦,阿英的说法反映了五四运动后一时的文学风气。周作人、林语堂的现身说法是值得重视的。

---

⑦　阿英:《袁中郎与政治》,原载《人间世》,第 7 期,1934 年;收入吴承学、李光摩编:《晚明文学思潮研究》(武汉:湖北教育出版社,2002),页 87—93。

　　公安派文学思想的特色在于反对模仿，直抒性灵，重视戏曲、民歌的价值，公安派的文学创作与文学主张确实与民国的新文学运动颇多相近之处。公安派强调性灵，但"性灵"此词语的指涉为何，其实不像乍看之下那么清楚，它似乎趋近于宋朝严羽所说的"兴趣"或稍晚的王渔洋的"神韵"说，但彼此间的关系如何厘清，其实仍不容易说清。窃以为回到历史的脉络，我们将此派文学的特色放在它与同时代当令的前后七子的"诗必盛唐，文必秦汉"的文学主张作一对照，才看得出来。而此派的文学背后的思想基础，则当放在它与阳明后学，尤其是李卓吾的关系，才能显出它的意义。我们看到上述公安派重俗文学，重直抒胸臆，重历史演变，反模拟等主张，几乎都可在李卓吾的思想找到印证。这种平行关系同样也是文学史的常识，但细节犹可再论，下文会触及之。

　　论及袁中郎的"性灵"主张，论者多主张此说与李卓吾《童心说》的关系，窃以为此种联结是合理的，李卓吾确实是公安三袁的精神导师。然而，我们还可寻得此概念和性命之学的关系。袁中郎一生的学术都和性命之学的追求有关，这种向上一机的追求是包含他在内的公安三袁共同的生命倾向。他与李卓吾、晚明王学、庄子或佛教的关系，都可从此点着眼，而且其发心很早。以性灵定义文学的特性，并非袁中郎首创，与袁中郎同时而年代稍早的屠隆也曾畅发此义。然而，袁中郎提出此概念，并引发焦竑等同辈文士的支持后，此说才大为流行，"性灵"一词遂成为重要的文学主张，这个概念成长的过程仍有值得阐发之处。窃以为以性灵描述文学的创作的心灵，其本源应当与文学特重此心的直感灵妙有关。本来以"灵"字描述心性，即为中国儒道的老传统，不是良知学出现后才兴起的，三袁兄弟都重视的《庄子》一书中[71]，即常见此词。朱子界定"心"字有云"气之灵"[72]，心带有灵气的属性，此义不仅见于朱子，直可视为宋明理学共同接受的定义，王阳明也说良知"以其流行而言谓之气"[73]，两者同样重视心

----

[71] 袁中郎著有《广庄》，袁中道著有《导庄》，都是明代庄子学名著。

[72] 朱子言："所觉者，心之理也；能觉者，气之灵也。""心者，气之精爽。""心官至灵，藏往知来。"三条资料见黎靖德编：《朱子语类》，册1，卷5，页85。

[73] 王守仁：《答陆原静书》，参见陈荣捷：《王阳明传习录详注集评》，卷中，页216。

气之灵妙。差别在此"气"字该属超越义或形下义,其性质如何理解而已。

然而,朱子一方面固然强调此心之灵,但在主敬与格物穷理双管齐下的工夫管辖下,此心之灵的"灵"字其实需要大打折扣的,因为它需要被看管,需要累积知识,需要配合天理在此世的化身的礼法拘束。在强烈的道德意识之光的照临下,检点身心是朱子学者常见的行为模式。在阳明学传统中,凡言及"世儒""识心""习见"云云,大概都指向世间的朱子学。因为正是相对于朱子小心翼翼的持敬之心,王阳明的良知更着重它不受世间礼法、人间知识约束的特色。王阳明喜欢以"灵"字形容良知,如言"(良知)自然灵昭明觉"(《大学问》),"良知即是天植灵根"(《传习录·卷上》),"良知是造化的精灵"(《传习录·卷下》)。他更以"灵窍"形容此心之特色,灵窍云云,意指此心之灵可以感应四方,直感力量不断涌起[74]。王学传到了影响李卓吾、公安派甚巨的王龙溪时,以"灵"字解释良知的特色,更是层出不穷,如云:"一念灵明"(《冲元会纪》),"自己灵根"(《维扬晤语》),"知是贯彻天地万物之灵气"(《三山丽泽录》),"一点灵明不容自昧"(《约会同志疏》)。在《白鹿洞续讲义》一文中,王龙溪更直言:"良知者,性之灵也。"[75]后来的黄宗羲在《明儒学案》即批判他"任一点虚灵知觉之气,纵横自在",也是以"虚灵"描绘他的良知学的特色。我们如比较王学的良知之"虚灵知觉"与公安派的"性灵"之说,不难发现两者之间的相似性。

公安三派虽然已注意到俗文学(山歌、小说、戏剧)的价值,但对于"情"与创作的关系,着墨不多。小品文的创作首先对冲的就是古文学家的文风与文学主张,和"情"的主张不太相干。但有一点可以肯定的,公安派都相信在价值的位阶上,有比文学之情更高的价值。袁中道(小修)给他的兄长袁中郎写的《行状》中提及袁中郎晚年常说的话:"吾觉向来精神未免泼散,近日一意收敛,楼成,每日坐三炷香,

---

㉗ 参见冯耀明:《王阳明的良知理论:王阳明哲学新诠》,台湾《清华学报》,新第42卷第2期(2012年6月),页261—300。

㉘ 上述王龙溪语,分别参见《王畿集》,页4,8,12,53,46。

收息静坐。"又曰："四十以后，置粉黛，纵情欲，便非好消息也。"[76]类似的话在袁中郎晚年的生活中，大概常出现。袁中郎的主要身份是文人，其论理多少有些名士禅之风，但他曾悟入"净妙境界"[77]，对于禅佛义理大概都有解行兼重的能力，不能以野狐禅视之。向上一机的向往在袁中郎的生命中占有显著地位，类似的倾向也见于袁小修身上，他们同样在诗歌之外看到更高的价值。

袁中郎、袁小修在文学与性命之学之间的抉择，我们由他们两人与李卓吾的关系可略窥一斑。三袁兄弟在当世学者中最佩服李卓吾，可谓拳拳服膺，不能自已。李卓吾对三袁兄弟也格外青睐，照顾之情异乎凡常。然而，袁中郎兄弟后来终觉得李卓吾之学未免于修行有所欠缺，不能填补人生的一个重要缺口。如果生死事大，严肃面对死亡甚至超脱死亡，被视为人生的第一大事，文学与道的关系即很难不重新调整。袁中郎处理文学与道的关系，依先秦儒家义，其实已偏离了主轴，晚明的黄宗羲、王船山都曾发展出更合理的儒家版的文道关系。袁中郎在晚明三教论的熏陶下，他的思想走向了佛教的涅槃世界。晚明的小品文的主题与情爱论述关系较远，小品文现身于晚明的意义在于它松动了前后七子凝滞稳重的文风，其题材多围绕个人性的情怀展开，其角色和民国新文学时期的小品文之于桐城派古文差堪比较。晚明小品文为后来情炽而肆的新兴文学铺了道路，但它本身对男女之情的主题着墨不深，文学的情念本质的焦点聚集在小说与戏剧这两种文类上面。

在晚明新兴的戏剧中，"情"的地位被提得很高，汤显祖的《牡丹亭》是个标记，他在此书的《题词》中有云："情不知所起，一往而深，生者可以死，死可以生。生而不可与死，死而不可复生者，皆非情之至也。"[78]汤显祖为情争地位，情之所至，一往不复，生死不计，甚至可起死回生，其语颇有宣言的性质。在《牡丹亭》之前，中国诗歌中不乏歌

---

[76]　袁中道：《吏部验封司郎中中郎先生行状》，收入《袁宏道集笺校·附录二》（上海：上海古籍出版社，1981），下册，页 1656。

[77]　"始悟从前入处，多是净妙境界，一属净妙，便是恶知恶解。"参见袁宏道：《答陶石篑》，《袁中郎尺牍》，收入杨家骆编：《袁中郎全集》（台北：世界书局，1978），页 57。

[78]　汤显祖：《题词》，《牡丹亭》（香港：中华书局，1976），页 1。

咏男女爱情之作,男女情诗在《诗经》《楚辞》中,即颇多名篇(如《蒹葭》《山鬼》)。汉魏乐府(如《上邪》)或唐诗(如《长恨歌》)中,亦多歌咏爱情超越生死之作。汤显祖的《牡丹亭》描述的,可说是一组不断在诗歌传统回荡的主题。但《牡丹亭》因为出现在晚明,男女爱情的叙述大量涌现,他与大儒罗近溪、名僧达观有极深的情谊,而他又特别赋予男女爱情一个"情"这样的性理学词汇的内涵,此书的作用遂不止于其他同类型的书的作用,而当放在一个更大的时代思潮的脉络下定位。在晚明这个关键性的时期,也是全球化开始运作的时期,《牡丹亭》一书遂享有特殊的象征,俨然可以与同一时期的英国戏剧圣手莎士比亚比埒⑦。

《牡丹亭》中柳梦梅与杜丽娘横跨生死之情的本事相当著名,笔者很容易联想到他的精神导师罗近溪晚年追忆不幸罹患时疫死亡的两位儿子,因而相信"延灵"(类似招魂)之术,而有生死之间对话的事迹。罗近溪一代大儒竟相信观阴招魂之术,不免招来时人"遗议"。然而,罗近溪之举岂不正是汤显祖所说的"生者可以死,死者可以生"之义吗?罗近溪晚年因事入滇,两位儿子伴随而行,竟不幸先后罹患疫疾而亡,罗近溪思念不已,因而有招魂对话之举,难道是那么难以理解吗?事实上,《礼记·祭义》等儒家经典中都曾提及过"恍惚与神明交"的祭祀伦理⑧,罗近溪之举未必不合儒门义理,只因生死事大,神鬼幽邈,祀奉鬼神之道不能不更慎重而已。窃以为《牡丹亭》的跨越生死恋或与罗近溪这则惨怆的人伦悲剧有关。

汤显祖的情论虽然具体地显像于《牡丹亭》一剧中,而且此剧本所说的情即是男女之情,男女情爱的主题从边缘走入核心,随着晚明印刷业的发达,此书一纸风行,家传户诵,几令《西厢》减价⑧。在汤显祖之前,中国文学史上大概没有一部言男女之情的著作像《牡丹亭》

---

⑦ 参见赵景深:《汤显祖与莎士比亚》,原刊于《文艺春秋》,1946年第1期;后收入毛效同编:《汤显祖研究资料汇编》,下册,页727—733。又见郑培凯:《汤显祖与晚明文化》(台北:允晨文化公司,1995)。

⑧ 参见拙作:《恍惚的伦理》,收入《比较视野下的先秦儒学国际学术研讨会论文集》(新加坡:南洋理工大学,2016),页143—186。

⑧ "家传户诵,几令《西厢》减价"语出沈德符:《填词名手》,收入《万历野获编》(北京:中华书局,1959),中册,卷25,页643。

那般流行，而且那般理直气壮。《牡丹亭》第一出《标目》有句"白日消磨肠断句，世间只有情难诉"，世间痴情男女不便说出心中事，此事有待于阳明学子孙代为诉衷情。就作为"情使"的汤显祖来说[82]，他既然写出了《牡丹亭》，即意指良知学经过泰州学派进入文人手中，它发生了急遽的转折，男女之情要在良知学的光谱上显现。

汤显祖在儒家思想史上的意义在于他将"男女之情"带到儒者不能不正视的地步，但作为泰州学派大儒罗近溪的传人，汤显祖并没有将"情"字专有化，只指涉男女之情，相反地，男女之情被视为"情"概念的一环，他还是将"情"的内涵运用到其他的人际关系上面。他怀念释达观的诗云："无情无尽恰情多，情到无多得尽么？解到多情情尽处，月中无树影无波。"[83]此七绝诗绕着"情"字翻转，意指情之为物永劫难磨，看似情尽，其情更多。其语"情尽""情多"交迭而起，若绕口令，更显示"情"之一字已成了他核心的关怀，缠绵纠结，无处割舍。此诗歌咏的释达观乃是汤显祖交往极密切的诗友，此僧是晚明风云人物，与李卓吾并称"二大教主"。澹然出世之僧而入世情怀深切，后因涉世太深，触犯禁忌，最终死于狱中[84]。可见"情"之魔力无远弗届，连高僧都情化了。汤显祖在晚明情论史上的地位当是他赋予男女之情独特的位置，但男女之情是情的焦点，却不是全部。且他的男女之情有良知学作为支柱，只是他的良知学不同于阳明后学所述，它是以情的面貌出现的，汤显祖的创作的理论背景相当值得注意。

如果汤显祖可视作为晚明情教立教的宗师，冯梦龙则可视作为晚明情教传教的司令，冯梦龙一生的际遇在儒家文人与落魄文人间徘徊，他的不遇的遭遇与卖文为活的生活促使他编撰了大量的戏曲、小说，俨然成为晚明新兴文学的一大宗。他是晚明的柳耆卿，三百多年前的波特莱尔。在他有关情的论述中，他编的两本民歌集《童痴一弄：挂枝儿》与《童痴二弄：山歌》，以及小说集《情史》具有相当的指

---

[82]　"情使"一词本来是汤显祖用以形容白居易、苏东坡这些人扮演的角色，汤显祖也是此道中人。"迩来情事，达师应怜我，白太傅、苏长公终是为情使耳。"汤显祖：《寄达观》，收入《玉茗堂全集·尺牍》，《四库全书存目丛书》（台南：庄严文化出版公司，1997），集部181，卷2，页11—12，总页663。

[83]　汤显祖：《江中见月怀达公》，收入《玉茗堂全集·诗》，卷14，页36，总页481。

[84]　参见沈德符：《二大教主》，收入《万历野获编》，下册，卷27，页691。

标作用。民歌在中国文学传统中,并不是从未受到重视,《诗经·国风》中的部分作品很可能即出之于民歌,这也是后世彰扬民歌价值者——包含冯梦龙本人一再强调的重点。汉魏乐府、后世文人如刘禹锡的作品中,也颇有出色的诗作。但无可否认地,六朝以后,《诗经》与汉魏乐府的民歌已升为经部的经或文学的经典作品,麻雀变凤凰,其性质已不同于昔日的民歌。昔日荣光俱往矣!盛事不再来。唐宋以下的诗歌的主角已换上重要文人登场,民歌已不易为士子青睐。

　　民歌之见弃于大雅君子,雅、俗之别应当是很重要的理由,而雅俗的形成除了和文学技巧有关外,和题材也颇有交涉。民歌一向重男女之情,而且其言不雅驯,时有直白之言,难免会受到士大夫阶层的排挤。冯梦龙则直言:"桑间、濮上,国风刺之,尼父录焉,以是为情真而不可废也。山歌虽俚甚,独非郑、卫之遗欤?且今虽季世,而但有假诗文,无假山歌。则以山歌不与诗文争名,故不屑假。苟其不屑假,而吾借以存真,不亦可乎!"⑧"情真""不屑假"之说让我们联想到李卓吾的《童心说》,李卓吾论人特重真实,本色,不说空头话,《童心说》即为此说的代表性论点。冯梦龙的论点可以说取之于李卓吾,但他的"真"更向红尘男女靠近了一大步。冯梦龙不像鸿儒巨子将真(诚)视为超越的人性的属性,而是将它与男女情欲连结在一起,男女情欲才是人的真相,顺情欲而发,乃是尽心知性,山歌也有工夫的意义。冯梦龙直言,他是要"借男女之真情,发名教之伪药"⑧。

　　《山歌》《挂枝儿》的情色成分到了《情史》一书,愈发浓厚,《情史》其书可视为男女性情的感情现象学,也可视为一部男女之情的丛书集成,此书厚厚二十四卷,全书分"情贞""情缘""情私""情侠""情豪""情爱""情痴""情感""情幻""情灵""情化""情媒""情憾""情仇""情芽""情报""情秽""情累""情疑""情鬼""情妖""情外""情通""情迹"二十四类。帝王将相、才子佳人,无人不情,甚至幽明鬼神,也情语款款。作者由此有偈曰:"天地若无情,不生一切物。一切

---

　　⑧　冯梦龙:《序山歌》,收入《冯梦龙诗文》(福州:海峡文艺出版社,1985),页1。
　　⑧　同前注。

物无情,不能环相生。生生而不灭,由情不灭故。四大皆幻设,惟情不虚假。"⑧情的地位被提升到空前未有的高度,情取代了空,空即是情。以有情义故,一切法得成。

从李卓吾引发与世俗伦常的冲突,锒铛入狱,且以自决收场,直至冯梦龙歌咏"情不灭",且以殉国结局,前后不过半世纪,但时代的思潮已变化若是。大约同一段时间,恰好也是江右学派后学以及东林学派特别警惕情欲横流、世风日下的严肃时刻。同样在儒家的旗帜下,同样要给"情"正确的位置,但两方却无法讲通,我们有必要探究个中究竟。

七、从情论到情教

"晚明"这个阶段在明末清初几位身经国破家亡的儒者眼中是个人欲横流的时代,刘宗周的慎独诚意之学可以说因应阳明后学的流弊而发,黄宗羲、顾炎武、王船山这三大儒言及李卓吾,皆难免一番批判。在清代馆臣的著作中,只要言及李卓吾学圈以及受他影响的晚明文人的著作,也都疾言厉色,不能有正面肯定的语言。面对晚明思潮,儒者与文士的态度呈现明显的分化。

中国虽然向来有文学政治学的主张,认为文学的表现和国家兴亡息息相关,但像晚明思潮引发那般激烈的冲突,彼此认真其事地加以较量的情况,毋宁是较稀罕的。晚明所以能引发这么大的风潮,事出有因。晚明的新兴文学不能以民国以后纯文学的性质界定之,即使小品文最少国计民生的严肃主题,而多言及风花雪月,但他们相信"修辞立其诚"此主题不比国计民生更不重要,也就是更符合儒门的价值。小品文的作者和民国的文人活在不同的文化氛围,从头到尾,这些文人所接受的思想以至于他们的作品所要传达的讯息,都和儒门尤其是阳明学息息相关,文学的政治性自始至终都是他们意图中的一部分。

晚明这些新兴文学作品虽然多言及私人情性之事,但他们恰好

---

⑧　冯梦龙:《情史序》。

不认为这些私人情事,包含男女之情,只有私人性的意义,他们认为他们说的是重要的伦理价值之事。他们的作品有商品经济的内涵,但更有严肃的载道目的。他们既讲学,也布道,只是他们传达不一样的道与学。汤显祖生前掀起了巨大的旋风,他的作品的评价遂引起了极大的争议。但汤显祖始终以传道自任,晚明有些文献记载汤显祖曾以"讲情"对照理学家的"讲性",两者皆是讲学,只是所讲的内容不同而已⑧。他还进一步抬高"情"的地位,我们且看底下这条材料,看汤显祖如何给自己的"情"定位的:

> 离情而言性,一家之私言也;合情而言性,天下之公
> 言也。⑨

他的话应该是有针对性的,很可能是针对业已世俗化的意识形态的朱子学而来。汤显祖在晚明动见观瞻,影响极大,引文所说虽然不是出自他的文集,但很可能真有其事。汤显祖自认为自己也是讲学,只是他的讲学乃是"天下之公言",他是合情性,也就是合情理而言的。他宣扬一种不同于王廷相那种气学的非理学的理学,他不从形上学立论,而是从存在的情感当下立论。

晚明新兴文体所呈现的"情"的面貌,基本上已脱离了性命之学的框架,它更明显地指向了气性之人所具备的私人性情感,尤其指向了男女之情,这种私人性的气质情感被视为人性真正的内涵,如何经营这种私人性的情感,它要依照另类的工夫论模式,学者不再逆觉体证,不再格物穷理。而是就情论情,忠实于私人性情感的模态,再加以证成。晚明的情欲路线也有教化的作用,此之谓"情教",冯梦龙所谓"六经皆以情教也",性命之书至此一变而为情性之书。他更宣称:

---

⑧　汤显祖曾对劝导他讲学而不要搞戏剧的张洪阳说:"此正是吾讲学,公所讲是性,吾所讲是情。"参见张岱:《快园道古》(杭州:浙江古籍出版社,1986),页49。另,陈继儒、周亮工、朱彝尊等人的言论中也有类似的说法,可见流传之广。参见毛效同编:《汤显祖研究资料汇编》,下册,页855、875、883。

⑨　汤显祖之语见程允昌《南九宫十三调曲谱序》,引见韩经太:《理学文化与文学思潮》(北京:中华书局,1997),页269。

"我欲立情教,教诲诸众生。"⑨冯梦龙成了传教士,他要宣扬新福音到来的喜讯。冯梦龙所说的"情"俨然可和朱子的"理"或王阳明的"良知"并称,皆可称"教"。这样的"情教"主张在之前的中国思想界确实极陌生,反而和民国以后的新文化运动的主张遥遥有相呼应之处。

晚明"情"教的高涨是个显著的事实,李卓吾、汤显祖、释达观、冯梦龙都有情教教主的资格,而且他们所说的情的内涵已涉入男女之情这个距离三教性命之学最远的一个领域。但这个显著的事实如何理解,却不能不说是个仍须处理的复杂难题。"教"字如果采用《中庸》"修道之谓教"的定义,汤显祖、冯梦龙等人确实是有意以情释理,进而以情为教,而且,他们可以将这这套情教连结上王阳明的良知之教。不但如此,如果我们采取"教"的宗教用法,它还会牵涉到教主、教典的因素,王阳明很可能被他们视为儒家情教的教主⑨。往上逆推,晚明这些文人确实也从《诗经》《易经》获得经典的保障,并以孔、孟之言作为情教在儒家传统中的正当性。汤显祖、冯梦龙等人虽然不像程、朱、高(攀龙)、刘(蕺山)那般具有强烈的宗教人格,但他们无疑地也是儒学中人,认为自己所作的情教工作也是在彰显人的本性,恢复久被遗忘的儒家价值,他们重新界定圣人与经典的性格。

但既然说及伦理规范的问题,我们即不能不进入规范标准的讨论,我们不能不探讨他们的作品的破坏性是否为纯破坏,或是建设性的破坏。就晚明文人的表现而言,首先,他们赋予情极高的价值,他们也很自觉地在《六经》与他们的作品产生有意义的连结。在先秦儒家,主张情与礼乐教化之间的紧密关系的文字何其多,所谓"礼者,因人之情而为之节文"(《礼记·坊记》)之说即是。《诗经》起于《关雎》歌咏爱情,《易经》起于乾坤双元、阴阳并立,尤为晚明文人引以为证的经典依据。他们替男女之情争地位,但反对将男女之情,下拉到只是"食色之性"的地位,"食色之性"的解释只能解释《觉后禅》这类的

---

⑨　冯梦龙:《情史序》。
⑨　冯梦龙编的《王阳明出身靖乱录》是个很好的指标,此书其实是他的三教教主论述中的一种,这种"教主"义当然是较宽松的说法。

色情小说㉜。总而言之,我们定位晚明这些新兴文类的作品,仍当将它们放在《诗经》《楚辞》的"载道",或原始版的抒情传统下看待。儒家的文学观只能是古典的文学观,文学的关怀总和伦理的关怀连结在一起㉝,晚明这些文人仍属于这个古典的文学传统。

其次,即使就他们的立身处世而言,虽然不能以程、朱、高、刘的标准衡格之,文人毕竟是文人,他们的人格特质与在世使命与理学家的定位并不相同。但不相同,不见得不能相互欣赏。东林党人在晚明最以风骨崚嶒著称,汤显祖与东林党大老赵南星、顾宪成、顾允成、高攀龙都有往还,相互推挹。冯梦龙也与东林党人友好,在天启年间的东林、阉党的斗争中,他也是受害者。晚明这些文人有真性情,都恶虚伪,在儒家所重视的大节上,他们的表现也都可观。袁中郎、汤显祖为官任职,都尽忠职守,甚至可说凛然立节,我们找不到太多可议之处。蒋士铨为汤显祖立传,甚至说他"志意激昂,风节遒劲,平生以天下为己任"㉞,俨然有李膺、范仲淹之风。晚明这些文人是《文苑传》中人物,但也是《儒林传》中人物。

即使在男女之情上,尤其在男女之情上,我们更有必要仔细考量这些文人对于自己作品的评价,聆听作者的声音。如果我们承认良知是要在人伦之间展开的,如果我们承认《易经》所说的乾坤并建,双元同一之说具有存有论的优先性的话,晚明文人在国史上首度大量歌咏爱情,尽量拉近两性地位的平等,这样地诠释六经,重解圣人之意,毋宁是对儒家伦理极大的肯定。虽然表面看来,这样的趋势将圣人与经典的地位往下拉了,凡有井水处即有圣人之道;但情的人性原本即是日用伦常的人性,"极高明而道中庸"本来即是儒家的法语,社

㉜　汤显祖在《秀才说》一文中批判当年"以道性为虚,以食色之性为实"的说法者,其人并不识性,他主张"生之为性是也,非食色性也之生"。汤显祖的"生之为性"的解释应当不是承自告子,而是承自程明道的传统,意指男女之情是生命成长的表现,也是性体圆融的表现,不能只以本能欲望视之。参见汤显祖:《秀才说》,收入《玉茗堂全集·文》,卷10,页6—7,总页125—126。

㉝　牟宗三先生1976年在台湾大学演讲,曾接受中文系学生的访问,他回答学生有关理学的文学观时,力言:"理学家有文学观的话,那一定是现在所谓的古典主义,人本主义。"演讲稿先发表在中文系系刊《新潮》,后由《鹅湖》转载,并加上了篇名。参见《访牟宗三先生谈宗教、道德与文化》,《鹅湖》,第23期(1977年5月)。

㉞　蒋士铨:《玉茗先生传》,收入毛效同编:《汤显祖研究资料汇编》,上册,页93。

会是建构在日用伦常的人性之上的。正视情性的存在并没有下拉的问题，问题是日用伦常的人性是否有规范性的力量。圣人原本即为世人及世间立言，李卓吾说"穿衣吃饭，即是人伦物理"，原本也是阳明的主张⑤。圣人对个人的自我期许与对世间规范的定位，两者相通而不相同，圣人对芸芸众生有起码的要求，希望他们成圣，而不强制要求成圣。我们有理由相信：在晚明出现大量歌咏爱情的作品，剔除掉情欲消费学的那些色情产品外，晚明文人的选材活化了儒家伦理原本即存在的夫妇或男女之情一伦，这种选择毋宁是儒门价值体系的扩充。中国有长久的封建传统的历史，在长久的社会演变过程中，社会的稳定和人性潜能的展现，比如情性的合理发展，不会没有矛盾的，体制的暴力是社会的事实，李卓吾的最后命运即是个活生生的悲惨例子。即使晚明文人这些主张当时是破坏，很可能也起了很大的破坏作用，但这种破坏乃是建设性的破坏。

晚明戏曲、小说对伦常的破坏之所以为建设性的破坏，在于他们的破坏面落在僵固的社会规范，其建设性则在于解放人性中被压抑的重要成分，他们是很自觉的。我们如果稍加探究影响民国新文学运动重要的晚明文人的著作，不难发现他们的意图始终在于重新疏浚被习俗层层压抑的人性，让人的"真性"可以更如理地显现出来。晚明文人特别重视"真"字，修辞立其诚，他们相信他们做的工作是人性的复权，而且是符合儒家义理的，或者更明快地说，他们认为他们是依儒家的义理重新安顿世界秩序的。不管就行事或就言论来说，这些影响民国新文化的晚明文人都是良知拂照下成长的文坛巨匠，恰好不是要破坏儒门价值的叛徒。以"叛徒"形容李卓吾、汤显祖、冯梦龙或任何重要的晚明文人⑥，这是后世献身于革命热潮的学者的想象，其实无法成立。

还是回到当时常被诟病的男女问题上面。晚明文人的关怀是要发"男女之真情"的，而不是所谓的"情欲解放"。诚然，在以往的儒家文献中，我们很少看到在这么短的时间内，出现大量描述男女之情的

---

⑤ 王阳明《答人问道》云："饥来吃饭倦来眠，只此修行玄更玄。"参见吴光等编：《王阳明全集》（杭州：浙江古籍出版社，2010），册3，卷20，页827。

⑥ 参见吴泽：《儒教叛徒——李卓吾》（出版地不详：仲信出版社，1949）。

作品。在这些大量的情性作品中,许多男女关系的型态是以往少碰到的,比如冯梦龙的《情史》将男女之情分成二十四类,这种分类有些像刘勰将文体分成八体,司空图将诗分成二十四品,《情史》内容是完整的情性现象学的展示,是中国男女之情叙述的集大成之作。但我们阅读这些五颜六色的情性内容——不只《情史》所述,戏曲亦然——不难发现这些情性叙述多有道德的内涵,也多有规范的意义。从晚明文人的观点看来,他们之所以描述这么多类型男女爱情的故事,为的是要扩展传统文化的领域,弥补以往之缺陷。换言之,种种的爱情故事乃是儒家在"男女"或"夫妇"一伦下该有的展现模式,以往因为格于强制性的社会规范力量,这些该有的表现形式无法如理如情地表现出来。但世事变化无穷,社会阶层流动难测,人际关系(包含男女关系)因战乱分离,或人生际遇而改变,而后经过曲折过程或再度聚首,或分别展开新家庭之事,在历史上这些变化都是可能发生的。但不管或分或合,其行为都不出人情,但人情也要符合情理。情之所至,理亦随之安顿。圣人为众生立教,儒者需要正视芸芸众生的苦痛。

晚明文人的情教论基本上建立在晚明良知学的发展上,他们与其师长辈的阳明后学之间,确实有断层,但伦理的关怀始终维系着前后两组不同思想方向的儒教学者与儒教文人。至此为止,我们应该有充分的理由足以划清晚明文学的原貌以及它在民国新文化运动中的形象。如就民国以来的文学由文学革命走向革命文学的趋势来看,我们可以说前者的冲决世间礼教为后者铺陈了康庄大道。我们似乎也可以说晚明文学的情欲主体论走向情欲解放的色情文学,由色情文学导向了崇祯十七年的农民革命与清兵入关为中原主的绝大悲剧,这样的连结似乎是顺遂的发展,因为冲破一切伦理藩篱的色情文学是革命最大的同盟军。明清之际,身陷亡国悲剧的儒者大体即有如此的看法,虽然他们也许不用这样的语言。然而,如就影响民国文学极深远的这些晚明文人的动机来看,后人对他们的描述不能不有鲁迅所批判的,是否有画像"画歪"的问题。我们如就这些文人(包括本文所提的三位文人以及未提的钟惺、徐文长、王思任、张岱、陈洪绶等人)来看,他们几乎都受到良知学影响,其文学主张也都是建立在儒家古典文学的主张上。他们一生的行事从今日看来,其实都有很强的道德意识。即使作品最具市井风情的冯梦龙,他的人生结尾可以说是以殉国殉道终⑰。因此,返回当日的历史舞台,体察这些文人的用心,重新疏解"情教"的内涵,这样的选择应当是合理的。

八、结论:一场帮助教化的情欲革命

民国新文化运动诸环节中,主体范式的改变是核心的一节,情则是此核心中的核心。溯源"情"地位的升起,晚明新兴文学提供的资源和新文化运动中的民国新文学的兴起有关。民国新文学运动的重要现象也是一大成就,在于原本倍受当时士人忽视的小说、戏曲以及较边缘的小品文等文类被提升到主流文学的地位,而这些新文学类型出现的大宗在晚明时期即已出现,而晚明与民国新文化思潮同样都有向主体意识的"情"倾斜之趋势。两股文学运动在时隔三百年后,竟得彼此呼应,这股异代同流的现象不能不引起学界的关心。学者或称呼这样的解释为情欲主体的晚明文学观,情欲主体的解释模式可以独立看待,也可视为资本主义萌芽期假说下的一环。然而,这股重情的思潮相当程度是自宋代以来儒学复兴运动中重要的一环,明代心学继宋代理学而起,晚明乃是此股思潮发展的高峰。阳明后学也有"情"的主张,我们称之为"超越论的情论"。我们要论断民国新文学运动的是非得失,不能不逆返情论的源头,浚河导流,在理学发展的脉络下寻得定位,同时正视情欲论与超越论的论述,视野才可以较为清晰。

阳明学兴起于东亚世界的一大历史意义在于转化朱子学的"性即理"的模式,将规范者的角色由"性"转向"心",心的能动性特别强。但作为理学一大宗派的王学,仍坚守理学共同的承诺,亦即其良知仍具有本体义,良知仍是理,良知的发用仍带有普遍义的规范作用。任

---

⑰ 冯梦龙在天启年间与东林党人友好,曾受阉党迫害。崇祯十七年(1644),亲历李自成攻破北京以及明清鼎革,冯梦龙悲恸莫名,乃先后撰写《甲申纪事》以及《中兴伟略》鼓吹中兴,并积极参与抗清军事活动。1646年春,忧愤而死,或言为清兵所杀,具体死亡情景不详。

何良知理论如果没有包含"良知之天理"义应当就是严重偏离了阳明的良知学。从"心即理"的角度入手,本文所说的三派阳明后学不管外表上相去多远,我们可以确定他们都主张任何的情之展现都有理的规范在内,情都体现了先天且规范的性质。其情皆须高看,王学的"情"原则上都必须兼具活动义与规范义。

晚明的文学家大概都受到王阳明及其后学王龙溪、罗近溪、李卓吾这三位儒者的影响,良知学之所以流传天下如许之广,诚如黄宗羲所说的,乃因有"龙溪与泰州",他说的"泰州"的大宗实指罗近溪。但王龙溪与罗近溪的立论中殊少论及男女情欲的问题,两人的学问仍然是扎根于先天层次上的良知发用之学。真正将良知学与男女情欲结合,并脱略逆觉证体工夫的人,乃是李卓吾。李卓吾赋予女性平等的地位,也赋予夫妇之情极高的价值。但在赋予价值的行动中,男女之情的规范保住了,至于此情与性命之学的关系如何,李卓吾没有详细的论述,只能说引而未发。这种具规范义而又缺乏性命之学加以证成的格局基本上为晚明文学家所继承,晚明这些创作新兴文学的文人虽然不是理学家,但就价值取向而言都是儒者。

从阳明的良知兼顾活动义与规范义着手,我们观察晚明王学与戏曲、小说、小品文的关系,发现独特而诡异的连结。就晚明文人的创作意图来说,他们创作的小说、戏曲与小品文仍不离"文以载道"的传统,却更情性化、市民化,但情性化、市民化的风格无碍于规范化的要求,因为这些新颖的内容,包含男女私情的内容可以视为良知在新的历史情境下的表现。这些影响民国新文学运动甚深的晚明文人不管在言论上或行动上都有意活化古典儒学的价值,没有造反儒家传统的意图,这是确切无疑的。至于批判传统批判得彻不彻底,这是20世纪中国社会主义革命者的言说,马克思主义者眼中的晚明文学是透过阶级史观的眼镜折射出来的幻影,无干于晚明的文学现实,晚明文学家行的是一场帮助教化的情欲革命⑱

---

⑱ 大木康曾撰数文讨论冯梦龙的作品兼重情与教化,其论点洵符合冯梦龙的意图。参见大木康:《情欲与教化——以〈古今小说〉卷一为材料》,收入王瑷玲编:《明清文学与思想中之主体意识与社会 文学篇》,页185—212。大木康:《冯梦龙〈三言〉的编纂意图——特论劝善惩恶的意义》,《东方学》,69辑(1985年1月),页105—118。

晚明流行两股情论的主张，超越之情原则上遍于所有的阳明后学，超越之情是后出的男女情欲之情的历史源头，却不是理论的直接源头。晚明新文学的情欲思想源自良知学，但在接收的过程中，他们很自然地脱离了良知的"天理"义，反而更多地接受了良知的"自然"义。这两股情论在李卓吾之后，基本上是分流状态，甚至是对反的，各走各的路。对于这种分流并存的现象，如何评价呢？站在儒家的立场，笔者认为晚明新文学特别彰显了男女之情的作用，一方面具有极大的正面意义，它是史上首度如此大规范地以儒家的面目正式面对男女之情的议题，而且赋予它"道"的内涵。但自另一方面而言，"良知之天理"所蕴含的"直造先天境界"的因素以及情爱该有的工夫论内涵，在晚明这些新文学运动文人中都相对贫乏。良知学预设了情生于性，情当是良知的具体化载体。但当情欲主体的情运作于市井风情的人生百态时，它基本上即失去了与向上一机的联系作用。男女之情很容易交引而日下，情欲炽热至极反而烧毁了两情相悦成全人格的目标。江右学派、蕺山学派之所以对二溪之学抱有隐忧，李卓吾之所以受到严厉的批判，大约都和"向上一机的失落"之忧虑有关。

不管从晚明两股情论的发展，或者从当今学界对晚明思潮的反思来看，两条途径都没有交集，甚或冲突。但窃以为从整体儒家社会的视角着眼，两者分流正可相互弥补，超越论与情欲论扮演了不同的角色。情欲论如果没有超越论加以调解，男女之情很容易久假而不返，下焉者即有大量的色情作品伴随而生此现象。李卓吾在晚明引发这么大的争议，不见得全是有心者无的放矢。清初的色情小说《梧桐影》有言："淫风太盛，苏松杭嘉湖一带地方，不减当年郑卫。你道什么缘故，自才子李秃翁设为男女无碍教，湖广麻城盛行，渐渐的南路都变坏了。"⑨《梧桐影》乃是清代一再被禁的老牌色情小说，确实的创作年代不详，但距离李卓吾年代应该已有段距离，只是李卓吾（也就是文中说的才子李秃翁）的流风余韵仍在，书中的论点可说是作者的现身说法。虽然倡议者不一定要为影响负责，但作为肩负人间秩

---

⑨　参见《梧桐影》，收入《思无邪汇宝》，册16，第3回，页32。

序的儒者而言,伦理的效应似乎不该被排斥在事先的考量之外。从江右到蕺山,他们力挽情欲的流弊,不能说没有重要的意义⑩。

反过来说,我们也有理由给有规范性的情欲路线一个恰当的位置。男女情欲要和性命之学连结,依照儒家的义理衡定之,这种连结原本即是不能逃的一个领域。五伦中的四伦皆可入道,为何男女之情,甚至变风变雅的男女之情即不可以呢?刘宗周的超越之情有防弊之作用,但途径太孤峭,基本上已脱离了男女一伦的现实意义,上与太初而为邻。窃以为李卓吾在《夫妇篇总论》所提的"天下万物皆生于两,不生于一",乃是值得重视的提案。李卓吾的提案可名为"相偶论"的主张,这种主张在先秦、在汉代皆有先声,但其彻底发展则在18世纪的阮元、焦循、丁茶山或更早的伊藤仁斋等人⑩。18世纪相偶论的主张常被放在反理学的脉络下定位,但此说的价值可以提得更高,它可以放在生活世界的伦理意识立论;也可从理学的"一故神、两故化"或"太极—阴阳的诡谲同一"之说导出;也可以依经典立论,窃以为《易经》可视为总教教门。李卓吾之论已触及了此问题,清代文人如刘熙载等人的著作中也正式面对交感的意义,唐君毅先生后来的立论尤为恢弘,放在民国新文学运动的脉络下思考相偶论的价值,更显精光四射,此义犹待申论⑩。

超越之情与情欲之情两途的主张都源出王门,在阳明后学处,这两种情乃同体异用,没有分化。但同源异流,到了何心隐、李卓吾时,向上一机断了线,彼此相去日远。但断了向上一机之线,并没有断掉伦理一线。晚明的小说、戏剧多带有道德内涵,情中有理,他们的写作为的是反封闭的传统以恢复儒家真正的伦理,这是他们共同信守的立场,但这样的特色似乎是晚近论晚明文学者不甚喜闻的面向。

---

⑩ 晚明文人有另一条自我救赎之路,他们上焉者往往在最后向空门讨消息,袁中郎兄弟即是如此,即使李卓吾本人也免不了。那是另一种生命方向的选择,可说是情的逃脱,无关于情的经营,此事自宜另论。

⑩ 参见拙著:《异议的意义——近世东亚的反理学思潮》(台北:台湾大学出版中心,2012)。

⑩ 我们可再举李卓吾的三教论为例,李卓吾论三教平等,即以夫妇、天地,"既已同其元矣,而谓三教圣人各别可乎?""同其元"指的是《易经》乾元、坤元并称,无分轩轾,三教也可以平等视之,这是一种另类的多元平等主义。引自《答马历山》,收入《续焚书》,《焚书·续焚书》,卷1,页1。

至于左翼学者论中国现代性的问题时,进一步将晚明文学的情概念的规范性狭窄化也特殊化,比如以阶级意识当作规范的具体内容,那就距离中国文学的传统——还不只晚明文学的传统——太过遥远了。中国现代文学的路线之争中,真有"别子为宗"的问题。

论庄子的"真宰"与"真君"*

方万全**

内容提要：在《庄子·齐物论》中，与"真宰"与"真君"的讨论有关的一段文字内，有"非彼无我，非我无所取。是亦近矣，而不知其所为使"的说法。对于何谓"非彼无我，非我无所取"以及何谓"近"，一直是注家争论的焦点。我们认为透过 Peter Strawson"person"的概念，可以对此提出合理的诠释。而对于庄子有关真君之存在的说明，也要透过分析庄子的论证，指出这样的说明其实有"丐题"（begging the question）之嫌。我们也要说明，向来大部分注家均认为"真宰"就是"真君"的说法，往往不是出于"丐题"，就是欠缺足够的根据；本文借着文本分析，对于二者可能是同一个东西的说法，提出一点前人所未见的可能的根据；并同时指出，不少注家把真宰与真君视为即等于"真我，亦即空灵之心，与道冥合者也"等类似的说法，是没有根据的。

关键词：庄子，真宰，真君，Peter Strawson，Person

"真宰"与"真君"这两个词，仅在《庄子·齐物论》两段相续的文字中各自出现过一次，而该两段文字可构成同一个脉络。在这个脉络内，有如下的一段话："非彼无我，非我无所取。是亦近矣，而不知

* 本文最早发表于 2016 年 6 月 18—19 日，假上海复旦大学哲学学院所举办的"海峡两岸暨香港地区'汉语哲学'论坛"。谢谢复旦大学孙向晨教授以及东海大学史伟民教授的邀请，也谢谢东吴大学米建国教授促成我参与此一论坛。本文不同的版本又先后发表于下面几个地点：（一）2017 年 6 月 9 日，于东海大学哲学系的一个工作坊，谢谢史伟民教授的邀请；（二）2018 年 4 月 25 日，于中国人民大学的"科学一社会一人文论坛第 85 期：认知与知识专题"，特别感谢刘晓力教授的邀请，以及他对该次论坛特别精心的安排，也感谢我的论文评论人陈嘉映教授、韩东晖教授、江怡教授的指教，我也要感谢其他在论坛发表论文的学者，他们的研究成果让我得以有机会一窥相关领域的新发展；（三）2018 年 11 月 5 日，于苏州大学哲学系，谢谢吴忠伟教授的邀请。除了上面所提到的一些人之外，我也要感谢出席我各次论文发表的其他人。本文审查人提供了宝贵的修改意见，本刊编辑委员会也提供许多文字修改上有用的建议，在此一并致谢。

** 东吴大学哲学系客座教授，中研院欧美研究所兼任研究员。（电邮：wcfang@sinica.edu.tw）

其所为使。若有真宰,而特不得其眹。"①其中的"非彼无我"应该如何解读,尤其是"彼"字该如何诠释,成了如何诠释"真宰"与"真君"的关键。这是因为历来注家对于"彼"所指的是什么,有着各种极为不同的看法。这些不同的看法,自然地会带给"真宰""真君"以及相关的文字很不一样的解读;但是很显然地,对于"真宰"与"真君"以及相关段落的不同的解读,并非完全是由"彼"所指的是什么所决定的。它也要取决于我们对于前面引的一段话中的"所取",与"所为使"等等的了解。而如何了解"彼""所取"与"所为使"等等,正也是诸注家的解读多所出入的地方。

本文拟采取一些注家对于"彼""所取"与"所为使"的特定解读作为基础,尝试比较深入而有系统地探讨"真宰"与"真君"的概念。如果要为这里所设定的诠释框架提出完整的辩护,则势必一一反驳其他不同的解读才行;但这是一件非常浩大的工程,即使一本专书也难以妥善处理,更遑论是一篇论文了。因此我们将采取如下的探讨策略,就是把本文看成是对"真宰"与"真君"的相关段落的一个特定的、假设性的解读:在我们所设定的诠释框架下,对庄子关于真宰与真君的讨论,提出我们的诠释。这种假设性的解读之所以必要,甚至是无可避免,乃是因为庄子在真宰与真君的相关段落中,留下了容许不同诠释的空间,而这些空间是难以去除的②。

一、"彼"字的一个特定诠释

为了方便讨论,在提出我们对于"彼"字的特定解读之前,我们有必要先引述《庄子·齐物论》中与"真宰"以及"真君"相关的段落,作为往后讨论的参照。如前面所提到,庄子关于真宰与真君的讨论,是由两段接续的文字所构成的。下面的这一段文字出现在先,它虽然

---

① 见郭庆藩撰,王孝鱼点校:《庄子集释》(上、中、下册),第三版(北京:中华书局,2012),页61。以下所有引自《庄子》的正文、郭象的注或成玄英的疏,其文字、标点方式与页码等皆根据此一版本的《庄子集释》。

② 《庄子》一书的作者应该不只有庄子一人,但为了简化我们的讨论,我们姑且以庄子代表该书的作者。

还没有直接谈到"真宰"与"真君",但却是了解这两个概念所不可或缺的一段文字(此段文字我们称之为"甲段落"):

> [甲]大知闲闲,小知间间;大言炎炎,小言詹詹。其寐也魂交,其觉也形开,与接为构,日以心斗。缦者,窖者,密者。小恐惴惴,大恐缦缦。其发若机栝,其司是非之谓也;其留如诅盟,其守胜之谓也;其杀若秋冬,以言其日消也;其溺之所为之,不可使复之也;其厌也如缄,以言其老洫也;近死之心,莫使复阳也。喜怒哀乐,虑叹变慹,姚佚启态;乐出虚,蒸成菌。日夜相代乎前,而莫知其所萌。已乎,已乎!旦暮得此,其所由以生乎![3]

紧接着甲段落的是如下的乙段落。乙段落中不但首次出现了"真宰"与"真君"这些词,也是庄子讨论真宰与真君的核心段落:

> [乙]非彼无我,非我无所取。是亦近矣,而不知其所为使。若有真宰,而特不得其眹。可行已信,而不见其形,有情而无形。百骸,九窍,六藏,赅而存焉,吾谁与为亲?汝皆说之乎?其有私焉?如是皆有为臣妾乎?其臣妾不足以相治乎?其递相为君臣乎?其有真君存焉?如求得其情与不得,无益损乎其真。[4]

如之前所提到的,对于"非彼无我"的"彼"字,历来注家有着各种不同的诠释。兹略举数例说明:郭象与成玄英都说"彼,自然也"[5];张默生则以"大自然"解"彼",谓"没有大自然,就不会生出我来"[6];憨山大师(释德清)认为"彼"字指的是真宰[7];林希逸把"彼"字解为

---

③ 《庄子·齐物论》,页57。
④ 《庄子·齐物论》,页61。在《庄子集释》中本段文字尚有后续,但因为与本文讨论主题无关,故略去。
⑤ 《庄子·齐物论》,页62。
⑥ 张默生:《庄子新释》(台北:明文书局,1994),页133。
⑦ 憨山(释德清)著,梅愚点校:《庄子内篇注》(武汉:崇文书局,2015),页25。

"造物者"⑧；对于张松辉而言，"彼"则是"各种客观事物"⑨。陈鼓应认为：

> 非彼无我："彼"，即上之"此"（宣颖注）；指上述种种情态。⑩

他还说：

> 真宰：即真心（身的主宰）；亦即真我。各家解"真宰"为
> "造物"、"自然"或"道"，误。上文"非彼无我"，由种种情态形成
> 的"我"，乃是假我；后文"终身役役"即是假我的活动，"吾丧我"
> 的"丧我"即是去除假我，而求真心、真我（"吾"）的存在。⑪

换言之，对于陈鼓应而言，"彼"指的是人的"种种情态"。这一点可以
从陈鼓应对于"非彼无我"所做的"今译"中更清楚见之："没有它（种
种情态）就没有我。"⑫

我们之前谈到的，本文所采取的对于"彼"的特定解释，就是上面
以陈鼓应为代表的，对于"彼"的解释。就手边文献所及，有相同看法
的还有钟泰⑬。不过必须说的是，尽管我们对于"彼"字的解释与陈鼓
应相同，对于他（以及一些人）有关"真宰""真我"或"假我"等的说
明，我们则有不同的看法，此点详后。

二、所谓的"种种情态"

上面陈鼓应所谈到的所谓"种种情态"，其根据明显是来自甲段

---

⑧　林希逸著，周启成校注：《庄子鬳斋口义校注》（北京：中华书局，1997），页 18。
⑨　张松辉：《庄子疑义考辨》（北京：中华书局，2007），页 34。
⑩　陈鼓应：《庄子今注今译》（上、中、下）（北京：中华书局，1983），上册，页 46，注 1。
引文中的"此"字，指的是庄子甲段落中最后一句中出现的"此"字。引文中原有的书名号
与私名号，在此全部略去。下文凡引述陈鼓应，均同样处理。
⑪　陈鼓应：《庄子今注今译》上册，页 47，注 3。
⑫　同前注，页 48。
⑬　钟泰：《庄子发微》（上海：上海古籍出版社，2002），页 33。

落⑭。但是"种种情态"指的是什么,从不同的注家来看,这个问题好像有两种不同的答案。钟泰提及"旦暮得此"的"此"字,谓"'此'即指上十二种心'相代乎前'者,而十二种心指的即是甲段落"'喜怒'以下十二字……"所言⑮。换言之,对钟泰而言,"旦暮得此,其所由以生乎"的"此"字指的是"喜怒哀乐,虑叹变慹,姚佚启态"这十二字所陈述的人的"种种情态"。他还说:"'非彼无我'以下一转。'彼'即'此其所由以生'之'此'……"⑯由这些引述可以看出,钟泰把"非彼无我"中的"彼"字之所指,视为即是上述十二字所描述的情态。

陈引驰的解读则明显是属于另外一种想法。他说:"'非彼无我'的'彼'承上节(引按:即上面甲段落)而来,即上述的种种言辩情态……"⑰他还把"喜怒哀乐,虑叹变慹,姚佚启态"简括为"言辩者所经历的种种喜怒哀乐的情绪"⑱。也就是说,他明显把整个甲段落看成都是在陈述言辩者的"种种情态"的。陈鼓应与陈引驰的诠释是一样的;在注解"虑叹变慹"时,陈鼓应说这是"形容辩者们的情绪反应"⑲。对于"姚佚启态",他则认为是"形容辩者们的行为样态"⑳。或许因为"喜怒哀乐"这几个字字义明确而毋须特别加注,因此他没有提出注解去把辩者直接关连到"喜怒哀乐"。然而从其对于甲段落的"今译"中可以看出——或至少推论出——陈鼓应的确是认为这十二字都是在形容辩者的㉑;但其实他另有与此相异的看法。他注"非彼无我"的"彼"时,说"……Herbert A. Giles 英译:'these emotions'……",以及"……陈荣捷英译:'these feelings mentioned above'……""为确"㉒。这说法显然把"彼"作很狭隘的解读,因为这把"种种情态"局限于情感与感觉,而把"辩者们的**行为**样态"排除在

---

⑭　以下关于"种种情态"的讨论,凡是引庄书的文字,皆来自此段落,非必要时不另外说明。

⑮　钟泰:《庄子发微》,页33。

⑯　同前注。应注意的是,钟泰这里的"此其所由以生"与甲段落中原来的标点不同,也与钟泰的书中所列庄子原文的标点有异。

⑰　陈引驰:《无为与逍遥:庄子六章》(北京:中华书局,2016),页218。

⑱　同前注,页217。

⑲　陈鼓应:《庄子今注今译》上册,页44,注19。

⑳　同前注,注20。

㉑　同前注,页45。

㉒　同前注,页46—47。

外。由于钟泰没有像陈鼓应那样，明显把上述十二字连结到辩者，因此我们可以将钟泰视为是把"种种情态"限缩在比较小的范围内。

其实甲段整段文字所谈的，也不必解释为仅限于描述辩者的种种情态。尽管陈引驰说"基于这样的'知'（引按：即甲段文字中"大知闲闲，小知间间"所涉及的"知"），自然有各种'言'"㉓，而把这样的"知"与辩者"大言炎炎，小言詹詹"的"言"做了连结，但是"大知闲闲，小知间间"本身独立来看，也可以是辩者以外一般人不同的"知"的状态，因此不必然需要将之与辩者连结起来。

三、"彼"与"我"以及二者的关连

张松辉反对陈鼓应对于"彼"字的解释。他认为："把'彼'解释为指上文（引按：即甲段落）说的'喜怒哀乐，虑叹变慹，姚佚启态'等各种世俗情态，并说如果没有这些情态就没有我，这显然是说不通的，因为'我'作为一个具有主观意识的个体，可以表现出上述情态，也可以不表现出上述情态。"㉔也就是说，张松辉认为"我"可以在某个意义下独立于上述的种种情态，因此就不会有"非彼无我"的情况；如此一来，我们并没有真正解释何以庄子会说"非彼无我"。

张松辉上述的批评，也是对于我们想以"种种情态"来解释"彼"字的做法的批评，因此我们有必要先就此回应。张松辉的批评，其实是把陈鼓应等人对"彼"字的诠释，看成是甲段文字中所**实际**谈到的种种特定的情态，因而"非彼无我"中的"我"与那许多实际被谈到的特定的种种情态是绑在一起的。陈鼓应、钟泰与陈引驰等人，是不是真的把"彼"字与甲段文字中所实际被谈到的种种特定的情态绑在一起，可以进一步探究；但是无论如何，如果把此"彼"字所指的对象，解读为"**诸如**甲段文字中所谈到的**之类**的情态"，那么"非彼无我"中的"我"就不必然要与甲段文字中所实际谈到的那许多特定情态挂钩。如此一来，"我"的确可以如上面张松辉所说的，"可以表现出上述情

㉓　陈引驰：《无为与逍遥：庄子六章》，页214—215。
㉔　张松辉：《庄子疑义考辨》，页34。

态,也可以不表现出上述情态",但"我"却不能没有任何**诸如**上述之**类**的情态。以这样的方式去解读"彼",除了可以化解张松辉的批评,也同时可以保持"我"与"彼"(即种种情态)之间的密切关系。

在对于"非彼无我"中的"彼"字提出上述的诠释与辩护之后,接着需要讨论的问题是:"非彼无我"的"我"字,指的究竟是什么?这个问题与上述诠释"彼"字时所谈到的,"我"不能没有任何诸如前述情态之类的情态,是相关的,因为这其实就是给了"我"字的诠释加上了一个限制。但无可讳言,这仅是诠释"我"字工作的起点。我们认为,Peter Strawson 对于"person"的了解,正可帮助我们进一步诠释庄子的"我"㉕。

在说明 Strawson 对于 person 的看法之前,我们需要先介绍他所谈到的两种述词(predicates)。他称第一类的述词为"M -述词"(M-predicates),第二类的述词为"P -述词"(P-predicates)㉖。第一类的述词是同时可以应用于没有意识状态的物体的述词,例如 Strawson 所举的"重十吨"与"在客厅里"等述词,便是属于 M 述词。第二类的述词,根据 Strawson 所说,有像"正在笑""正要去散步""觉得痛""用力思考"与"相信上帝(God)"等等述词㉗。换言之,用我们的话来说,M -述词与物体的性质(或物体间的关系)有关,而 P -述词则与心灵现象(mental phenomena)——如信念、欲望、意向(intentions)、感官知觉(sense perceptions),以及喜、怒、哀、乐、怨、恨等情感(emotions)——直接或间接相关㉘。所谓"直接相关",指的就是一个 P -述词本身就是用来描述心灵现象的,例如"觉得痛"。至于"间接相关",指的就是一个 P -述词不直接描述心灵现象,而是所描述的现象背后预设了心灵现象。例如"正要去散步"这个述词本身并不直接描述心灵现象,

㉕ 见 Peter F. Strawson, *Individuals: An Essay in Descriptive Metaphysics*(London:Routledge, 1959), Chapter 3, "Persons"。从 Strawson 对"person"的说明可知,这个词是个专门的哲学用词,在中文里很难找到合适的对应词,因此文中保留"person"一字而不翻译。

㉖ 同前注,页 104。

㉗ 同前注。

㉘ 为了方便阅读,我们可以把"M"看成是类似于"matter"或"material"等字的第一个字母的大写,因此"M -述词"是与作为物体的人的身体有关的述词。"P"可以被看成是"psychological"这个字的第一个字母的大写。因此"P -述词"是与人的心理或心灵有关的述词。

但是如果要说一个人正要去散步，则此人必定要有与之相配的想法或意图——譬如说此人有**想要**去散步的想法等等——才行，而这些相搭配的想法或意图本身就是心灵现象。

在说明 M－述词与 P－述词之后，Strawson 接着解释"person"。根据他的看法，个别的 person 指的就是 M－述词与 P－述词**都同时**可以运用于其上的元目（entity）或东西㉙。值得注意的是，Strawson 还把英文"I"字的解释，看成是对于 person 的解释㉚。这意味着一个人在用"I"或"我"指称自己时，他指的是一个上述 Strawson 所谓的 person。换言之，"I"或"我"指称的是自称"I"或"我"的这个 Strawson 的特定意义下的 person。

前面谈到，我们毋须把"非彼无我"中的"彼"，一定认为是甲段文字中所实际谈到的那些种种的情态。这样的可能性可以进一步说明如下。此即，"非彼无我"中的"彼"可以**泛指**任何一组 P－述词所指的、可能同时出现或跨时出现在人身上的情态，而不必一定非得是甲段文字中所实际谈到的那种种的情态。也就是说，在这样的了解下，"非彼无我"所说的是：如果没有**任何** P－述词所描述的情态，则没有我。我们知道，根据 Strawson 的看法，"我"指的是一个 person。因此"非彼无我"说的是：如果我没有任何 P－述词所描述的情态，则没有作为 person 的我。根据 Strawson 对于 person 的了解，这样的说法是成立的，因为 person 就是一个同时具有 M－述词与 P－述词所描述的性质的"东西"。所以如果一个东西只有 M－述词可以适用于它，而没有任何 P－述词可适用于它的话，那么根据 Strawson 的说法，它就不是一个 person，因此也就不是人们在使用"我"字时所指称的对象。换言之，根据 Strawson，没有任何 P－述词所描述的性质，"我"就不存在了。

上面借用 Strawson"person"的概念以解释"非彼无我"，看来是可行的。但是接下来"非我无所取"又要如何诠释呢？陈鼓应把"非我无所取"今译为"没有我那它（引按：即种种情态）就无从呈现"㉛。方

㉙　Strawson, *Individuals*, p.104.
㉚　同前注，最上面三行；另见页 103。
㉛　陈鼓应：《庄子今注今译》上册，页 48。

勇与陆永品也有同样的解读③。但是根据这样的解释,我们需要进一步问的是:那让种种情态可以呈现的"我"是什么样的东西?一个很自然可以想到的答案是:吾人的(活的)身体让种种情态可以呈现出来。而刘凤苞也正好有这样的想法③。对于"非我无所取",刘凤苞注曰:"有是形,乃得取此各种(引按:指情态)以为生机。"其所谓"有是形"者,指的显然是人的身体,而且人的种种情态被视为是此身体的生机。也就是说,刘凤苞认为有了(活的)身体,才会有各种情态。这样的说法,也是类似于上述陈鼓应、方勇与陆永品等人对于"非我无所取"的解读。

上述这些人对于"非我无所取"的诠释,也进一步支持了我们以Strawson 的 person 来说明"非彼无我"中"我"的做法。因为这样的诠释谈到人的身体,以及身体所展现出来的种种对应于 P -述词的情态。这样的身体,因为既有物体的性质,也有心灵的现象,因此就正是 Strawson 所谓的 person。

在乙段落中紧接着"非彼无我,非我无所取"的是"是亦近矣,而不知其所为使"。这里所谓"近"者,显然是"彼"与"我"在某个或某些意义下的"近"。为了了解这里"近"字的意思,需要注意的是,根据我们上面的诠释,"非彼无我"中的"我"字,指的是 Strawson 所说的person。就"我"指 person 而"彼"指人的种种情态而言,由于 Strawson所说的 person 必须要有其情态,或即 P -述词所描述的性质,因此"我"与"彼"之间的"近",就成了后者构成了前者的**构成性**的(constitutive)"近"。钟泰说的"彼我本不相离",与朱桂曜所说的"我与诸心理现象,相依而存在",或许都正是要表达这个意思③。

至于"非我无所取"所涉及的"彼"与"我"的"近",指的是(活的)身体的存在使种种情态得以出现的这个意义下的"近"。这样的"近",是"彼"与"我"之间有因果关系的"近"。

㉜　见方勇、陆永品:《庄子诠评》(上、下册)(成都:巴蜀书社,2007),页 51。
㉝　以下刘凤苞的观点均见于刘凤苞撰,方勇点校:《南华雪心编》(上、下册)(北京:中华书局,2013),页 26。
㉞　钟泰:《庄子发微》,页 33;朱桂曜所说,转引自方勇、陆永品:《庄子诠评》上册,页51,注 3。

四、"真宰"与"真君"

在厘清"彼"与"我"以及二者的关系之后，我们接着要讨论的是"真宰"。为此我们需要先了解"而不知其所为使"的意思。"不知其所为使"所要问的问题，我们可以从不同的注家找到各种不同的解读。例如王叔岷把它解读为"谓不知**谁**主使此对待（引按：指彼我之对待）也"[35]。这似乎是在说，不知什么东西使"彼"与"我"有"非彼无我，非我无所取"的关系。朱桂曜针对"不知其所为使"说："我与诸心理现象，相依而存在，似亦近理。然此二者之关系果**谁**使之然乎？"[36] 这里所问的同于王叔岷所问的问题。林云铭所说的"是我与彼相因以生……究亦莫知其**谁**为使然"，也是大致相同的问题[37]。

根据前面的讨论，我们知道"非彼无我，非我无所取"涉及了"彼"与"我"之间，有前者构成后者，以及"我"让"彼"得以呈现的两种可能性。前者既然是属于构成性的问题，或者不严格地说，"我"作为 person 是所谓被"定义"成为有"彼"作为其构成要素之一，那么我们就不能问或毋须问如下的问题：究竟是什么（或**谁**）使"彼"构成了"我"的一个要素。因此我们只需要探讨如下的问题：究竟是什么使我的身体可以让"彼"呈现？我们知道，所呈现的"彼"是种种心灵现象，或与心灵现象间接相关的各种情态。所以我们原先的问题便成了如下的问题：究竟是什么（或**谁**）使我的身体呈现出各种与心灵直接或间接相关的各种现象？（称此一问题为"使呈现问题"。）"真宰"显然就是庄子对于此一问题所给予的答案[38]。

庄子这个以"真宰"来回应"使呈现问题"的做法，是很值得进一

---

[35] 王叔岷：《庄子诠释》（台北：中研院历史语言研究所，1999）上册，页 53；强调为外加。

[36] 引自方勇、陆永品：《庄子诠评》上册，页 51，注 3；强调为外加。

[37] 林云铭：《庄子因》（上海：华东师范大学出版社，2011），页 13；强调为外加。

[38] 我们之前提到活的身体使"种种情态"得以呈现，而现在我们又谈到"使呈现问题"。这或许会让人觉得两者是在问同样的问题，但其实不然。正如我们往后的探讨会显示的，后面这个问题谈的是什么东西扮演支配或主宰的角色，而使一个人会有"种种情态"。而前者则可解读为：透过什么样的媒介，而使真宰或真君所支配的"种种情态"得以呈现出来。两个问题之间的关系，值得进一步探讨，但本文不对此做更多的讨论。

步研究的。更确切地说,庄子是如何从我的身体会呈现各种与心灵直接或间接相关的各种现象,而想到需要提出"使呈现问题"的呢?不过要进一步讨论这个问题之前,我们需要先看看庄子对于"真宰"所说的一段话:"若有真宰,而特不得其眹。可行己信,而不见其形,有情而无形。"根据包括陈鼓应、憨山大师(释德清)等在内的注家对于"可行己信"所做的解释可以看出,"真宰"的存在是从其**作用**而推得的㉟。如此一来也就是说,为了了解或说明其作用,庄子认为需要有"真宰"的存在。而"真宰"的作用,如果根据"真宰"的提出是为了要回答"使呈现问题",那么其作用便是使身体能呈现各种与心灵直接或间接相关的各种现象。

如果我们回去看甲段落中所谈到的人的种种情状,我们看到了人的种种情绪与情感、出于勾心斗角而做的许多事,甚至包括了睡梦中的一些表现等。这其中有些明显是人的作为或即人的行动(action),而有些则是人在别无选择的情况下所碰到的情况,并非人的行动。认为品类繁多的所谓人的"种种情态",都因为有个**单一**的"真宰",而使它们能够在人的身体上呈现出来,其实是一个很特别而值得注意的说法。这是因为既然有的情态属于我们一般所认为的是人的行动,而有的情态则不是,那为什么我们不能说使这两种情态可以在人的身体呈现出来的,不是单一的因素,因此不能谈显然是单一的真宰呢?我们也知道,有注家如钟泰把"种种情态",仅限于的"喜怒哀乐,虑叹变慹,姚佚启态"所论及的种种情态。但是即使如此,其所谈到的情态还是有其多样性与复杂性,因此以诉诸单一的"真宰"这个因素,来说明这些情态如何可以在人的身上呈现出来,不必然是毫无疑义的。其之所以会有疑义,也可从另外的一个角度来加以说明。如之前提到的,甲段落所谈到的种种情态中,有些是人的行动,而有些则是像情感(emotions)这类的东西。一个典型的解释行动之缘起的方式是,行动是由人的信念(belief)、欲望(desire)或意向(intention)等,因果地(causally)引发的。例如 Donald Davidson(1917—2003)便认为,如果一个人相信透过开开关,灯就会亮,而且

㉟ 陈鼓应:《庄子今注今译》,页 47,注 5;憨山:《庄子内篇注》,页 25。

他也希望灯（能够）亮，那么他的"我想要（desire）灯亮"的欲望，与他的"我相信开这个开关，则灯会亮"的信念，二者结合在一起，因果地引发此人开开关的行动。而且此人的欲望与信念的内容，也说明（explain）此人何以会做出开开关的行动⑩。但是至少某些的人的情感（emotions）的出现，不是可以由上述 Davidson 所提出的说明模式来解释的。例如一个人因为遇到一只突然窜出的大狗而被惊吓的这种情感，我们便很难说他在被吓到之前有什么特定的信念或欲望，可以用来解释他何以有被惊吓到的这种情感。而前述的甲段落所提到的"其寐也魂交，其觉也形开"，更明显是发生在人的身上的状况，而不是人的行动，因此 Davidson 所提出的说明模式，更为明显不适用。而既然人的"种种情态"是如此地多样，因而显然没有单一的模式可以解释所有的"种种情态"，那么我们也就不难看出，要以单一的真宰来完全说明"使呈现问题"，其是否妥当，是颇值得商榷的。

上面我对于庄子的真宰是否足够回答"使呈现问题"的一些质疑，其用意与其说是批评庄子的做法，毋宁是要指出庄子回答此一问题的一个特色，即：以单一的因素，来说明人的情感与行动等等的表现。此一特色可以带给我们的一个深意是，从庄子对于"使呈现问题"的回答方式，我们或可一窥在那个对于人体运作所知远比我们少的时代，他是如何看待人的行动、信念、情感等的缘起的。

再回到"使呈现问题"。我们从《康熙辞典》对于"宰"字的解释中，看到"宰"字有"治""制""为事物主"等义。该辞典也引述了《荀子·正名》中"心也者，道之工宰也"，而"工宰"解释为"主管者"⑪。因此我们可以合理地把真宰看成是某个有待厘清的意义下的主宰者（或主管者）。至于是什么意义下的主宰者，是我们接着要探讨的。

之前提到，"非彼无我"中的"彼"涉及了情感、信念、欲望与行动等。所以显然地，庄子的真宰所主宰的，是情感、信念、欲望与行动等。然而为什么庄子认为这些东西需要有个作为主宰者的真宰呢？

---

⑩ 见：Donald Davidson, "Actions, Reasons, and Causes," in *Essays on Actions and Events*, 2nd ed. (Oxford: Clarendon Press, 2001), pp. 3 – 19.

⑪ 关于荀子引文与解释，可分别见：北京大学哲学系：《荀子新注》（台北：里仁，1983），页 449、451。

对于这一个问题,庄子的乙段落一直到"有情而无形"这几个字为止,都没有提供进一步的说明,因此也就无从得知为什么他要提出作为主宰者的真宰这样的想法。为了一窥他何以会有这样的想法,让我们简论西方哲学谈到的相关问题。以某人甲为例,我们知道他会有许多的感官经验、信念、情感等。也就是说,甲是这些感官经验、信念、情感等的**拥有者**。我们也知道,甲会是所谓的许多行动的**发动者**,也就是说,这些行动是他所做的行动。针对这里所说的"拥有者"与"发动者",长久以来传统西方哲学中,常讨论如下的一些问题是:什么是感官经验的拥有者?什么是行动的发动者?而西方哲学中习见的作为所谓的实体(substance)的心灵(mind)或灵魂(soul)等,便曾被视为就是前述的拥有者与发动者。这里所谈到的心灵、灵魂等,也常被视为就是一个人的自我(the self)㊷。尽管我们这里谈到的是西方哲学的一个状况,但不难想象的是,庄子同样也应该会对于什么是"拥有者"与"发动者"感到好奇,因而有了"真宰"的想法。

但是即使我们因此可以多少了解何以庄子要谈真宰,我们依然还不清楚何以他要对真宰做如下的描述:"而特不得其朕。可行己信,而不见其形,有情而无形。"换言之,我们依然不清楚为什么他要把真宰看成是无形的东西。从庄子对于真君的讨论,应可帮助我们回答这个问题,因此我们接着探讨庄子的真君。

庄子在讨论真君时,一开始所说的"百骸,九窍,六藏"中的"百骸",指的(至少)是全身的骨骼㊸;"九窍"指的是耳、目、口、鼻、前阴与后阴,共九窍;"六藏"指的是心、肝、脾、肺以及两个肾。虽然皮肤与肌肉等没有在列,但说"百骸,九窍,六藏"指的(至少)㊹是包括脏器等在内的人的整个身体也是不为过的。"真君"则显然是与这整个身体相对的某个东西,至于它究竟是什么,以及何以庄子要谈"真君"

㊷ 关于 the self 的讨论之哲学史的简单回顾,见:John Barresi and Raymond Martin, "History as Prologue — Western Theories of the Self," in *The Oxford Handbook of the Self*, edited by Shaun Gallagher(Oxford:Oxford University Press, 2011), pp.33 – 56.

㊸ 这里之所以还附加"至少",是因为如同后面在讨论到"真宰"与"真君"是否指同一个东西时,我们会指出"真君"所要掌控或统御的,还有与四肢有关的行动等,因此庄子在谈到"百骸"时,他的用意不会单纯只是解剖学上所谈的百骸而已。

㊹ 见上注的补充说明。

等问题，且让我从前引乙段落中下面的文字，看是否可以得到进一步的厘清：

> 吾谁与为亲？汝皆说之乎？其有私焉？如是皆有为臣妾乎？其臣妾不足以相治乎？其递相为君臣乎？其有真君存焉？

从往后的讨论可以看出，庄子这一段话的用意在于说明，从百骸、九窍、六藏之中，我们找不到有任何东西可以统御它们之中所有其他的东西。也就是因为这样，所以庄子认为他有必要进一步在百骸、九窍、六藏之外，提出"求得其情与不得，无益损乎其真"的真君[45]。而因为百骸、九窍、六藏等都是具有形体的，但却都无法成为真君，因此很自然地，庄子会把真君看成是无形的东西。因此如果把庄子关于真君的讨论，看成是其对于真宰的进一步的延伸讨论——因此把真宰与真君视为同一个东西——那我们就不难了解何以庄子会认为真宰是无形的。

但为什么庄子会认为百骸、九窍、六藏之中，没有任何东西可以有上述所谓的"统御"或"主宰"的功能呢？这一个问题的答案，以及对于这个答案的评论，是我们接着要进行的工作。

值得注意的是，庄子所提出的"吾谁与为亲？"这样的问题，其实有四个可能的答案，而庄子却只提到了其中的两个，即"汝皆说之"与"其有私焉"。他所没有谈到的另外两个可能性是"汝皆不说之"与"汝无说与不说之"（即漠不关心）。为什么庄子不提后面的这两个可能性呢？一个可能的解释是，庄子可能很自然地认为，"吾"与身体的关系既不会有"皆不说之"，也不会有"漠不关心"的情况。也就是说，我对于我身体中的百骸、九窍、六藏，不至于都不喜欢或都漠不关心。若就"喜欢"或"关心"做一般性的了解，这样的说法是合理的。毕竟我的身体的各个部分与我的关系是很特别的，例如说身体的哪一部分有病痛，通常我们都会很关心，而且必要时也会寻求医治等[46]。既

---

[45]　这也是刘凤苞等人的解读。举刘凤苞为例，他说："有形者都不得作主，原只在无形处寻个主宰也。"见刘凤苞撰、方勇点校：《南华雪心编》，页29。

[46]　吕惠卿也有同样的看法；他说："人之一身无不爱"；见吕惠卿撰、汤君集校：《庄子义集校》（北京：中华书局，2009），页24。

然这是明显的事情,庄子也就有理由不特别去探讨这两个可能性了。

让我们逐一讨论剩下的两个可能性。首先要探讨的是"汝皆说之"的情形。根据陈鼓应的译文,就"吾谁与为亲?"这个问题而言,如果其答案是"汝皆说之",那么"百骸,九窍,六藏"对"我"而言,则都变成了"臣妾"⑰。根据这样的解读,这其实也就是说,"吾"就是"高高在上"者,因此即使我的"百骸,九窍,六藏"都是"吾"所"为亲"的,"皆说之"的,它们也都只能作为"臣妾",因此都不可以担任庄子"真君"的角色。吕惠卿也持同样的看法;他说:"苟为无所独亲,无所独私,则皆为臣妾而已,而莫有君之者也。"⑱

至于"其有私焉"的情况为何,庄子并没有进一步说明,但可以想见的是,既然"我"是"高高在上",如果"我"有所"私"的话,我所"私"的对我而言也都脱离不了也只能是"臣妾"之属,尽管我所"私"者的"地位"要比我所不"私"的要来得高。而对于"其臣妾不足以相治乎?"的问题,庄子虽然没有明说,但基于其最后还是提出真君,庄子的答案显然是:"臣妾不足以相治。"我们可以设想的是,如果不能相治,那么"百骸,九窍,六藏"中就没有任何一个东西可以统御其他的东西。或许基于类似的考虑,所以庄子才会在"百骸,九窍,六藏"之外提出"真君"。至于"其递相为君臣"的情况,庄子显然也不认为我们能找到我们所要的东西(即真君)。但理由何在,庄子同样也没有进一步说明。郭象相关的注与成玄英对应的疏倒是提供了一个值得注意的理由。郭注曰:"夫时之所贤者为君,才不应世者为臣。若天之自高,地之自卑,首自在上,足自居下,岂能递哉!"⑲成疏则说:"夫首自在上,足自居下;目能见色,耳能听声。"⑳结合这里的注与疏我们可以看出,"百骸,九窍,六藏"的成员之所以不能递相为君臣,(其中一个很重要的理由)㉑在于各自的秉性或能力有所不同,因此在角色上不能相互取代。如果从一般我们对于庄子所谈到的身体的各个部

⑰ 陈鼓应:《庄子今注今译》,页49。
⑱ 吕惠卿:《庄子义集校》,页23。
⑲ 《庄子·齐物论》,页64。
⑳ 同前注。
㉑ 我们之所以说是"其中一个⋯⋯理由",是因为郭、成所说,还有其他看来属于次要的理由。

分的了解,这个说法是对的㊷。

但是一个根本的问题是,为什么庄子要问"吾谁与为亲？汝皆说之乎？其有私焉？如是皆有为臣妾乎？其臣妾不足以相治乎？其递相为君臣乎？"这许多但相互关连的问题呢？我们认为,这些问题与庄子采取**排除法**的论证有关。也就是说,他试图从"百骸,九窍,六藏"作为起点,利用排除法来从中找寻,看是否有足以统御"百骸,九窍,六藏"中其他所有东西的所谓"真君"。庄子要说明的是,利用此一排除法的结果是,我们无法从"百骸,九窍,六藏"中找到足以成为真君的东西。也正是因为这样,他才认为真君只能是"百骸,九窍,六藏"之外的东西。而如同之前提到的,因为"百骸,九窍,六藏"这些具体有形的东西都不足以成为真君,所以很自然地,庄子(及一般注家)就把真君视为是无形的东西。

还有一点更是值得注意的是,庄子以"**吾谁与为亲?**"(强调外加)来开启他对于真君之存在的论证,其实是有问题的。因为在运用排除法于"百骸,九窍,六藏"时,庄子已经隐然地假设一个高于"百骸,九窍,六藏"的"吾"(的存在),因此假定了一个在"百骸,九窍,六藏"之外的东西(的存在)。这样的"吾"显然与 Strawson 的"我"或 person是不一样的,因为这样的"吾"是"百骸,九窍,六藏"之外的东西,而Strawson 是把"百骸,九窍,六藏"看成为"我"或 person 的一部分。而从庄子这里的"吾"可以把"百骸,九窍,六藏"都看成是"吾"的"臣妾",则"吾"明显是这些"臣妾"的统御者。但是庄子所说的"真君",就正是要扮演这种统御或主宰角色的东西。如此一来,庄子这里所谓的"吾",也就是他所要寻找的真君。这也进一步意味着,庄子是以先假定有真君这样的东西,来证明真君的存在。换言之,庄子在证明真君的存在的过程中,犯了逻辑上"丐题"(begging the question)的错误。

但是值得注意的是,庄子也谈到了"其臣妾不足以相治"。这里

㊷　我们现在知道,人的大脑,或更广义地说,包括大脑在内的神经系统,可以成为主宰。但是庄子在谈到人体时,并没有谈到大脑。他虽然谈到了作为六藏之一的心,但他并没有像荀子那样,把心当作是某个意义下的主宰。下面将会触及荀子的观点。

所谓的"臣妾",指的就是所有的百骸、九窍与六藏。而"臣妾不足以相治",其部分的意思是说,就所有的百骸、九窍与六藏中,无一物可以统御所有这之中的其他的东西。这进一步意味着,就"臣妾不足以相治"的情形而言,前述排除法的运用是可以独立于"**吾谁与为亲?**"这个问题的,因此不必涉及先前所提到的"丐题"的问题。这就是说,庄子的所谓"论证"中,其实具备了论证真君的存在而不必有丐题的资源。可惜的是,这个资源没有被妥善地运用,因而让其论证陷入了丐题的缺失。

五、"真宰"就是"真君"吗?

把"真宰"与"真君"看成是同一个东西,大概是大多数注家的共识。难得的例外是王叔岷。他认为"真宰,即道",而"真君,即真我,亦即空灵之心,与道冥合者也",因此真宰与真君有所不同[53]。为了得到"真宰"就是"真君"的结论,有的注家就认为,庄子从谈种种情态转而谈到身体及其各个部分,只不过是要从不同的角度来推敲同一个东西[54]。钟泰更对于何以一物而有二名提出了解释,认为在谈到"真君"的脉络里,因为有谈到类似"递相为君臣"这样的君臣关系,因而庄子把真宰另称为"真君"[55]。但是这些人的看法,与其说是真正说明了真宰就是真君,不如说是先假定了真宰就是真君。

问题是,真宰真的就是真君吗? 让我们把认为二者是相同的这个看法称之为"同一论"(identity theory),而反对同一论的看法称之为"反同一论"。我们将先探讨有什么证据可以支持反同一论的立场,接着探讨可能的支持同一论的证据。但是对于同一论与反同一论的立场到底谁是谁非,我们将采取比较保守的态度,而不遽下结论。

值得注意的是,如果从功能上来看,真宰与真君是有别的。从我们前面对"非彼无我"等的探讨中可知,真宰所主宰的是人的种种情

53　王叔岷:《庄子诠释》上册,页 55,注 8。

54　见王夫之:《老子衍·庄子通·庄子解》(北京:中华书局,2009),页 89;钟泰:《庄子发微》,页 34。

55　钟泰:《庄子发微》,页 34。

态,其中包括人的信念、情感、行动等。换言之,其所主宰的是人的心灵(mental)或心理生活的面向。而真君所主宰的则主要是人的生理的(physiological)或生物的(biological)层面。如果功能不同,那么我们似乎就有理由说同一论者的观点是错的。而且如果认为真宰就是真君,那么也就是说有一个单一的东西,主宰了人的生理与心灵(或心灵)的所有层面。认为有这样的东西,其实是一个不太寻常的看法。即使是认为有心灵实体的笛卡儿(René Descartes, 1596—1650),也认为人的生理方面的运作,可以透过构成身体的物质及其功能来加以解释;也就是说,身体生理方面的运作不是由心灵实体所主宰的⑤⑥。

尽管真宰与真君的功能有所不同,二者在功能上也有重叠之处。我们已经知道,"真君"所要统御的有"百骸,九窍,六藏"。由于九窍包含了人的五官,百骸显然又包括了人的四肢。所谓的真君统御人的四肢与五官,显然不应该全然是我们现今说的纯生理性或生物方面的统御,而是真君还透过利用人的四肢与五官等,做出各种不同的**行动**与表现各种不同的情态等。而从前面的讨论中可以看出,真宰所统御的就是不同的行动与情态等等,尽管在讨论真宰时,真宰并没有像真君那样,被明显如我们之前的诠释那样,赋予纯生理性或生物性方面的统御(例如统御六藏)的功能。由此可见,真宰与真君在功能上是有所重叠的。既然有所重叠,那我们就有理由说,设定真宰与真君为两个不同的东西,去统御或发挥某些相同(或相类)的功能,是不太合理的。比较合理的是把真宰与真君视为是同一个东西。一个更为重要的支持同一论的理由,就是我们之前提到的,为了了解何以真宰是无形的,我们可以借由把庄子有关真君的讨论,视为是其有关真宰的讨论的一个延伸讨论。既然是延伸讨论,那么我们就有理由认为,关于真君的讨论,也是关于之前的真宰的讨论。

把真宰与真君视为同一个东西,就如同先前提到的,意味着对于庄子而言,有一个单一且无形的东西,可以用来解释或说明所有关于

---

⑤⑥ 此点见: Michael Frede, "On Aristotle's Conception of the Soul," in Martha C. Nussbaum and Amélie Oksenberg Rorty, eds., *Essays on Aristotle's De Anima* (Oxford: Clarendon Press, 1992), pp.93 - 108, at. pp.93 - 94。

个人的生理与心灵（或心理）的现象的发生。这也进一步意味着，庄子对于人有着一个很特别的认知，这一点可以从与其在时间上相近的荀子的观点的比较见之。《荀子·解蔽》有如下的说法：

> 心者，形之君也而神明之也，出令而无所受令。自禁也，自使也，自夺也，自取也，自行也，自止也。故口可劫而是墨云，形可劫而使诎申，心不可劫而使易意，是之则受，非之则辞。(57)

> ……耳、目、鼻、口、形，能各有所接而不相能也，夫是之谓天官；心居中虚，以治五官，夫是之谓天君……(58)

“中虚”指的是胸腔(59)。因此“居于中虚的心”指的显然是具体的心（或即“心脏”）。从上述《荀子·解蔽》的说法可以看到，尽管荀子所说的心并没有被直接连结到人的生理部分，统御人的行动与种种情态的却是**具体**的人的心。这样的心与庄子无形的真君（真宰），是很不一样的。

六、真宰、真君、真心（或真我）

陈鼓应在前面引述的段落中，说了“真宰：即真心（身的主宰）；亦即真我”，以及“‘吾丧我’的‘丧我’即是去除假我，而求真心、真我（“吾”）的存在”。他也说：“真君：即真心、真我。”(60)这意味着他还赋予真宰与真君某种正面价值上的意涵。王叔岷也有同样的情况。如之前所引述的，他认为“真君，即真我，亦即空灵之心，与道冥合者也”。陆西星的“真君于人，本无损益，但悟之即圣，迷之则凡耳”，也是把真君赋予了某种甚至更高的正面价值(61)。在诸注家中，类似这种

(57) 《荀子·解蔽》，见《荀子新注》，页422—423。
(58) 《荀子·天论》，见《荀子新注》，页326。
(59) 同前注，页327，注4。
(60) 陈鼓应：《庄子今注今译》，页47，注10。
(61) 陆西星撰，蒋门马点校：《南华真经副墨》（北京：中华书局，2010），页20。

赋予真宰或真君正面价值的情况是相当普遍的。但以下我们就仅以陈鼓应与王叔岷的观点为例，说明何以他们的这样的做法是很有问题的。

上面引述的陈鼓应的文字显示，"真心"或"真我"是经过"丧我"之后所得到的。从我们之前所述，我们也知道陈鼓应把"非彼无我"的"彼"看成是人的种种情态。他也把"非我无所取"解为"没有我那它（引按：即种种情态）就无从呈现"。因此所谓的"真宰"，显然也就是人的种种情态的"真宰"。如此一来，那么又何来"真宰"是"丧"了种种（可能是负面的）情态的"真心"呢？经过"丧我"之后的吾或我，究竟是什么样的一个景况实有待进一步探讨。但无论如何，庄子眼中的圣人总该算得上是"丧我"的人，因此他应该拥有陈鼓应所谓的"真心"或"真我"。但是即使如此，圣人还是有其"情态"的，例如圣人还有如下所描述的"怒"的情感："出怒不怒，则怒出于不怒矣；出于无为，则为出于无为矣。"㉒一旦圣人有了"出怒不怒"的"怒"这样的情感，我们也不难想象，圣人还会拥有像"出怒不怒"的"怒"一样的，我们可姑且称之为"纯化的"其他的情感。而且即使圣人是"无为而无不为"，他还是有所作为或有其行动。换言之，即使是圣人，它也会有经过纯化的种种情态，以及圣人所做的行动，因此我们还是可以如庄子那样，谈圣人的种种情态背后的真宰。如此一来，陈鼓应的看法便有如下的一个后果：圣人的真心或真我，就是圣人纯化了的情态背后的真宰。但是如此一来，一般人因为还未"丧我"，因此也就无法具有圣人的真心或真我。这也进一步意味着，一般人是没有真宰的。但这显然不是庄子的意思。此外，即使还未"丧我"的一般人也会因为有身体，因此拥有能支配"百骸，九窍，六藏"的真君。这样的真君，由于是还未"丧我"的人所拥有的真君，因此显然不会是陈鼓应所说的"真我"或"真心"。由上述两方面的讨论可见，陈鼓应把"真宰"或"真君"视同于其所谓的"真心"或"真我"，是明显有问题的。

经过上面对于陈鼓应的看法的讨论之后，王叔岷的相关观点的缺失，也就更容易看出来。我们知道王叔岷把"真君"解为"即真我，

㉒　《庄子·庚桑楚》，页809。

亦即空灵之心,与道冥合者也"。对于何谓"空灵之心",他并没有进一步说明,但如果把它看成是"丧我"之后的我或吾所拥有的,应该不至于太离谱。如此一来,王叔岷的"真我",与陈鼓应的"真我",就至少是非常接近或甚至是相同的东西了。但是如果陈鼓应把真君看成为真我是行不通的,那么王叔岷的说法也同样是行不通的。至于何谓真我与道冥合,当然有待进一步研究。但是无论如何,说一般人的心没有与道冥合,而说庄子的圣人之心是与道冥合的,显然是没有疑义的。如此一来,既然一般人的心无法与道冥合,那么他也就没有真我或真君了。但是一般人就如同圣人一样,是有身体的。而且王叔岷在紧接着谈真君即真我之前,他还说"主宰人之百骸、九窍、六藏者,谓之真君……"[63]。这意味着一般人也有"主宰人之百骸、九窍、六藏"的真君。但是一般人的真君显然谈不上是"与道冥合"的"空灵之心"。更何况若就"真君"的作用而言,其目的也不是在于与道冥合。因此一般人的"真君"与王叔岷所谓的"真我"是不一样的。

七、结　语

如同我们一开始就说的,这是一个基于特定诠释框架而提出来的一个对于庄子的"真宰"与"真君"的诠释。这个架构的一个主要成分,就是对于庄子的"非彼无我"中的"彼"做了一个特定的诠释,即将之解为"种种情态"。我们的目的在根据这个框架,去提出一个在逻辑上比较严谨、说理比较清晰的诠释。我们除了提出诠释上不同的见解与补充之外,在讨论过程中也检讨了庄子的论证的可能缺失,以及检讨了其他诠释者的观点。我们的讨论也显示了一些传统的诠释是有问题的。至于庄子所说的真宰或真君,就存有论(ontology)而言指的是什么,庄子本人并没有做进一步的说明,我们也没有加以探讨。朱桂曜把真宰(真君)看成"即西洋哲学所谓灵魂也"[64]。这固然是可以参考的一个说法,但是在文献不足的情况下,我们也不必作如

---

[63]　王叔岷:《庄子诠释》上册,页55。
[64]　转引自方勇、陆永品:《庄子诠评》上册,页51。

此的附会。这是因为即使连笛卡儿所说的"心灵"或"灵魂"，因为其不支配身体的生理运作，也不会是在认定真宰即真君的前提下，庄子所要的真宰（真君）。所以朱桂曜关于真宰（真君）即是西洋哲学所谓的灵魂的看法，显然是有所不足的。

邵雍观物论的理学意义

邓康宏[*]

内容提要： 在宋明理学的研究中，邵雍作为北宋五子之一，相较之下并未得到应有的重视。不只是现代的学术讨论如此，长久以来儒家内外对邵子之学的评价褒贬参差：贬抑者多斥其学流于象数，未触及理学之核心；褒扬者亦未足以指出其学值得深究处何在，以至邵子之学渐渐被边缘化。本文从"天道性命相贯通"这个宋明理学的课题切入，重新阅读邵雍的文字，指出邵雍理论中道德的形而上学的性格，及其工夫实践上的依据。观物工夫一方面是其天道观所以可能的主观根据——观之以理，另一方面是由外而内的自我转化入路。观物工夫实乃北宋诸子共同的实践，这条别于狭义的道德实践的工夫入路，可以提供另一个角度，让我们更好地理解北宋理学重视本体宇宙论的特色。

关键词： 邵雍，观物，物理，工夫

一、引 言

在宋明理学的研究中，邵雍作为《宋史·道学传》所载五子之一，相较之下并未得到应有的重视。不只是现代的学术讨论如此，长久以来儒家内外对邵子之学的评价褒贬参差：贬抑者多斥其学流于象数，未触及理学之核心；褒扬者亦未足以指出其学值得深究处何在，以至邵子之学渐渐被边缘化[①]。笔者认为在哲学史的清理工作中，邵

---

[*] 香港中文大学哲学系博士候选人。（电邮：thwowen@outlook.com）

[①] 邵雍思想的定位是个很富争议的问题，不仅后来儒家内外之评议不一，即使与邵雍同时代且相交甚密的二程兄弟看法亦不一致，在《二程遗书》收录的条文中，便出现了南辕北辙的评价。程颢显然较能欣赏并肯定邵雍的思想，盛称"振古之豪杰""内圣外王之道"（《二程集》[北京：中华书局，1981]，页673），"信道笃而不惑"（《二程集》，页70），并在邵雍属意让程颢为他撰写的墓志铭中总结曰"纯一不杂，汪洋浩大，乃其所自得多矣"，"就其所至而论之，可谓安且成矣"（《邵尧夫先生墓志铭》，《二程集》，页502）。程颢虽婉拒邵雍授象数之学，但对其整体的学问之肯定当是无疑。惟程颐不仅不喜邵雍为 （转下页注）

学值得更多的注视。本文非为邵雍"翻案""定位"，他属儒属道？是易学家，还是理学家？诸如此类的讨论虽难以避免，却非笔者之首要关怀。这里所关心的，是在宋明理学"天道性命相贯通"的课题下，邵雍关心什么的问题，如何发问，又给予了怎样的答案。最重要的是邵雍所展示的思考有没有独特之处，是否提出了一些具理论决定性的观点，有助我们更好地理解宋明理学及其发展。本文论旨有二：（一）邵雍的观物论揭示了北宋理学建构本体宇宙论的主观面依据，显题地反省了观物的工夫；（二）就成德工夫而言，邵雍在日常道德生活由内而外的实践外，提供了由外而内的观物进路，在细味事物意义的过程中完成自我的转化。

二、思参造化的实践依据

从整个理学的发展来看，北宋理学最大的特点莫过于重视天道的生化，其论述皆从天道开始说下来。用现代哲学语言说，北宋理学的起点乃宇宙论、本体论，如何理解这种特色涉及了对整个理学基调的判定。在正式进入北宋理学的脉络讨论邵雍之前，不妨稍回顾几位先贤学者的说法，以便说明本节"思参造化的实践根据"是个怎样的问题。牟宗三先生认为，宋明理学是恢复《论语》《孟子》《易传》《中庸》为主导所展示的即道德即宗教的哲学——"成德之教"，结穴在"天道性命通而为一"的宏旨[2]。北宋理学形而上学的意味重，看似远离孔孟道德实践的精神，实则并非空头的知解的形上学，而是以

（接上页注）人，斥其"无礼不恭，惟是侮玩"，称大程子"豪杰"之评价只是戏言（《二程集》，页32），更称其"天资自美"却"非学之功"（《二程集》，页27），明褒暗抑。张载亦评邵雍的诗意"于儒术未见所得"（《二程集》，页122）。朱子虽亦有讨论邵雍的思想，但《近思录》没有收入邵雍言论，可见朱子基本上也是站在程颐一方，认为邵的思想并不能代表道学。理学家对邵雍的评价值得参考，然而最后我们采取怎样的观点才能较公允地评价邵雍，仍取决于最同情的阅读。

② "宋明儒之将论孟中庸易传通而一之，其主要目的是在豁醒先秦儒家之成德之教，是要说明吾人之自觉的道德实践所以可能之超越根据。此超越根据直接地是吾人之性体，同时即通于於穆不已之实体而为一，由之而开道德行为之纯亦不已，以通彻宇宙生活之不息。性体无外，宇宙秩序即是道德秩序，道德秩序即是宇宙秩序。"牟宗三：《心体与性体》（台北：正中书局，1968），第一册，页37。

《论》《孟》为底据的"道德的形上学"③。所谓的"底据"无非就是道德
实践的客观根据(心性、本体)及主观根据(工夫入路)④。相应于道
德的形上学的本质工夫在于"逆觉体证",无论是即经验的或是离经
验的,本质上都是觉醒内在的本心性体,承体起用而完成其道德创
造。这套由内而外的觉醒工夫在程明道、陆象山、王阳明等理学家的
论说中皆有很强的解释力,然而放在北宋理学的开端,如周濂溪、张
横渠的学说中,却略显不足⑤。细阅周濂溪的文字,确不见多少逆觉体
证的端倪。张横渠"大其心"之论当然可以用逆觉工夫来解释,其本人
也援引尽心知性知天来发挥;然而风雨霜雪、万品之流形"无非教也"却
也明确表示出《礼记》下来的另一路工夫线索,不是直接从狭义的道德
生活中体证本心性体,而是从四时万物的流行中体会天道。由此可见,
若要证成北宋理学果非空头的知解的形上学,就要在逆觉体证外重新
发掘出实践依据的另一工夫进路,或扩充逆觉体证的意蕴⑥,否则便会
出现一颇诡异的问题:如何一面以道德实践和圣证为底据构建本体
宇宙论,另一面却"一时或未能意识及"或"不自觉"其心性之依据⑦?
若不自觉此底据,所谓的圣证岂不是流于观解,只是依《易传》《中庸》
之论立说? 若不能妥善处理这个问题,则理学发展最初阶段"由天道
回归心性"的路数即丧失独立的意义,而只能从承继程明道而发展的
胡五峰回过头来判断,视之为理论发展尚未成熟的阶段。事实上,在
牟先生的处理中,北宋理学确只是奠基了理论模型而尚未分系。

　　若我们不将北宋理学本体宇宙论的特色理解为尚未摆脱汉儒
"宇宙论中心的哲学"⑧的影响,唐君毅先生所提出的"天外飞来"之

---

　　③　牟宗三:《心体与性体》,页42。
　　④　同前注,页8。
　　⑤　牟宗三亦不讳言,周子未足够地注意到孔孟的心性,始终未能充分地自觉表述出
道德实践与圣证的底据,因此其论述中天道的主观面稍微虚歉。张横渠"兼体无累""心能
尽性"等诸义虽显示其学已回归孔孟,心性天道主客两面皆能挺立,却仍不及程明道一本论
之圆熟。见同前注,页43—45,356。
　　⑥　见注45。
　　⑦　牟宗三:《心体与性体》,页43。
　　⑧　如劳思光先生对北宋理学基本抱否定的态度,宇宙论、形上学不仅距离孔孟心性
论甚远,同时也面对种种理论困难。详见劳思光:《新编中国哲学史》(台北:三民书局,
2004),三上,《宋明儒学总说》。

观法,正足以提醒后学重新注意北宋理学中独特的工夫入路⑨。唐先生认为周濂溪、张横渠言天道论的实践依据并不一定要扣紧道德生活,从性理呈现于心知之健行不息、真实无妄处讲。直由性理心知以见天道是程朱以后或心学的观法,儒家对于观自然万物之始生,自可有另一种观法,且别于佛家之现观。循着唐先生的睿见重新检视北宋理学诸子,不难发现诸家不约而同地都隐藏着一种特别的观法,既非横观事物之象数独断地思辨出形而上之理,也非佛家现观事物如如呈现之不来不去,而是能直达事物价值意义的观法,开启出儒家天德流行的世界观。然而智者千虑,北宋诸子中最自觉地反省这条工夫入路的邵雍却被有意隔开了,唐先生判邵雍的观物论为"平铺""横观",意谓其本体宇宙论的根据只是从物象变化中认知地见其统之有宗,而不能直接从道德创造的活动中挺立,故其太极与神用不相即而为二;其先天心学之重自求安乐与庄学情调"相差不远",其观物之究极归止与佛家之现观"盖亦微矣"⑩。唐先生行文一再判别邵子的观法不同于周、张,当中不少值得商榷处。带着以上的关怀,我们即可进入邵雍之观物论斟酌其义理之实。

邵雍的观物论主要见于《观物内篇》及《观物外篇》,其子邵伯温将两篇文字编入《皇极经世》压轴。《内篇》的成文时间及排序后于《皇极经世》,为整套论述的后设反省,分析《内篇》即可把握邵雍思路之纲领⑪。《内篇》之旨可视为道德的形上学之建立及其观法(形上观的认识依据),《外篇》则遍论心、理、言、意、象、数,及其之间的关系。《外篇》为邵伯温辑录其父讲学之精粹,配合《内篇》系统性的论述亦可互相引证。

《观物内篇》首两篇⑫要在说明万物生成的原则,和解释人之所以

---

⑨　唐君毅:《中国哲学原论:原教篇》(北京:中国社会科学出版社,2006),第三章,页30—31。

⑩　同前注,第二章。

⑪　"其十一之十二,则论《皇极经世》之所以成书,穷日月星辰、飞走动植之数,以尽天地万物之理,述皇帝王伯之事,以明大中至正之道。"邵雍著,郭彧整理:《邵雍集》(北京:中华书局,2010),页7。

⑫　本文参考郭彧整理之《邵雍集》编序,《观物内篇》第一篇对应道藏本"观物篇四十一"、四库本"观物篇五十一",余此类推。

能认识的依据。"人或告我曰:'天地之外,别有天地万物,异乎此天地万物。'则吾不得而知也。非惟吾不得而知之也,圣人亦不得而知之也。凡言知者,谓其心得而知之。"⑬邵雍观物而知其理,所谓"知"就是心得而知之。心如何得之?"声色气味者,万物之体也。耳目鼻口者,万人之用也。体无定用,惟变是用。用无定体,惟化是体。体用交而人物之道于是乎备矣。"⑭人的感官知觉内容千万,然而都有"体用交"的结构,能所合乎万物呈现之所必由⑮。人借着耳目口鼻,从声色气味中得知万物中复杂交错的"感""应""变""化",一切之变化皆天地之"体""用",天地之体用无非是"阴""阳""柔""刚"四种势态的交迭,阴阳柔刚又生于"动""静"的交迭,故曰"一动一静交,而天地之道尽之矣"⑯。以上的铺排把邵雍的论述次序倒了过来,从认知机能对应杂多的事物开始,由繁到简地观出生成变化的原理。实则邵雍是从"一动一静"的生成的原则开始,从天地之道说到人物之道,人之能观物亦万化流行中之一事。若孤立地看《内篇》第一篇,的确似是把所观之物横铺出来,为知觉之所对,并观其中消长变化之对立统一,从而得出宇宙论的变化根据。似有独断的知解的形上学之嫌。而且,似乎亦不同于周、张,直下言"诚(体)""乾元","太和"。而是落在宇宙论上言变化原则,而非本体论的根据。笔者认为邵雍的思路必须从《内篇》之整体来规定,当然从知觉所对观其象数说起也有理由可说,那是工夫次第之问题(见下文第三部分的讨论),以下先通《内篇》整体之脉络以判其大旨。

邵雍认为人之所以灵于万物,在于人能观万物。或言邵雍于知觉感应处言人物之别,远不如孟子自四端之心言人禽之别⑰。若言感官知觉,大有比人更敏锐的动植物在;若言四感遍运,高级灵长类动

---

⑬　《观物内篇》第二篇,《邵雍集》,页 8。

⑭　同前注,页 6。

⑮　佛家天台智颛亦用"阴界入"作为通向种种境的枢基,邵雍的观法或受天台止观影响,Anne D. Birdwhistell 亦持相近观点。见 Anne D. Birdwhistell, *Transition to Neo-Confucianism: Shao Yung on Knowledge and Symbols of Reality* (Stanford: Stanford University Press, 1989), p.125.

⑯　《观物内篇》第一篇,《邵雍集》,页 1。

⑰　唐君毅:《中国哲学原论:原教篇》,页 23。

物与人何异？实则邵雍此处非用意在人物（禽）之别，其用词也只言人"灵于万物"，若执此灵于万物之一点即言人物之别未免太快下定论。邵雍接着言："然则人亦物也，圣亦人也。有一物之物，有十物之物，有百物之物，有千物之物，（略）为兆物之物岂非人乎！有一人之人，有十人之人，有百人之人，（略）为兆人之人岂非圣乎！"⑱以兆物之物所言的人只是相对万物而立的类概念，这固然是从人灵于万物以别人物；但以兆人之人所言之圣人，则不能只以耳聪目明来界定，一人之人、十人之人、百人之人进到兆人之人所言的"人"的层阶是从价值上区分，而非只是耳目口鼻之知所尽的程度的分别。《外篇》有言"仁配天地，谓之人，唯仁者，真可以谓之人矣"⑲，只有具仁德之人，才真的能称为"人"，这才是邵雍继承孟子言人禽之别处。以此理路，则百人之人、千人之人、万人之人的位阶是依据尽性的程度而定，德性平庸之人不可以说不是人（类），然而和德配天地的圣人比，就只能是未"成"之"人"。何谓圣人？如何观圣人？

> 谓其能以一心观万心，一身观万身，一物观万物，一世观万世焉。又谓其能以心代天意，口代天言，手代天功，身代天事焉。又谓其能以上识天时，下尽地理，中尽物情，通照人事者焉。又谓其能以弥纶天地，出入造化，进退古今，表里人物者焉。噫！圣人者，非世世而效圣焉，吾不得而目见之也。虽然吾不得而目见之，察其心，观其迹，探其体，潜其用，虽亿千万年亦可以理知之也。⑳

此段不应轻易放过，笔者认为这是整个《内篇》的枢纽，观圣人的事业以言天地之本。（一）"察其心"者，见圣人之心，圣人"穷理尽性以至于命"㉑，其心就是"道"。《外篇》云："心为太极，又曰道为太极。"㉒圣

⑱ 《观物内篇》第二篇，《邵雍集》，页7。
⑲ 《观物外篇》下之中，《邵雍集》，页150。
⑳ 《观物内篇》第二篇，《邵雍集》，页7。
㉑ 《观物内篇》第三篇，《邵雍集》，页9。
㉒ 《观物外篇》下之中，《邵雍集》，页152。

人所以能以一观万是因为其能"以物观物"而"一万物之情"㉓,扼要而言,圣人之心知理尽道,其本身就是道。(二)"观其迹"者,见圣人之事业,"圣人与昊天为一道"㉔,其用无非尽物尽民㉕,"昊天以时授人,圣人以经法天"㉖,此天人之事便是以人代天,即所谓"道之道尽之于天矣,天之道尽之于地矣,天地之道尽之于万物矣,天地万物之道尽之于人矣。人能知其天地万物之道所以尽于人者,然后能尽民也"㉗。至于"探其体,潜其用"所潜探者仍是圣人的心迹,"用也者,心也。体也者,迹也"㉘。"体"即圣人所为的种种事体:识天时,尽地理、物情,照人事;而种种事体所呈之"用"便是弥纶天地,出入造化,进退古今,表里人物。《内篇》第三、四、五都是围绕着圣人的心迹体用展开的,以孔子为核心上溯圣王之道;第六篇以降则是邵雍自比孟子上赞仲尼㉙,述秦汉以来之人事,明大中至正之道;第十二篇最后则阐述"以理知之"如何可能,也就是所谓"以物观物"的观法。本文旨在论其本体宇宙论之道德形上学性格,及其实践的依据,因此接下来的讨论集中在第五篇及第十二篇已足。

　　第五篇先论评价历史的绝对标准,由此带出"仲尼之道",继而由"仲尼之所以为仲尼""天地之所以为天地"处烘托出天地万物之本。邵雍认为"皇、帝、王、伯"之道,乃圣人之"时",是具体历史条件的限制下所表现的理想,其之所以称为"道"者,判准来自"《易》《书》《诗》《春秋》"这些圣人之"经"中的理想性。"时有消长,经有因革",具体的历史事业有消长否泰,其背后的操作原则亦有因革损益,相对于"常时、常经"㉚而言,只是适用于特定的处境。自古君天下者常常受

㉓　《观物内篇》第十二篇,《邵雍集》,页49。
㉔　《观物内篇》第三篇,《邵雍集》,页10。
㉕　同前注。
㉖　同前注,页11。
㉗　同前注,页9。
㉘　《观物内篇》第四篇,《邵雍集》,页13。
㉙　《观物内篇》第六篇,《邵雍集》,页22。
㉚　"春夏秋冬者,昊天之时也。《易》《书》《诗》《春秋》者,圣人之经也。天时不差则岁功成矣,圣经不忒则君德成矣。天有常时,圣有常经,行之正则正矣,行之邪则邪矣。正邪之间有道在焉。"《观物内篇》第九篇,《邵雍集》,页33。

到其身处的历史条件所限制,难免皆"自我而观之"㉛,不能恰如其分地以物观物,因此只能行"一世""十世""百世""千世"之事业,邵雍谓之曰"命世"。只有"仲尼之道"才足以为"万世之事业","不世"之谓也。邵雍引述孔子之言"殷因于夏礼,所损益可知也。周因于殷礼,所损益可知也。其或继周者,虽百世可知也",继而说"如是则何止于百世而已哉？亿千万世皆可得而知之也"㉜,可见所谓的仲尼之道乃超越的普遍理则之自身,足以指导亿千万世。

> 人皆知仲尼之为仲尼,不知仲尼之所以为仲尼,不欲知仲尼之所以为仲尼则已,如其必欲知仲尼之所以仲尼,则舍天地将奚之焉？人皆知天地之为天地,不知天地之所以为天地,不欲知天地之所以为天地则已,如其必欲知天地之所以天地,则舍动静将奚之焉？夫一动一静者,天地之至妙者欤？夫一动一静之间者,天地人之至妙至妙者欤？是故知仲尼之所以能尽三才之道者,谓其行无辙迹也,故有言曰"予欲无言",又曰："天何言哉？四时行焉,百物生焉。"其斯之谓欤？㉝

承上文,仲尼之所以为仲尼当然就在于其"不世"之处,"之所以"是在本体论的层次上说明其先天根据。欲知"仲尼之所以为仲尼"莫善于从"天地之所以为天地"处体会,欲知"天地之所以为天地"又须从"一动一静者"处看。回到《内篇》第一篇,我们知道"一动一静"是宇宙论层面说的生成原则,邵雍此处要寻找价值的超越根据,却回去诉诸宇宙论的事实,用存有说明价值乎？那岂不是正中劳思光先生之批评？这种阅读并不能体贴文本,邵雍即动静而观天地之本并不必以"一动

㉛ "夫古今者,在天地之间犹旦暮也。以今观今,则谓之今矣;以后观今,则今亦谓之古矣。以今观古,则谓之古矣;以古自观,则古亦谓之今矣。是知古亦未必为古,今亦未必为今,皆自我而观之也。安知千古之前,万古之后,其人不自我而观之也？"《观物内篇》第五篇,《邵雍集》,页20。
㉜ 同前注,页21。
㉝ 同前注。

182

一静者"为价值的超越根据,而是超越地指向一动一静"之间"者。所谓"之间"者不是由动而静、由静而动之间的转折处,若是则仍停留在阴阳的层次,仍只是"迹"。邵雍此处虽未明确指出"之间"者就是"道""太极",然而配合前文后理推敲,"之间"者却明显就是"不为阴阳所摄者,神也"㉞,而且是兼主、客两面所言的"神"㉟。一动一静者,是"天地"之至妙,一动一静之间者,是"天地人"之至妙至妙,可见"之间"者是与天地参的"人之神",当然邵雍所谓的人之神亦即是"天地之神"。此仲尼之所以能尽三才之道的根据当然就是"行无辙迹"的圣人之"心",亦即是"心为太极,又曰道为太极"者。"天地万物之道尽之于人矣",圣人之心即天地之心明矣。此时再问第一序者为天为心,恐怕邵雍会回应两者非以先后分,而只是绝对面和主观面的分别。至此,我们宏观地总括《内篇》的理路,不难见得其"道德的形上学"的姿态。难说邵雍不是先从宇宙论层面认知地两两横观天地万物以建立统阴阳之道,但他显然未停留在横观平铺的层次,而是以道德判准作超越之根据反观圣人之事业、历史之进程,并以此言圣人之所以为圣人,天地之所以为天地,由道德贞定"道"的性相从而完成其本体宇宙论。"道""太极""心""神""一"都只是一物之异名,从不同层面去描述而已。

综以上所论,或者我们仍可以质疑一点:邵雍虽然不是停留在在宇宙论的层面言道,所以"之间"者确是不为阴阳所摄之神,并以人之神言天地之神,以仲尼之为仲尼契入天地之所以为天地;但是,这似乎只足以证明邵雍体会的天道是超越的形而上之理,这个"之间"者的实质内容是否道德的,似乎还不能明确规定。或者邵雍仍只是观解地建立形而上的存有,继而用存有说明价值。因此,邵雍本人有没有明确地规定天道的实质内容便是问题的关键。为了回应这种质疑,我们可以特别留意《内篇》第六篇的结尾:

> 夫好生者生之徒也,好杀者死之徒也。周之好生也以

㉞ 《观物外篇》下之中,《邵雍集》,页152。
㉟ "人之神则天地之神,人之自欺,所以欺天地,可不戒哉!"同前注,页153。"道与一,神之强名也。以神为神者,至言也。"同前注,页152。

义，汉之好生也亦以义。秦之好杀也以利，楚之好杀也亦以利。周之好生也亦义，而汉且不及。秦之好杀也以利，而楚又过之。天之道，人之情，又奚择于周秦汉楚哉？择乎善恶而已。是知善也者无敌于天下，而天下共善之。恶也者亦无敌于天下，而天下亦共恶之。天之道，人之情，又奚择于周秦汉楚哉？择乎善恶而已。㊱

第六篇已是邵雍以仲尼不世的超越的标准进退历史的论述，略过其演绎直接跳到结论可见，天之道、人之为人的情实（乃若其情之情）惟择乎善恶，好生者不是平面地好生命之延续，而是立体地以义规定。此处人之情、义理之对举毋容置疑是依孟子而立，邵雍自比孟子上赞仲尼（第六篇开首），其所领会的超越的本体乃《中庸》以降生物不测之道，其生也以义，非泛说之生，可见邵雍"从无条件的道德实践默契天道"之义不虚，完全具有向这个方向诠释的可能。邵雍的观物论出彩处虽然是直从观天地万物体会天道，但天道的生意不是虚说，而是道德仁义所贞定。

接下来我们跳到第十二篇讨论其形上学建立的主观根据，也就是本文所谓"观法"的问题，为什么邵雍观天地、观万物、观圣人能够穷究其理？什么是"以理知之"？析论前先录之如下：

> 夫所以谓之观物者，非以目观之也，非观之以目而观之以心也，非观之以心而观之以理也。天下之物莫不有理焉，莫不有性焉，莫不有命焉。所以谓之理者，穷之而后可知也。所以谓之性者，尽之而后可知也。所以谓之命者，至之而后可知也。此三知者，天下之真知也，虽圣人，无以过之也。而过之者，非所以谓之圣人也。
>
> 夫鉴之所以能为明者，谓其能不隐万物之形也。虽然鉴之能不隐万物之形，未若水之能一万物之形也。虽然水之能一万物之形，又未若圣人之能一万物之情也。圣人之

㊱ 《观物内篇》第六篇，《邵雍集》，页26—27。

所以能一万物之情者,谓其圣人之能反观也。所以谓之反观者,不以我观物也;不以我观物者,以物观物之谓也。既能以物观物,又安有我于其间哉?

是之我亦人也,人亦我也,我与人皆物也,此所以能用天下之目为己之目,其目无所不观矣。用天下之耳为己之耳,其耳无所不听矣。用天下之口为己之口,其口无所不言矣。用天下之心为己之心,其心无所不谋矣。夫天下之观,其于见也,不亦广乎?天下之听,其于闻也,不亦远乎?天下之言,其于论也,不亦高乎?天下之谋,其于乐也,不亦大乎?夫其见至广,其闻至远,其论至高,其乐至大,能为至广至远至高至大之事而中无一为焉,岂不谓至神至圣者乎?非惟吾谓之至神至圣,而天下亦谓之至神至圣;非惟一时之天下谓之至神至圣,而千万世之天下亦谓之至神至圣者乎!过此以往,未之或知也已。㊲

邵伯温将《皇极经世》每一篇皆以"观物"命名,足以见"观物"乃康节思想中最重要的概念,《观物内篇》由始至终言观物,对天地万物、历史进程作种种描述,其道理究竟也是从观物而得来。观物论乃其思想的方法论反省,其形上观的合理性实建基于此。观物作为具体的活动首先必是用眼看的知觉活动,所谓"以目观之";但观物能得理却不可能只停留在知觉活动的层次,其为观物乃通过身体的知觉活动为媒介而进行的心灵活动,故曰"非观之以目而观之以心也";观物为心灵活动又有进一步规定,曰"非观之以心而观之以理"。此处之句式与庄子言心斋之句式相同,思路如出一辙,却是言儒家之义理,可谓同途而殊归。《庄子·人世间》言心斋为"若一志,无听之以耳而听之以心,无听之以心而听之以气。听止于耳,心止于符。气也者,虚而待物者也。唯道集虚。虚者,心斋也",心运于耳,而气又运于心,由耳到心到气是层层地向内收,止于耳只能听到混沌的声音,止于(成)心只能听到分别的、有限定意义的声音,然而心的内部最根源处

㊲ 《观物内篇》第十二篇,《邵雍集》,页49。

却有能虚而待物的能力,其为气者能通乎"道"。同样地,康节言观物由目到心到理也是步步内收的关系。止于目观只能见"色",康节言目能收万物之色,色可以理解为视觉之所对。止于心观只能见"物",见心知所对的种种具体物象。邵雍紧接着"观之以理"而言"天下之物莫不有理焉,莫不有性焉,莫不有命焉",观之以理所见者即物之"理""性""命"。

呼应《内篇》第三篇言"穷理尽性以至于命"及通乎天地万物之一道,理乃"物之理",性乃"天之性",命乃"处理性者"[38]的"道",而道的形著彰显则在人,人能弘道,天地万物之道尽之于人。可见知理、知性、知命并非异质的三种知,而是"知道"的步步上达。《外篇》有云:"天使我有是之谓命,命之在我之谓性,性之在物之谓理"[39],康节所言的命、理、性乃一事之异名,只是同一道之在物、在我、在天,三者同样地都是由以理观之而得,分别在于以理观物、观我、观天而已。值得注意邵雍所谓"真知"的概念,理、性、命必须"穷之""尽之""至之","而后可知",虽然邵雍未有详加发挥,但最少可以说这种知的获取须预设穷理尽性至命的工夫,理未穷不可谓真知理,性未尽不可谓真知性,命未至不可谓真知命。

事实上,邵雍并没有进一步解释"以理知之""观之以理"的"理"的内容是什么,便直接跳跃到"不以我观物者,以物观物之谓也"。如果我们笼统地问"如何观得物之理",很容易混淆了两个问题,一个是呈现理的条件,另一个是规定理内容的根据。"以物观物"解释的是理呈现的条件,"观之以理"回答的是规定所见内容的根据。从上面的分析可见,邵雍的观法说到底仍是观之以"心",只是进一步用"理"来规定心而已。《外篇》有云"以物观物,性也;以我观物者,情也。性公而明,情偏而暗"[40],"任我则情,情则蔽,蔽则昏矣。因物则性,性则神,神则明矣。潜天潜地,不行而至,不为阴阳所摄者,神也"[41],"以物

[38] 所谓"处理性者"也,"处"解作安置、居住之义,处理性即是把理、性安处的意思,也即是说"命"是安处理、性之处。邵雍之穷理、尽性、至命一事之异名,命是从天所命予、安处的角度言,性是从个体所禀赋的角度言,理是自物上呈现而言。

[39] 《观物外篇》下之下,《邵雍集》,页163。
[40] 《观物外篇》下之中,《邵雍集》,页152。
[41] 同前注。

喜物,以物悲物,此发而中节者也"㊷。邵雍未有如程颐般深入言性情之间的关系,亦未有如张载般言心统性情,惟重视以"任我"和"因物"区别情、性。"任我则情",其"我"为限于个体存在的我,故其认知、情感亦蔽于一己之偏,终不免昏暗。"因物则性",盖依以物观物之理路,不以我观物,则能摆脱一己之偏,进而以普遍于所有存在的"理"观物,此理同时为天所予我者,亦为天所予万物者,故以此观物即是以物观物,而曰"因物则性"。此性理者能通上彻下而为一切存在的根据,故可以说"性则神,神则明矣。潜天潜地,不行而至,不为阴阳所摄者,神也"。邵雍除了吸收《易传》《孟子》的思想,也落在《中庸》的框架演绎其观物论。"以物喜物,以物悲物,此发而中节者也",一般而言,悲喜是感性情感,然而若能"因物",不以我喜物悲物,则在邵雍的理论而言,此因物之悲喜属"性",乃"性则神"之发用,也是先天之"心"的活动。套入《中庸》演绎,"喜怒哀乐之未发谓之中"为"大本"者,在邵雍即谓"性""心""太极"之不动义;"发而皆中节谓之和"为"达道"者,在邵雍则谓"性则神""发则神"㊸的神用义。由此可见,虽然邵雍的性情论较为单薄,然而从因物的悲喜而言之性神,却必然是即体即用、即寂即感的道德创生,其神为"不为阴阳所摄者"而非形而下者,直是和太极、心、性为一,知此则不须有太极与神不相即而为二之疑矣。

所谓"不以我观物"的道理,非儒家才能讲,庄子讲,佛家也讲,去掉成见、执着才能见理,这是呈现理的条件。然而为什么邵雍观到的是儒家的理、性、命,而不是自生独化、缘起性空,这必须要从规定理的实质内容的根据处讲。若只从"以物观物"理解邵雍的观物论,其说之异于佛老甚微。观物之所以能见理,其根据无非在于心性,而且是孔孟心学所规定的本心本性㊹。邵雍所谓"观之以理"的"理"其实

㊷　《观物外篇》下之中,《邵雍集》,页152。

㊸　"太极不动,性也,发则神,神则数,数则象,象则器。器之变复归于神也。"同前注,页162。

㊹　篇幅所限,邵雍的心性论须另文探讨。我们不能因为邵雍的心性论文本相对零散而忽略其重要性,《外篇》许多心性论文字只要配合《内篇》作系统性阅读,不难得出可观的结论。邵雍的心性论主张基本是孟子学,其言"知《易》者,不必引用讲解,始为知《易》。孟子著书未尝及《易》,其间《易》道存焉,但人见之者鲜耳。人能用《易》,是为知（转下页注）

就是指道德心性的固有能力,其为"明"者能鉴物知物。"天下之物莫不有理"的"理"是心之明鉴所照而显露者。道(太极、心)下贯于万物之中谓之命,命之在我谓之性,命之在物谓之理,命、性、理的内容同一,性以其明照物而见物之理。而"我亦人也,人亦我也,我与人皆物也",我之性反身自照即见我之理。如果只从"观我"处看,邵雍的反观无异于孟子的反身而诚,心表现其道德能力时自觉其自己。邵雍的观物不限于从人伦的道德生活反省中豁醒其内在的道德依据,而是扩展到人与天地万物的接触中彰显此涵盖天地的本体。邵雍的根本思路不出孟子的尽心知性知天,只是尽心的活动扩展到天地万物,所知之性扩展到物上说,所根据的心同时是天地之心、太极本体而已[45]。由此可见,邵雍的本体宇宙论实质就是一道德的形上学,以价值说明存有,其观法之要诀在于观之以理、以物观物,所据的是起价值创造的心性。

三、内外交养的工夫图像

北宋理学中不只邵雍有观物的实践,周、张、二程的文字都能找到相当的线索足见这一路工夫。实际上观物工夫自先秦已有迹可寻,邵雍的观物论是在儒道释长期互相影响的脉络下酝酿而成。在北宋诸子的修养图像中,观物工夫并不是独立于道德工夫外的实践,两者有着相辅相成的作用,万物所表现的创生意义与内在的道德创

(接上页注)《易》,如孟子可谓善用《易》者也"(《观物外篇》下之中,《邵雍集》,页159);"象起于形,数起于质,名起于言,意起于用"(《观物外篇》下之上,《邵雍集》,页148);"先天之学,心也;后天之学,迹也。出入有无死生者,道也"(《观物外篇》下之中,《邵雍集》,页152)。邵雍认为上赞孔子者乃孟子,孟子之善用《易》可谓知《易》,孟子所言无非从四端之心言仁义礼智。配合《内篇》诠释,邵雍明确是以道德心性之用规定《易》之体,本体为本心、为太极之义决不是不成系统的零星见解,而是上下融贯之论。

　　[45]　笔者认为所谓观物或许不必是逆觉体证之外的工夫,从反身而诚的形式上说,既然可以在狭义的道德活动中逆觉本心,亦未尝不可以在广义的接物中逆觉天道,毕竟天道、性、心只是同一本体之绝对义、交互主观义和主观义而已(依郑宗义之说)。严格而言,本体无内外上下之分是理学家的共识。如果从意象上比喻,既然可以向内逆,则不必反对向外、向上之路。

造意义有互相印证的关系⑭。"观物"固然是邵雍学问中很突出的面向,却不必能作为标宗的纲领,先生之学实是直以"心"为根本,且内外兼备,毋宁总结为"先天心学"更佳。笔者认为下列几段文字最足以总括邵雍学问的性格:

> 先天之学,心也;后天之学,迹也。出入有无死生者,道也。⑰

> 先天学,心法也,故图皆自中起,万化万事生乎心也。⑱

> 先天学主乎诚,至诚可以通神明,不诚则不可以得道。⑲

> 资性得之天,学问得之人也。资性由内出者也,学问由外入者也。自诚明,性也;自明诚,学也。⑳

邵雍的观物论穷阴阳之消长、人事之兴亡,涵盖天地古今,然而万事万化皆生乎"心",再复杂的言意象数演绎的无非先天心法的易简之理,无论是由内而出的率性工夫,还是由外入的学问工夫,其为先天学都要"主乎诚"。其诗云:"孔子生知非假习,孟轲先觉亦须修。诚明本属吾家事,自是今人好外求。"㉑邵雍一方面肯定人人皆禀赋于天的心性,率性自然便是道,另一方面亦肯定人须学以觉之,"由外入者"并不就是"好外求",所求者本属自家,只是修学由外入而已。接下来我们就从"外入""内出"两面描绘邵雍内外交养的工夫图像。

---

⑭　郑宗义老师在其文章《本体分析与德性工夫——论宋明理学研究的两种进路》中已提及观物工夫与道德工夫相辅相成的作用,亦引用了大量关键的文字显示观物工夫在北宋以至先秦的线索。文章收录于林维杰、黄冠闵、李宗泽主编:《跨文化哲学中的当代儒学:工夫、方法与政治》(台北:中研院中国文哲研究所,2016),页73—106。另,笔者在郑老师指导的硕士论文中亦有详细的整理,本文乃改写硕士论文其中一章而成,见《北宋理学的观物工夫》(香港中文大学博硕士论文库,2014)。

⑰　《观物外篇》下之中,《邵雍集》,页152。

⑱　同前注,页159。

⑲　《观物外篇》下之下,《邵雍集》,页171。

⑳　同前注,页168。

㉑　《诚明吟》,《伊川击壤集》卷之四,《邵雍集》,页236。

　　观物是邵雍由外入的为学进路,观在物之理,体在我之性,证在天之道。邵雍学说中的象数论丰富,历来备受闲议而给人谶纬术数的印象[52],难免惹人猜疑所谓观物是侧重认知心的工夫,是以象数入性命之理的思辨。邵雍对传统象数之学的造诣是不成疑的,也深明由象数入性命之理的路数。邵雍年轻时曾从学于李之才,李氏赏识邵雍才器,主动多次造访欲传业予雍,言"物理之学学矣,不有性命之学乎?"[53]李之才之学虽不足征,然而从程颢为邵雍所撰的墓志铭推断,邵雍虽学有端绪却未有沿袭下去,其学更多地是自己所体贴出来[54]。邵雍明确地否定"以数入理"的路数,处处贬抑所谓的"智数",与之划清界线:

　　　　天下之数出于理,违乎理则入于术。世人以数而入于术,故失于理也。[55]

　　　　至理之学,非至诚不能至。物理之学或有所不通,不可以强通。强通则有我,有我则失理而下入于术矣。[56]

　　　　管仲用智数,晚识物理,大抵才力过人也。[57]

　　　　智数或能施于一朝,盖有时而穷,惟至诚与天地同久。[58]

　　　　天可以理尽而不可以形尽,浑天之术以形尽天,可乎?[59]

---

　　[52]　四库馆臣案"《经世》一书,虽明天道而实责成于人事,洵粹然儒者之言,固非谶纬术数家所可同年而语也",反驳"世人卒莫穷其作用之所以然。其起而议之者"之言。《四库全书子部七术数类一皇极经世书提要》,转录自《邵雍集》,页569。
　　[53]　见《宋史·列传第一百九十儒林一》,《景印摛藻堂四库全书荟要》(台北:世界书局,1988)。
　　[54]　"先生得之于李挺之,挺之得之于穆伯长,推其源流,远有端绪。今穆、李之言及其行事,概可见矣。而先生淳一不杂,汪洋浩大,乃其所自得者多矣。"《邵尧夫先生墓志铭》,《邵雍集》,页580。
　　[55]　《观物外篇》下之上,《邵雍集》,页148。
　　[56]　《观物外篇》下之中,《邵雍集》,页154。
　　[57]　《观物外篇》下之下,《邵雍集》,页171。
　　[58]　同前注,页170。
　　[59]　《观物外篇》下之上,《邵雍集》,页148。

天之象数，则可得而推；如其神用，则不可得而测也。⑥

大抵"术数""智数"者乃基于人认知、思辨的能力来理解物象，从中得规律，建立种种关于对象的客观知识，包括宇宙论、形上学等。象数作为经验事物的客观规律，其性质可以"得而推"，可以规测，适用于一定范围内的经验现象，如根据数推出来的历法"能施于一朝"。中国理学传统自北宋始自觉地没有把研究形下学问的认识方法典范扩展到形上学的领域。康节言"天下之数出于理，违乎理则入于术。世人以数而入于术，故失于理也"，"理"（存在之理）为首出者，为存在的根据，其存在位阶先于"数"，数出于理。若未能从根源上建立其统，割裂地以数来做独立的研究，或是进一步以数的研究方法扩展至理的研究，则流为"术"矣。邵雍又反问："天可以理尽而不可以形尽，浑天之术以形尽天，可乎？"显然康节认为"术数"的进路并不能尽"天"，此不可以形尽的"天"为形而上的根源义的天，而非作为物的"天"。"如其神用，则不可得而测也"，神用者，创生之用不可以形尽，象数的方法不足以规测形而上的理。"至理之学，非至诚不能至。物理之学或有所不通，不可以强通。强通则有我，有我则失理而下入于术矣。"康节区分"至理之学"和"物理之学"，至理之学必须由"至诚"才能通达，其为理者具绝对普遍性，故"与天地同久"；物理之学却"或有所不通"，只适用于解释形而下的物象，若用私智强探力索的认识方法通达形而上者，则只能沦为术数。狭义上物理之学和至理之学固然是截然二分，但康节也时而使用一广义的"物理"概念，即同时涵盖两者，如言老子五千言大抵明物理云云（见下文）。康节又评价管仲以智数窥测至理而构成阻碍，以至"晚识物理"。管仲为开创象数之学的大家之一，精于物理，何以谓其晚识物理？显然在康节看来，管仲正是局限于象数，以智识物，由数入理，固迟迟未达物理之至（性理），而以其才力终窥得至理之一二。

物理之至虽然不能由智数通达，但从为学的入路来说，象数的穷

---

⑥ 《观物外篇》下之中，《邵雍集》，页150。

究毕竟不能舍弃。邵雍虽未有如张载般明言"知其为启之之要"[61]，却也肯定了认知象数的作用。其言"有意必有言，有言必有象，有象必有数。数立则象生，象生则言著彰，言著彰则意显。象、数则筌蹄也，言、意则鱼兔也。得鱼兔而忘筌蹄，则可也；舍筌蹄而求鱼兔，则未见其得也"[62]，邵雍引用庄子的比喻，象、数好比笼，言、意好比鱼、兔，象数正是把言意规限以界定其意义，犹如用笼子抓鱼兔；意言是目的，象数是必由经的工具。因此得意可以忘言，却不可以离象数而理解言意。由此可见，邵雍甚在乎象数对知《易》的作用，认为《易》之道的意义必由象数彰显，不可舍象数以知易理。

从文章上半部分我们分析了"非观之以目而观之以心也，非观之以心而观之以理也"的观法，邵雍的观物工夫在实践上可以分三个次第。最表面的是目视，以感官知觉收声色气味；进一步是心观，观种种的象数；最后是观之以理，观物理之至。邵雍的观物论区分了物象的两个层次，"《易》有内象，理致是也；有外象，指定一物而不变者是也"[63]，"自然而然不得而更者，内象、内数也。他皆外象、外数也"[64]。观物所见的"内象"是"自然而然"的"理致"，其余皆"外象"。由此我们可以把声色气味、各种形构之理、象数等都划归外象，而所以然、所当然的理则归入内象。邵雍所谓自然而然的理致的内容是以儒家的价值所规定的，其言"《易》之为书，将以顺性命之理者，循自然也。孔子绝四、从心、一以贯之，至命者也。颜子心齐履空，好学者也。子贡多积以为学，亿度以求道，不能刳心灭见，委身于理，不受命者也。《春秋》自然之理，而不立私意，故为尽性之书也"[65]，"自然而然者天也，唯圣人能索之。效法者人也，若时行时止，虽人也亦天也"[66]。自然而然的天具有指导行为的意义，为行、止的标准，惟圣人能索之。具体表现在人事上，自然之理就是《春秋经》不立私意的微言大义，只有像孔子般

---

[61] 《大心篇》，张载撰，王夫之注，汤勤福导读：《张子正蒙》（上海：上海古籍出版社，2000），页145。
[62] 《观物外篇》下之上，《邵雍集》，页146。
[63] 《观物外篇》下之中，《邵雍集》，页160。
[64] 《观物外篇》下之上，《邵雍集》，页149。
[65] 《观物外篇》下之下，《邵雍集》，页166。
[66] 《观物外篇》下之中，《邵雍集》，页150。

绝四从心、颜子般心斋履空,才能见物之内象。呼应《内篇》的说法,最究极的观法就是"不以我观物""以物观物"地"观之以理"。

邵雍所观的对象涵盖天地人,其观圣人事业、人事兴亡可见于上文《内篇》的析论中,不赘。至于邵雍以理观天地万物的最好例子并不在其象数的论说中,而是见于其诗。仔细界说须另文为之,这里只扣紧其观法概括几点已足。(一)观物是观之以理,即是以内在的心性透达事物的内象⑰。(二)观物不是以主客对立的认知模式接物,而是主客交融、休戚与共的体验⑱。(三)观物最重要的是观其中的生意、生机、春意,但生意的表达却不限于生的现象,生、长、收、藏等各种变化都是生意的表现,观物所得的理一透过具体殊别的物象而体现,这些所观到的意义不具有认知功能,却具美学及形上学解释的意义⑲。(四)观物工夫一面是"照"物,另一面是"炼"情,不去妄意私意则不能照物,心灵在观照中亦也渐渐凝聚,洗去各种俗情⑳。

---

⑰ "以身观万物,万物理非遥"(《和闲吟》,《邵雍集》,页309);"万物备于身,乾坤不负人"(《万物吟》,《邵雍集》,页460);"身非天外人,意从天外起","照物无遁形,虚鉴自有光。照事无遁情,虚心自有常"(《秋怀三十六首》,《邵雍集》,页218);"天听寂无声,苍苍何处寻。非高亦非远,都只在人心"(《天听吟》,《邵雍集》,页370)。

⑱ "人与花月合为一,但觉此身游蕊珠。又恐月为云阻隔,又恐花为风破除"(《花月吟》,《邵雍集》,页265);"方将与物同休戚,何暇共人争是非。天地与人同一体,尧夫非是爱吟诗"(《首尾吟》,《邵雍集》,页532);"天气冷涵秋,川长鱼正游。谁知能避网,犹恐误吞钩。已绝登门望,曾无点额忧。因思濠上乐,旷达是庄周"(《川上观鱼》,《邵雍集》,页239)。

⑲ "大凡观物须生意"(《首尾吟》,《邵雍集》,页520);"为露万物悦,为霜万物伤。二物本一气,恩威何昭彰"(《霜露吟》,《邵雍集》,页408);"日往月来终则有始,半行天上半行地底。照临之间不忧则喜,予何人哉欢喜不已"(《欢喜吟》,《邵雍集》,页375);"造物工夫意自深,从吾所乐是山林"(《依韵和刘职方见赠》,《邵雍集》,页271);"满目云山俱是乐,一毫荣辱不须惊"(《龙门道中作》,《邵雍集》,页211);"来去皆绝迹,隐显两忘机。天理谁能测,终然何所归"(《云》,《邵雍集》,页308);"周而复始未尝息,安得四时长似春"(《光阴吟》,《邵雍集》,页466);"造化从来不负人,万般红紫见天真。满城车马空撩乱,未必逢春便得春"(《和张子望洛城观花》,《邵雍集》,页267);"耳目聪明男子身,洪钧赋予不为贫。因探月窟方知物,未蹑天根岂识人。乾遇巽时观月窟,地逢雷处看天根。天根月窟闲来往,三十六宫都是春"(《观物吟》,《邵雍集》,页466);"清谈才向口中出,和气已从心上来。物外意非由象得,坐间春不自天回"(《举酒吟》,《邵雍集》,页467);"何当见真象,止可人无言"(《闲行》,《邵雍集》,页209);"儒风一变至于道,和气四时常似春"(《安乐窝中吟》,《邵雍集》,页340)。

⑳ "仙家气象闲中见,真宰工夫静处知"(《安乐窝中吟》,《邵雍集》,页539);"着身静处观人事,放意闲中炼物情。去尽风波存止水,世间何事不能平"(《天津感事二十六首》,《邵雍集》,页235);"观风御寇心方醉,对景颜渊坐正忘"(《安乐窝中一炷香》,《邵雍集》,页319);"忽忽闲拈笔,时时乐灵性。何尝无对境,未始便忘情"(《闲吟》,《邵雍集》,页231)。

观物的工夫中，天地万物所表现的创生意义和人内在的道德创造意义是互相印证的，邵雍的《窥开吟》便是一个最佳的例证⑦。该诗最显著的是不停重复"物理窥开后，人情照破时"然后配搭其他内容，例如"物理窥开后，人情照破时。能将一个字，善解百年迷。物理窥开后，人情照破时。情中明事体，理外见天机"。窥开物理当是指透达事物之理的里里外外，从殊别的表现中见到理一，即生生之理。而照破人情亦兼指人事的各种表现，不只见到道德创造的情实，亦能见种种偏而暗之情感，并逐一对治，反反而归于正。由此体悟"天向一中分体用，人于心上起经纶。天人焉有两般义，道不虚行只在人"⑫，天的创生和道德的创造内容意义互相印证，没有两般义，心即是太极，天地万物之道尽于人。值得留意《窥开吟》并不是全诗都完全重复，例如"物理窥开后，人情照破初。不堪将劝诫，止可与嗟吁。物理窥开后，人情照破时。止堪令执笔，不可使执权"，即使能体会万物的创生意义，却未必能同时人情练达，虽然物理人情之至是一样的，但把握抽象的至理却不必能具体中表现或实践，故可令执笔不可使执权，可以嗟吁却不必善于诱人。由此可见，观物的工夫和道德实践的工夫毕竟是两段工夫，观物不能取代道德的实践，但毕竟有互相印证的作用。

相较观物工夫，邵雍在"由内出"的资性工夫上的确着墨比较少，为学养心之道最重要的是"任至诚"，"直以求之"，具体的工夫为"慎独""寡过"。其言："为学养心，患在不由直道。去利欲由直道任至诚，则无所不通。天地之道直而已，当以直求之。若用智数，由径以求之，是屈天地而循人欲也，不亦难乎？"⑬其中"去利欲""由直道""任至诚"都可以理解为率性的工夫要诀。存天理，去人欲，当是宋明儒的共法。去欲制欲为消极工夫，由直道体现仁义是正面扩充的工夫。邵雍所谓天地之道直而已，从一直下来的讨论可见其天地之道无非是生物、尽民的自然之理；从"直以求之"和"径以求之"的对比可见，由直道养心即是顺乎道德心的自然本性，不学不虑，不须用"智"

---

⑦　《邵雍集》，页497。
⑫　同前注，页416。
⑬　《观物外篇》下之下，《邵雍集》，页173。

（此处之智显然不是仁义礼智中的智，而是气质才情的私智，强调认知思辨的智）。《内篇》云：

> 言之于口不若行之于身，行之于身不若尽之于心。言之于口，人得而闻之；行之于身，人得而见之；尽之于心，神得而知之。人之聪明犹不可欺，况神之聪明乎？是知无愧于口不若无愧于身，无愧于身不若无愧于心。无口过易，无身过难。无身过易，无心过难。心既无过，何难之有？吁，安得无心过之人而与之语心哉！是知圣人所以能立无过之地者，谓其善事于心者也。[74]

邵雍的道德修养工夫求无过，言无过、行无过、心无过，工夫上归结在"事心"，心无过则所发之言行亦可无过矣。事心的工夫实际上就是"慎独"，曰："凡人之善恶形于言，发于行，人始得而知之。但萌于心，发于虑，鬼神已得而知之矣，此君子所以慎独也。"[75]邵雍的慎独就是在"萌于心""发于虑"的时候下工夫，照察不善的念头，以立无过之地。另外，在意念萌生前邵雍亦注意到戒惧的工夫，如《意未萌于心》："意未萌于心，言未出诸口。神莫得而窥，人莫得而咎。君子贵慎独，上不愧屋漏。人神亦吾心，口自处其后。"[76]《思虑吟》："思虑未起，鬼神莫知。不由乎我，更由乎谁。"[77]由此可见，邵雍事心的工夫兼顾到念头已发未发的两段。邵雍未有如二程般和弟子讨论经典的解释问题，更没有像朱子般注解经典，因此我们也没有足够的文本展开有关的工夫讨论。但综《观物》内外篇及诗篇，邵雍在个人思想的表达中处处都渗出对心性工夫的理解，且留意到后来备受讨论的工夫议题，不可谓对道德心性及修养工夫不加注意。"人之神则天地之神，人之自欺，所以欺天地"[78]，此句显出邵雍在道德心性的修养中体

74　《观物内篇》第七篇，《邵雍集》，页30。
75　《观物外篇》下之中，《邵雍集》，页153。
76　《邵雍集》，页400。
77　同前注，页408。
78　《观物外篇》下之中，《邵雍集》，页153。

认到的"人之神"的意义同时印证其观物工夫中所见的"天地之神"的意义，道德秩序即宇宙秩序，道德心性顿时普而为宇宙的本体，仲尼之所以为仲尼，即天地所以为天地。

四、结　论

本文从"天道性命相贯通"这个宋明理学的课题切入，重新阅读邵雍的文字，指出邵雍理论中道德的形而上学的性格，及其工夫实践上的依据。观物工夫一方面是其天道观所以可能的主观根据，另一方面是由外而内的自我转化入路。作为天道观的主观根据，观物之所以能见物之生生是基于观者心中之理，在涤除私情的偏蔽后便能以理知之。作为由外入的明诚工夫，窥开物理后便能于殊别的物上见洋溢的生意，由此印证道德生活的创造意义，只是同一神用之体现，在物为理，在人为性，在天为道，天人焉有两般义。邵雍固然很自觉地反省其观法，然而观物工夫却是北宋诸子共同的实践。这条别于狭义的道德实践的工夫入路，无疑提供了另一个角度，让我们更好地理解北宋理学的重视本体宇宙论的特色。

灵根自植之后——唐君毅哲学

郑宗义

　　唐君毅（1909—1978）是 20 世纪中国最富思辨性的哲学家之一。他的思考深刻细腻,关怀广泛多面。年轻时究心人生体验与道德自我,中岁着力批判时代文化及梳理传统中国哲学,晚年结合所学铸造心灵九境的思想伟构。本辑主题以四篇论文来为读者介绍唐君毅哲学的某些重要侧面。第一篇是已故沈清松教授（1949—2018）的遗作,蒙沈夫人刘千美教授慨允交予本刊发表,在此特申谢忱。文章从析论唐君毅 1961 年发表的《说中华民族之花果飘零》入手,推许为研究离散（diaspora）哲学的先驱,但亦指出其中于呼吁重建文化主体性即灵根自植之余,不免有忽略须与多元他者互动的嫌疑。沈文认为今天讨论灵根自植"之后",应有两层意思:一是上跻之后（above）,一是时序之后（after）。前者指唐说在灵植自植之上的立人极之道,也就是说,将文化主体性扎根于传统中国哲学的主体性亦即人的主体性的理想实现之上。后者则指在唐说提出超过半个世纪之后,面对世局变化所当有的应对之道。显然,文章更关注的是时序之后,并以为我们应从唐说依据的主体性范式转向作者倡议的多元他者范式。此即通过多元他者的原初慷慨、语言习取和相互外推来使多元文化社群能相互丰富。稍涉猎过沈清松教授著作的人,都知这是他的原创思想,值得学界注意与研究。文章虽未有处理从多元他者的范式看,上跻之道是否亦该有相应的修正与善化,但其结尾回到唐君毅的"感通"观念,似乎给读者留下线索。
　　第二篇黄冠闵的文章,延续离散哲学的课题,却另辟蹊径。文章借取法国哲学家德希达（Jacques Derrida, 1930—2004）的"散种"（dissemination）与德勒兹（Gilles Deleuze, 1925—1995）和瓜塔里（Félix Guattari, 1930—1992）的"再疆域化"（reterritorialization）观念,来重新演绎唐君毅从花果飘零到灵植自根的譬喻。作者以唐君毅、牟宗三为例,清晰有力地显示这两个观念如何帮助我们去剖析文化复兴过程中思想资源的更新,亦即如何在同一与差异的辩证中再创新知。

第三篇是德国汉堡大学范登明(Thomas Fröhlich)的文章。作者于2017 年出版了专论唐君毅的著作: *Tang Junyi: Confucian Philosophy and the Challenge of Modernity*,尤其着重唐君毅对现代文化挑战的探究与回应。文章重申唐君毅反省批判现代性的创新之处乃在于与其离散经验相互交织,此即观照现代个体的错置、疏离、孤立和无根。对范文而言,唐君毅提出的解决之道:挺立个人那能与天理契合的道德主体性(或曰宗教性),可以说是将儒学重构成一种为现代处境而设的超越型的市民神学。必须指出,这绝非意谓天道性命相贯通的信念(在此意义上说为神学)能在宗教与政治上制度化(故属超越型),而是说现代世界中的个人(在此意义上说为公民)于实践培养此信念时,将能有效地抵抗教条主义与意识形态,甚至为现实提供规范与指引。

第四篇杨祖汉的文章便完全聚焦于唐君毅设想的道德主体性与宗教性,也就是其心灵九境的哲学。文章先宏观地比对唐君毅的心灵九境与牟宗三的两层存有论,以见两说之可相通互证及彼此之理论特色。作者接着举出唐说中论因果与文学境界二例来突显个中思考的原创与精彩,最后更回应有关九境中后三境命名的质疑。必须指出,作者析论之余亦有引申发挥,例如依唐君毅提出的"开导因"以解说儒道两家的宇宙创生论。

本辑的专论有两篇鸿文。杨儒宾的文章详细梳理自晚明王学以降所发展出来的各种情论,精确地指出在阳明良知教范围下出彩的情论皆属超越意义(即具先天规范性质的超越之情),一直要到泰州学派的李卓吾才开始逐步脱略向上一机,将情引向庶民的男女之情(情欲之情)。不过,在晚明文学中激起波澜的却是后者。作者考察晚明新兴文学中的情论后,提醒我们此中虽或有流入情欲泛滥一途,但著名文人如公安三袁、汤显祖、冯梦龙等宣扬情,仍是想以情设教,即使此情教之规范义已缺乏性命之学的证成基础。更有意思的是,杨文自文学史的角度入手,点出 20 世纪现代文学将晚明文学诠释为情欲解放,不管是个性解放、反封建反儒学道德的解放,其实都乖离了晚明代表性文学的伦理内涵。

方万全的文章探讨《庄子·齐物论》中的"真宰"与"真君",主要集中于分析"非彼无我,非我无所取。是亦近矣,而不知其所为使"一句。文章借用当代哲学家斯特劳森(Peter Strawson,1919—2006)对于 person 的看法,此即我们可以通过"M-述词"(描述物体的性质或物体间的关系)与"P-述词"(描述与物体直接或间接相关的心灵现象)来了解 person,并且必须具有 P-述词才可以是一个 person。依此,作者认为上述一句中的"彼"就是种种情态(《齐物论》的"喜怒哀乐,虑叹变慹,姚佚启态"等,即可以 P-述词来表达),而"我"就是斯特劳森的 person。正是彼"构成"(constitute)我,故谓"非彼无我";我则是彼得以呈现的 person,故谓"非我无所取";彼我之间有因果关系,故谓"是亦近矣"。至于"而不知其所为使",就是紧接而来的"使呈现问题":即究竟是什么或谁使得我呈现出种种情态,庄子的回答是真宰。方文接着分析《齐物论》中对真宰的说明及其后对真君的论证,试图厘清和确定它们的实义,并由此为真宰即是真君的说法提出一新解。对于将真宰与真君视为与道冥合的真我,作者则以为是没有文本根据的说法。

最后,"新叶林"有邓康宏为邵雍平反的文章。邵雍虽被誉为北宋五子之一,但其学在同代或后世的理解与评价中,似乎都未有获得足够重视,特别是其对理学的贡献何在。邓文通过仔细阐析邵雍的观物工夫,判定此为一条由外而内的自我转化之路,与后来理学家强调由内而外的道德实践之路,实可相辅相成。依此再回看邵雍的文字,则可见其对心性工夫虽着墨不多,然亦非全未注意;其学重客轻主,正符合理学早期偏重本体宇宙论的特色。

2020 年 7 月 9 日

《中国哲学与文化》稿约

1. 《中国哲学与文化》为一双语专业学术出版物,主要发表有关中国哲学及相关主题的高水准学术论文,并设"观潮屿""学贤榜""学思录""新叶林""回音谷"等专栏。欢迎个人投稿以及专家介绍的优秀稿件。

2. 来稿以中(简、繁体)、英文撰写皆可。论文以 10 000 至 25 000 字为合,特约稿件例外。

3. 除经编辑部特别同意外,不接受任何已发表的稿件,不接受一稿两投。所有来稿或样书,恕不奉退。

4. 论文请附:中英文篇名、250 字以内之中英文提要、中英文关键词 5 至 7 个、作者中英文姓名、职衔、服务单位、电邮地址、通讯地址、电话及传真号码(简评无须提要和关键词)。

5. 来稿请寄:
   香港　新界　沙田
   香港中文大学哲学系
   冯景禧楼 G26B 室
   中国哲学与文化研究中心
   rccpc@ cuhk.edu.hk

6. 投稿详情,请浏览本中心之网页(http://phil.arts.cuhk.edu.hk/rccpc/html_b5/05.htm)。

图书在版编目(CIP)数据

中国哲学与文化. 第十八辑,灵根自植之后: 唐君毅哲学 / 郑宗义主编. —上海: 上海古籍出版社, 2020.11
ISBN 978-7-5325-9774-1

Ⅰ.①中… Ⅱ.①郑… Ⅲ.①文化哲学—研究—中国②唐君毅(1909-1978)—哲学思想—思想评论 Ⅳ.①G02②B261.5

中国版本图书馆 CIP 数据核字(2020)第 195249 号

中国哲学与文化(第十八辑)

灵根自植之后——唐君毅哲学

郑宗义　主编

上海古籍出版社出版发行

(上海瑞金二路 272 号　邮政编码 200020)

(1) 网址: www.guji.com.cn

(2) E-mail: guji1@guji.com.cn

(3) 易文网网址: www.ewen.co

上海商务联西印刷有限公司印刷

开本 635×965　1/16　印张 12.75　插页 2　字数 183,000

2020 年 11 月第 1 版　2020 年 11 月第 1 次印刷

ISBN 978-7-5325-9774-1

B·1180　定价: 65.00 元

如有质量问题,请与承印公司联系